スポーツと遊戯の歴史

Les sports et jeux d'exercice dans l'ancienne France

ジャン＝ジュール・ジュスラン◎著
Jean-Jules JUSSERAND

守能信次◎訳
Shinji Morino

駿河台出版社

装丁・デザイン……石山智博デザイン事務所

第1章

厳しい鍛錬と生存のための必要

L'EXERCICE VIOLENT ET LES NÉCESSITÉS DE LA VIE

I

スポーツと生きるための条件

フランスでいまスポーツが流行《はや》りである。それはまったく新種の流行でも、イギリスかぶれのそれでもない。もともとフランスにあったものが、ここに復活を見たのである。すでにあの百年戦争のさなか、「躰を鍛えよ」と、当時を代表するフランスの詩人ウスタシュ・デ・シャンがこう書いている——

朝に鍛えよ
外気の清にして純なら
節度もて動きをなさん
野で、森で、また畑で
気候が適わざれば
屋内にて動き《エバ》を取らん

季節にかかわらず、どんな天候の日も、毎日、十四世紀のフランス人はみな「運動《エバ》」に親しんだ。あるいは草原へと繰り出し、あるいは門囲いのなかで、そしてまた様々なやり方において、彼らは「スポーツ」に勤《いそ》しんだ。

スポーツ sport という言葉それ自体、隣国からの借用でなく、隣国にあったのを連れ戻してきたものである。そのもともとの出自はフランスで、同じことはこの語が指し示すほとんどの遊戯についても言える。すなわち古いフランス語の名詞デポール desport と動詞デポルテ desporter がそれで、フランスでは早くも十三世紀に次のような言い方がなされた——

気散じせんとて、愉しまんとて《デポルテ》
また身を元気づけんとて
馬を駆りて狩りにと出でにけり

当初、イングランド人はわれわれのこの単語をそのままの形で用い、そのようにして彼の国の十四世紀の大詩人チョーサーも、「愉しみに野遊び《デスポート》」へと出かける若者のことを詩に書いている。そして十六世紀にラブレーは「野原……で遊び戯れ《ス・デボルテ》、球投げ《バル》や打球戯《ジュ・ド・ボーム》……をして遊び」と、同じわれわれのこの古い言葉を、ずっと「スポーツ」的な意味あいで用いている。ともあれこの語は両国にあって、言葉遊びから運動遊びにいたるまでのあらゆる愉しみ事を指すようになり、そうしてほとんど同様の用い方をされたため、派生的なものも含めて、海峡を挟んだ北側においても南側においても、ほぼ同じ意味内容を持つようになった。たとえばフランス語にはかつて prendre en desport という表現があったが、これは英語で昔も今も使われる take in sport と同じで、冗談に取る、という意味であった。

ルネッサンスの時代にフランスではいとも華々しく運動が繰り広げられたため、その方面におけるこの国の世俗的名声には確たるものがあった。それゆえあのトーマス・エリオット郷にしてもヘンリー八世に捧げたその英語論文において、運動を指し示すのにフランス語を用いるしかないと考えたほどであった。ただ、デポール desport では少し意味が広がり過ぎると思われたのか、エリオット卿はエバットマン ébattements という言葉を用いている。実際、この語はデ・シャンやフロアサール、あるいはその他大勢の人たちの書き物にも見られるように、それが本来的に持つ意味からして、身体運動を指し示すのにぴったりのものとしてあった。たとえばフロアサールはジュート〔一対一の騎馬槍試合、後出〕を指して、「雄にして激なるエバットマン」と書いている。というわけで、ここでわれわれがスポーツという語を用いるについてはエリオット卿に一言、断りの挨拶をするものであるが、しかしすでに見たとおり、この語は生まれ故郷に里帰りを果たしたのに過ぎない。もっとも、これまでの長旅と不在により、〔綴りに〕若干の変貌をきたしてはしているが。

運動遊戯の起源は判然としない。まことそれは古い時代の話で、ルネッサンス時代はおろか、百年戦争や聖王ルイの時代をさらに遡ってなおあまりある。遊戯の歴史は刑罰と同じぐらいに古く、それゆえパリのシャトレでルイ十四世の顧問官をつとめた体系的精神の持ち主にしてあらゆる曖昧さの敵であった賢人ドラマールが、この世における運動遊戯のはじまりを、アダムとイヴが地上の楽園の敷居をまたぎ越えたとき、としたのである。ということは、どの民族にも遊戯の考案者を名乗る権利があるわけである。ドラマールはその著『統治論』で書いている、「罪のない状態にあった人間は完璧な平穏のなか、何物にも妨げられない喜びのうちにあった……。躰を動かすのにいかなる苦痛も緊張もなく、倦怠や疲れや不快はまるであずかり知るところでなかった。これが失楽を機に、一変する……、人は苦役を強いられ……限りない疲弊にさらされ、これを修復するための何らかの手段を講じない限り、精神は枯れ、活力は霧散し、早々に墓場へと追いやられてしまう」。つまりこの修復手段の一つが遊戯であって、これは言葉遊びと、運動遊びもしくは動きの遊びとに分かたれる。言葉遊びとは、たとえば「知的な息抜きであり、言葉でもって精神をくつろがせ愉しませてくれるものすべて」

を指す。まこと、これこそは、われわれの時代にあってもいっかな消滅しそうにない慰みであり、またその将来については微塵も心配する必要のない娯楽である。そしてもう一方の遊びには、歴史のごく早い時期から、「競走、跳躍、角力《すもう》、水浴、狩猟、石投げ比べがあった……。やがて舞踊と音楽がこれに加わる」。

　本書では楽園や大洪水の時代にまで遡ることはせず、往時のフランスに焦点を合わせることにしたい。そうして、われわれの祖先が身体運動に関してどのような意見と習慣を持ち、彼らの日常生活のなかで運動がどれほどの位置を占めたかを改めて確認するとともに、幾世紀を通じてこれこれの遊戯を彼らに好ませたり遠ざけさせたりしたところの魅力もしくは効用の源泉について検討してみたいと思う。彼らが好んだもの、嫌ったものをよく知ることから、彼らの人となりがよく理解できるであろう。こうして、わが祖先たちの例から引き出し得る教訓のことはもちろん、彼らと遠く時間を隔てて、同じ空の下にあるこの美《うま》し国フランスの大地を今度はわれわれが力強く踏みしめるに当たっても、こうした問題意識が与えてくれる利益には計り知れないものがあろう。

　今日では理にかなった確かな考え方に導かれて、人びとは運動の実施へと向かう。昔はそんなものはなくてよかった。必要が運動を強いたからである。昔も今も子どもはひ弱なまま生まれ、いろんな危険に囲まれて日々を送る。しかし生活の条件が一変し、危険の種類が同じではなくなった。昔なら命を落とすという危険が、今では試験に落ちる危険に、といった具合に。

　こうした危険を前にして、父が子に飽くなき愛情をかける国では、分けてもフランスのような国にあっては、両親は精一杯の努力を重ねるものである。彼らは遊びのなかで子どもらを武装させる。こうして、昔なら遊ばせながら子どもに戦闘を学ばせる方法が、今なら遊ばせながら歴代の王や県の名前や文法を学ばせる方法が、数多く編み出されてきた。

昔の人の大事は物識りになることでなく、強くなることであった。誰もが、わが身を護ることの必要を弁えていた。人びとはその身分に応じて、あるいは剣を小脇に携え、あるいは棍棒を手にして毎日を暮らした。瞑想や祈りや学究愛といった、別の興味に惹かれた人たちは修道士となったが、それとてもまた、自らの命を護る一つの方途であった。誰もが重い装備のなかで生きなくてはならなかった。貴族は鉄製の甲冑を身に纏い、村々は防備の周壁で囲まれた。思索者たちは修道院の壁の向こうに身を隠したが、そうしたところにさえ時折、危険や異変や剥き出しの暴力が襲って大混乱を招き、俗世を離れて生きたいと願う人たちに、鉄の時代に生きているという現実を思い知らせたものであった。教養ある人たちのほとんどは僧院のなかにあったが、彼らとても外界に出たときはほかの人びとと同様、剣を携えた。吟遊詩人タイユフェールはイングランド征服隊の先頭に立って、ロランの歌を吟じた。十四世紀の、フランスとイングランドをそれぞれ代表する詩人、ウスタシュ・デ・シャンとジェオフレイ・チョーサーは、それぞれが自国の旗のもと遠征軍につき従い、どちらもが敵方の捕らわれ人となっている。

自らを自分の手で護る必要があった。未知のものを、今ならアフリカの奥地かメコン河の源流まで出かけて探しに行くところを、昔は生家の戸口を一歩踏み出した瞬間、それに出くわした。情報も地図もなく、しかし男爵領、伯爵領、公爵領、それに共和国といった国々の境界線が無数に入り乱れ、これから出くわすのは平和なのか戦争なのかを前もって知らず、一つの出逢いが吉となるか凶と出るかは、また隣り合わせるのが善人であるか悪人であるかは、まったく偶然の支配するところでしかなかった。一三六二年一月十日、ペトラルカ[一四世紀イタリアの詩人]はパドワを立ってアヴィニョンへと向かう途次、戦争に行き合わせて山を越せないまま、五月には帰宅を余儀なくされている。僧院を後にした修道士も、宮殿を後にした司祭も、旅にあっては自ら武装することを許された。不測の事態に出くわす機会がそれだけ多かったからである。自分で身を護ることなしに人は生きられず、たとえ聖職者でさえ、剣を操るなにがしかの嗜《たしな》みは身につけておいた方がよかった。村々がそうあったように、どんな人も急襲に備えておく必要があったのである。

それゆえ人びとは、ごく幼い頃から、自らを鍛えた。今日では器用な人が尊ばれるが、昔は「牢固さ ossu」が何よりであった。この言葉は今様のものでなく、昔の人がよく用いたもので、今ある表現もそれから派生している［ossu は古語、現代フランス語では osseau を用いる］。武勲詩『薔薇《ばら》の歌』によれば、初代の王は「この上なく牢固にして頑丈」な人であったという。一個の人間を、身も心も、また纏《まと》う衣装も含めて、丸ごと堅固にする必要があった。かくして衣服は鉄でつくられ、その巨大な甲冑を纏えるよう肉体が鍛えられ、また魂についても、死をものともせぬまでに強化が図られた。戦いに際して今日の人間ならまず衣服を脱ぐことからはじめるが、中世では爪先から頭の天辺まで、鉄の衣装を纏《まと》うことからはじめられた。鉄を身に纏《まと》うことそれ自体、もうすでに立派な運動であった。そうした鉄の衣装がどれほどの体力や持久力をわが祖先たちに強いたかを知るには、是非とも武器博物館を訪れ、十字軍で使われた兜や、マリニャーノの戦いで用いられた胴鎧、白兵戦用の甲冑一式を実際に目で見る必要がある。八十リーヴルはおろか百リーヴルにも及ぶ人間用の甲冑があれば、その倍の重さに達する人馬一体式の甲冑もある。こうした重さを支えることに、人びとは早くから慣れ親しんだ。博物館の所蔵品には子ども用の甲冑も珍しくなく、また従者用の甲冑が、兜や槍受けと一緒に並んでいる。中世から見てかなり後代の哲学者で思索家の懐疑論者ミッシェル・ド・モンテーニュにしてなお、子どもを「屈強な躰」に鍛えあげるべしと説いている。長い年月を通じて、思索家にとってもそうでない人にとっても頑丈さは一つの必要としてあったし、またありつづけたのである。

もちろん、もうくたくたに疲れ果てたと、シャルルマーニュの騎士たちにすれば驚きの、まさに予想外の告白をさせることで物悲しい効果を演出する十三世紀の詩人もいた。「私はもうくたくただ」、わが愛馬とて同じで、「その皮をもう剥いでやるがよい」と――。

我にして、かれこれもう一年
鎖帷子を脱いで横になりしは三日のみ

だがこうした歌を読み聴かされる者にはよく分かっていた。これこそが詩的な技法、ナルボンヌ攻略に向かうエムリの武勲をいや高めんがためにする詩人の創作であって、決してありそうな、またあり得べき場面の描写でないことを。

肉体と同様、魂もまた鍛えられた。人は若くして死ぬもので、そうした儚《はかな》い命に、今日ほどの執着は持たれなかった。人は何ほどもないことに、ほんの遊び心で命を危うくした。気に入りの運動があれば、それに命そのものを賭けさえをした。このゆえにこそトゥルノワが博したあの信じ難いほどの人気があったのであり、また後に見るように、生命の無益な浪費を理由にトゥルノワを禁止する大量の法律や勅令を、王や教皇たちが連発することになったのである。といって、こうした法律や勅令が何ほどの効果ももたらさなかったことは、その数の多さがよく物語っている。まさに熱狂そのもののなかで人びとがこうした遊戯に打ち興じたのも、つまりはそれらが危険極まりないものであったからにほかならない。命を賭ける以上、命を落とすこともごく自然の成り行きで、それがすなわちジュー jeu［遊戯にして賭］というものであった。今日の世で命を危険にさらすことは重大かつ深刻な事態であり、そうした場面に臨んでは細心の注意が払われる。しかし昔はそんな風でなく、なぜなら命は常に危険にさらされていたからだ。危険は驚きの種になどならず、人はいつもそれと隣り合わせに生きた。こうした社会ではまた魂も鍛えられた。もちろん涙ぐらいは見せたかも知れず、たとえばロランはオリヴィエの死を悼《いた》んで泣いている。ただ、そうした感情の刻印はさほど一般的なものでなく、両親の臨終の場にいて涙するジラール・ド・ルシヨンを見てこう叫ぶフークと、多くの人たちは同じ考えにあった――「なんたること！ 私は泣かぬぞ。我らは皆かかる終焉に向けて育てられ、鍛えられてきたのだ。我らがうちの誰一人として、屋敷や寝室において死を迎える騎士を父として持たぬ。そうではなく、壮大な戦《いくさ》のなか、冷たい刃に打たれる騎士を父として持つのだ。と言って、そうでない死に方をしたとて、咎《とが》めだてをする気はさらにないが」。これは物語の台詞だ、と人は言うかも知れない。確かにそうである。しかし現実の世界でも「死と行き会うのは一度きりだ」と、これに似たことを人は口にしている。フロアサールによれば、これは危険なイングランド遠征を思いとどまらせようとした人に向かって、ジャン・ド・エノーが発した言葉だとされる。

この古い社会に運動が大きな位置を占めたからといって、とくに驚くには値しない。むしろそうでないケースを考えることの方が難しかろう。人は熟慮の末からでなく、本能から運動へと向かった。それとは知らずに、人はスポーツをした。世に危険の種は数知れず、戦争も絶えることがない。十八世紀のある戦争は七年もつづき、その前の世紀には三十年、また中世では百年もつづいた。しかし人は何にでも慣れてしまうもので、この点からすれば当時の生き方と今の生き方との間に、われわれが考えるほどの大きな違いはなかった。遠く時代を隔てたわれわれの目からすれば歴史上、最も悲惨に見えるこの時代に、ほとんど死というものに関心を示さず、また死の可能性や死の機会の接近があっても心を乱されないまま、人は晴れやかな日々を送ったのである。燦《さん》たる陽光の失われることは絶えてなかった。ここのところが、当時の数々の記録文学や詩に通底する、あの色調をよく説明するものである。それを指して今日の人びとは感性の欠如だとか心性の欠落だとか、祖国愛の欠如だとか言うかも知れない。もちろん祖国という概念は今日ほど明快かつ明瞭なものではなかったし、なおそれに付け加えてもう一点、祖国愛というものが当時、まだ、悲劇的な徳目の一つにはなっていなかったということもある。勝っても負けても、また傷つき打ちのめされて捕われ人か病《や》み人かになっても、往時のフランス人の魂は十分に打ち鍛えられてあり、心の平静さはもちろん、陽気さを失うこともなかった。極悪の遠征でさえ苦い思い出を何一つ残さず、彼らはまた同じ熱意と勇気と活力をもって――それに嗚呼、同じあの向こう見ずさをもって――いつでもまた出掛けて行くだけの用意にあった。もちろん、実際のところはその彼らも、多くは一家の主としてそのまま、家に留まることとなったが。

遊戯は戦争とよく似通い、また戦争は遊戯とよく似通った。イングランド王エドワード三世（ロンドンを治めたフランス人で、その父も母もフランス人）は百年もつづくことになるあの戦争に、まるで狩りか祭りにでも出かけるようにして、猟犬や楽士や吟遊詩人を引き連れて出立している。そのときの恐るべき戦闘、略奪、殺戮に同時代人として立ち会ったフロアサールは、あたかも壮麗この上ない舞台劇でも見るような、感嘆と賞讃の入り交じった面持ちでそれを描いている。その壮大な戦いは世紀の一大トゥルノワ絵巻のようなもので、まるで祝祭の如くにはじまり、終わりは舞台のフィナーレのようであった。デュ・ゲクラン［百年戦争時代の騎士で軍指揮官］はそこで栄光を手にし、守護の聖女が讃えられることになる。

長い間、戦争はそうした性格を持ちつづけ、ルネッサンスにいたっても変わるところがなかった。狩りと同様、戦争にも好みの季節があり、いつもこれで一件落着ということにはならず、新たに春を迎えると、またぞろ再開された。ブラントーム［回想録作家、一五三五～一六一四］がフランス王アンリ二世についてこう書いている、「たしかに王は、お遊びで馬駆けをなさることもお好きであったが、それとは違って、戦においてする騎乗も大いに愛でられた。とくに戦争には目のないお方で、戦場にありさえすればご機嫌すこぶる麗しく、これに優る快事はないとよく仰せられたものであった。いつも先頭に位置して軍団を牽引され、そこに位置せぬ限り、王が国境での戦陣配置にかかわる命令を下されることはなかった。それは三月、心地よい春の訪れとともにはじまり、十月の声を聞いて終わりとなった」。

十七世紀においてもこうした性格を、なお戦争は完全に失なうことがなかった。バソンピエール［一五七九～一六四六、アンリ四世の寵臣］が回想記のなかでこう書いている――

「隊列のずっと前におられた王のところまで行き、わたしはこう申し上げた――陛下、祭りの準備が整いました。すでにヴァイオリン隊は席に着き、仮面役者も舞台のすぐ脇に控えております。陛下がお望みとあらば、いつでもバレエをご覧にいれられます。

すると陛下はわたしのすぐそばまで来られて、怒気を孕《はら》んだ声でこう仰せられた――そなたは存じておるのか、いま砲廠《ほうしょう》には五百リーヴルの弾薬しかないのだぞ。

そこでわたしは申し上げた――よくよくお考え下さい。仮面役者を一人欠いたからといって、バレエができぬわけはありませぬ。手前どもにお任せ下さい。きっとうまく参りましょう。こう言ってわたしは馬から降り、後世にもかなり名を馳せることになる、あの激にして烈なる戦いの合図を送った」。

実際、それはその通りの激烈な戦いであり、一六二九年の、パ・ド・シュズにおける戦闘のことである。一六九二年にも、「フランス兵はまるで憂さ晴らしでもするかのように死んでいった」と、同じ内容のことをある外国の旅行者が書いている。そしてこのような往時のフランス人を、今日のわれわれはそれほど深く己が皮膚を掻き破らずとも、自分の身の内に見出すことができるであろう。トンキン湾でもマダガスカル島でも、また客船フランス号の火災においても、同様のフランス人が目撃されているからである。

生きるために躰を鍛えることがかつてどれほどの大事であったかを理解する上で、われわれはもう一つのことに注目しなくてはならない。すなわち今の人間は座って生活を送るが、昔は立ったまま生きた、という点である。今日ではそんなに学問のない人でも、長い時間、座って読み書きをする。われわれの部屋には肘掛椅子や長椅子や寝椅子がいくつもあり、それらが腰を下ろすよう、あるいは横たわるよう人間に誘いかける。外出の用があっても自動車や路面電車や乗合バスにこと欠かず、どんなに経済的に恵まれない人でも座ったまま、こちらからあちらへと移動することができる。イスタンブールまで行きたければ座席に座ったり寝台に横たわったりで、三日三晩もすれば一度も地に足を着けることなく、眠るとき以外は座ったまま、目的地まで到達できる。それが、昔は、立ちっぱなしであった。本など稀少の品で、新聞や郵便もない。ごくたまにしか人は座って読み書きをする必要に迫られず、そればかりか、かつてはこうした仕事を、人はしばしば他人にやらせたものであった。つまり他人の目で物を読み、他人の手で物を書いたのである。『トリスタンの歌』では甥からの手紙を受け取ったマーク王が命じて礼拝堂付き司祭を叩き起こさせ、「口述筆記された文字をうまく判読し、トリスタンの用事を王に伝え」させている。

当時の一般的な「移動手段」は馬であった。男も女も、僧侶も兵士も、聖職者も農夫も、弓や剣を扱えること以上に、まず馬の乗り方を知らなければならなかった。昔の人が一カ所にじっとしていたなどと考えてはならない。好奇心や冒険趣味のことはさて措いても、係争、巡礼、所有地や親類宅の訪問、買い物、商い、地所や街や近隣貴族の監視、といった諸々の必要が、王侯たちを含めた当時のあらゆる人びとに、数多くの移動を強いた。王たちにしても、宮殿にアイドル然として鎮座ましましていたのではない。それどころか、公にされた彼らの「移動行程表」を見ると、常にそれが陸路伝いになされていたことがよく分かる。ところで当時、というよりはつい二〇世紀にいたるまで、人がポントワーズ地方まで出かけるのは、今日の人間がイスタンブールまで行くよりも、ずっと多くの体力を要したものであった。それゆえ一二九二年のパリに人頭税を納める馬具商が五十一軒もあったというのも、十分に頷ける話である。貴婦人も王妃も、修道院の女性院長も馬に乗れなくてはならず、彼女たちは必要とあれば、跨《またが》り乗りさえできなくてはならなかった。現実にそうした事態にプランタジュネット家のアンジュー伯ジョフロワの妻マティルデ后妃が遭遇している。敵方の手に落ちる危険の迫ったある苦しい行軍の折、彼女は「世の婦人がする乗り方で」馬上にあった。危険を察知したジャン・ル・マレシャル、作法は二の次であることを率直に告げ、「両脚を広げて跨がれるがよい」と進言した。彼女の乗り方では適時に拍車を入れられないからで、「否も応もなく」后妃は従わざるを得なかった。また記録作家フロアサール、詩人ペトラルカ、それにわがデ・シャンやその他大勢の人たちが何週間何ヶ月を馬に跨ったまま、それもひどい悪路や水溜まりのなかを行っている！　こうしたことについてはデ・シャンが書いているのを読まなくてはならない、ボヘミアから「膝を折る」駑馬《どば》にしがみついて帰還した彼の話を。

いやはや、わが馬はへとへとに疲れ
もはや一歩も動くを欲せざる
日に百度はよろめき、倒れ
われをそのまま野に放擲《ほうてき》せんかに
幾度も幾度も膝を折りたり
いやはや、わが馬はへとへとに疲れ

一方、いつも上機嫌であったフロアサールは、馬に愚痴ばかりこぼす人間でなく、乗り手に愚痴をこぼす馬の話を書いている。かくして右のデ・シャンの物語詩に加えて、十四世紀のボヘミアの沼地帯やスコットランドの山中でどんな試練が馬と乗り手の両者を待ち受けたかを知るには、この年代記作家の作品集に納められた『馬と兎猟犬《とりょうけん》の論争』を読むのでなくてはならない。

農民もそれぞれ乗用馬を所有し、これをあらゆる目的に用いた。十六世紀にピブラックが、祝祭日のミサに出かける田舎の住人のことを書いている。

遅れてならじ、素早く引き出せ
厩の隅から、雄馬でも雌馬でも
馬具を施し、覆いのマント打ち掛け
軽く打ち跨り、ズボン着の妻を乗せる
拍車を入れて、そら出発だ

エラスムスのような思索家たちも、鞍に跨る術を心得ておく必要があった。この瞑想家についてはルーヴル美術館に所蔵されるホルバイン作の絵に見るように、黒々と活字が並ぶ本の頁にじっと目を落とす図が好んでイメージされるが、彼自身は人生のある時期、旅の移動や狩りにおいて〈ホド善キ狩人ニシテ極悪ナラザル騎手〉であると、一定の評判を得ていたことを自慢にしていた。このエラスムスに劣らぬ瞑想家であったモンテーニュは、たとえ病気のときでさえ、他のどんな移動手段にも増して馬を好んだ。「一旦鞍に跨れば自分から進んで下りることはしない。なぜなら馬上にあるときが最も心地よく感じられるからで、それは健康なときも病気のときもそうである」。もう少しわれわれの時代に近い人を挙げればルイ十四世時代の高名な教養人たちがそうで、彼らも必要に迫られて馬上の人となった。ラ・フォンテーヌはそうしたうちの代表的な人である。

またセヴィニェ夫人［書簡文学者］はビュシ［カステルノー。フランスの軍人］に宛てた手紙の中でラシーヌとボワローについて、彼らが「エンデュミオン［永遠の眠りを与えられたギリシャ神］の恋人［月の女神］が放つ光を受けつつ詩的な眠りを貪りながら、首まで浸かる泥のなかを、あるいは徒歩で、あるいは馬で」国王の軍隊に付き従ったものだと、いたずらっぽく書いている。詩人たちは馬上にあって優雅さに欠ける嫌いが若干あり、廷臣たちは彼らにある種の微笑みを禁じ得なかったが、しかし堅固さにおいては不足がなく、また落馬して失笑を買うようなことは絶えてなかったという。

II 武器の操作

こうして生きるための条件が、人びとに身体運動を強いた。それも戦争とよく似通った身体運動を、戦争の備えをさせる身体運動を、である。

戦争と遊戯はかくも近しい関係にあったので、ある運動を戦争の項目に入れるべきか遊戯の項目に入れるべきかの判断は、往々にして難しいものとなる。剣を用いるにせよ槍を用いるにせよ、激烈にして単純であった剣術は当時の重い武器によく適したもので、どちらもがよく行われた。それらは城の跡継ぎたちにトゥルノワと戦争の、いずれの準備をもさせるものとしてあった。こうして中世に入るや事物に名辞が備わり、十二世紀にはこのようなことが言われた——

王が催す祭りには
大勢の人、馳せ参じ
宴を張り、興をせし後
幾人かの者
剣術を始めたり

このテキストが物語るレオノワのトリスタンは、誰よりも剣術に秀でた人とされた。さらに加えて遊戯においても比肩する者なく、戦いにおいても並ぶ者がないとされた。

同様に、少し序列において下がるが、的山弓《まとやまゆみ》あるいは「鳥型的《パブゲ》」という弓試合があった。これには農民でも賞を勝ち取ることができ、勝利者は歌で賞賛され、祝杯をもって称えられた。それは祭りであり遊戯であったが、また村を防衛する技術を磨くための手段でもあった。

王や貴族が手本を示し、農民が領主を、また子どもが大人を真似た。修道士もそこに一枚加わり、かくして教会当局は彼らに弩《おおゆみ》引きやジュー・ド・ポーム、その他の面白すぎる運動を禁止する羽目に追いやられている。

中世における上流階級はとくに、剣、棍棒、槍の扱い方を学んだ。一方、下層階級がしたのは、弓、弩《おおゆみ》、薙刀《なぎなた》、矛槍《ほこやり》、猪槍《いのししやり》であった。ただ、あまりに厳密な区別をするのは行き過ぎで、普通の剣をうまく扱える農民は一人ならずいたし、また弓を巧みに引く貴族も大勢いた。領主も平民も諸手剣《もろてけん》を用いた剣術をよくしたものので、この武器に親しんだのは専らドイツ人とイタリア人とスイス人だけとされるが、実はフランス人もそうなのであった。諸手剣はフランスでも製造され、それ用の独自の剣術が指南され、かつ日常的に行われた。たとえば一四二六年、バイユー〔ノルマンディー地方の都市〕で「催された公開遊戯、すなわち諸手剣の大会」を見るために大勢の人が集まっている。パリでは師範のギヨーム・ド・モントロアが一四五〇年、サン・ジェルベ街近くの居館ピーで「諸手剣」の指導を行い、またフランスの射手たちも従軍中、背に「長くて剃刀《かみそり》のようによく斬れる諸手」剣を背負った。そして遊戯と戦争はかくも近しい関係にあったので、パ・ダルムを遊ぶのにさえ、当時の騎士は諸手剣を用いてこれを行った――「かくてひとたび諸手剣が手にされるや、審判役の諸侯らが終了を命ずるまで、ずっとそれでの打ち合いがつづけられた」。

とは言うものの、武器に関しては貴族と平民の間で、やはり違いがあった。槍は優れて貴族的な武器としてあり、そのためシャルルマーニュが発したある勅令は、不遜にも槍を使おうとする「農民」がいれば、その槍を「彼の背中の上で叩き折る」よう命じている。一方、弓は優れて下層階級向きの武器としてあった。遠くから敵を討つのは騎士の沽券にかかわると貴族がしたからで、彼らにすれば弓は姑息な武器であった。こうした信念は深く根を張り記憶に刻まれ、幾世紀を通じて父から子へと伝えられた。そしてこの体面重視こそがフランスの歴史を通じて、あの幾多の悲劇を生むことになるのである。

もっとも、単なるお遊びとしてなら話はまた別である。彼の「王太子殿下」は好んで自分の腕前を他人に見せびらかす人で、とくに一三四六年以降は、たとえその力量がどんなに拙くとも、彼の鼻を高くさせてくれる取り巻き連に事欠くことがなかった。「アングレームで私が目にした例を紹介しよう」とトゥール＝ランドリィの騎士が書いている、「このノルマンディー公がエギヨンに来られたとき、騎士たちが馬の面覆《めんおお》いを的にして弓遊びに耽っていた。そこを通りがかった公が興を示され、騎士の一人に弓を所望された。そしてお引きになると、こう囃《はや》したてる二三の者がいた、

『まこと殿はお上手にあらせられる』

『マリア様！』と別の者、『何とお強い引きであろうか！』

『おお！』ともう一人、『武器など手にしたくないものだ、もし殿が本気になられでもしたら』

実のところ、それはまったくのお追従《ついしょう》でしかなかった。公は矢を何本も借りてはじめたが、まこと最悪の射方でしかなかったから」。

単なる「お遊び」に過ぎなかったとはいえ、やはりこれは不吉の前兆であった。この弓遊びに勝る幸運が、戦場での公に訪れることはなかったからである。やがて公は王位に就くが、その人こそポワチエ戦において捕虜となる、あのジャン二世であった。

あらゆる居館には言うまでもなく武器架があり、ルイ十四世の時代には、それが屋根裏部屋まで満たしたほどであった。中世に自治都市が誕生すると、市庁舎にも町民用に武器架が据えられ、今日にまでいたっている。「一四七四年、トロワには五四七のカルヴァン小銃、二八七の弩《おおゆみ》、一〇四七の猪槍《ししやり》があった」。しかしさらに注目すべきは、小さな民家や職人の陋屋《ろうおく》、農民の藁葺き家にも、それがあったことである。布職人の家にも、担ぎ人足の家にもあったと伝えられる。それはさして驚くべきことでもなく、なぜなら五体満足な男子はすべて、それぞれの身分に応じた武器を自宅に備えるよう、いくつもの勅令が義務づけており、そうして「危急の場面」に備えておく必要があったからである。そのほか、各種の法律が軍事色の弱い遊戯を禁止する代わりに、民衆に最も有用な娯楽として弓を推奨した。パリのサン・ラザール門界隈《かいわい》には弓や弩の製造業者が蝟集《いしゅう》し、町民を客に集めた。そのほかの地区には貴族を顧客とする武具製造商や金拍車の彫金師が集まって「フランス

の騎士階級から重宝された」と、フィリップ端麗王の時代にジャン・ド・ガルランドが書いている。

民衆の運動である弓についての勅令は、幾度も更新して出されている。つまりわが祖先たちは自分のお気に入りの遊戯に熱中する余り弓をないがしろにし、その都度、規制を招いたというわけで、こうして非軍事的な遊びと軍事的な遊びとが、常に並行して繁栄をつづけたことがよく分かる。そうした勅令の一つに、賢王シャルル五世の発したものがあり、これがこの間の事情をよく物語るものとしてある。「わが王国の」と王は言う、「平穏と安寧と防護を衷心より願いつつ、賽子《さいころ》遊び、歌留多《かるた》遊び、ジュー・ド・ポーム、九柱戯、石投げ遊び、蹴球《スール》、玉突き、およびこれらに類するすべての遊戯を禁止する……。そして以下のことを請い願い、かつ命ずるものなり――わが臣民は自らにふさわしい遊戯と運動に励んでこれに精通すべく、弓もしくは弩《おおゆみ》を適当な場所において操りかつその術に長じ、そうして弓をよく射る才を伸ばしながら、これを進んで祭りの出し物とし娯楽の種となさんことを。サン・ポール・レ・パリの居城にて」一三六九年四月三日。ここで王は包み隠さず述べている、臣民には遊戯を愉しみつつ戦争を学んで欲しい、と。

ところでこの一三六九年の勅令についてシメオン・リュス氏は『百年戦争時代のフランス』という興味と魅力に尽きない著書のなかで、エドワード三世が一三三七年に発したイングランドの法律、すなわち臣民が無益な暇つぶしを止めて弓に専念するよう「死刑を条件に」命じた法律を模倣したものだとしている。氏はさらに別のところで、この一三三七年の法律は一三六三年に、「前法律の実効性を高らかに謳った」別の法律に再録されたともしている。そうしてリュス氏は以後の時代の記述においてでも、「死刑」条項を備える一三三七年のイングランド法を重大な意味を担う歴史的事実として、つまりクレシィやポワチエの戦いでフランスを敗北に招じ入れた主たる要因として、何度も引き合いに出すのである。

確かに、この法律が備える刑罰の過酷さには、注目すべきものがある。と同時に、それが人目を引くとすればその過酷さ一点においてでしかなく、残余のことすべてに関して、この法律はとくに新奇な面を何一つ備えるものでない。ということは、すでに自分のところにもあったアイデアを、シャルル五世は何もわざわざイングランドにまで出かけて探し求めてくる必要などなかったわけで、実際、フランスでは早くも一三一九年にフィリップ・ル・ロンが（死刑云々の条件は除いて）まったく同じ主旨の法律を出しており、そのなかで臣民に向かって、石投げ遊び、九柱戯《きゅうちゅうぎ》、スール（足蹴り球）等を打ち捨て、代わりに弓および軍事的な性格の遊戯を行うようにと命じている。

ただそれにしても、一三三七年のイングランド法にうかがえる恐るべき過酷さは、果たして本当にその通りのことであったのだろうか？　否、この法律そのものが、確たる歴史的事実としてあったのだろうか？　こうした疑問を提出するのにはそれなりの理由がある。というのは、この年号を持つその種の法律は、イングランド制定法令集にも議会公文書集にも、ライマー法律撰集にも見当たらないからである。『百年戦争時代のフランス』でシメオン・リュス氏は、そのための参考文献として自著『ベルトラン・デュ・ゲクラン』を掲げているが、その『ベルトラン・デュ・ゲクラン』が依拠するのはフロアサールである。しかしフロアサールが当の法律にはじめて言及しているのは彼の『年代記』の、ずっと後年の改版においてでしかなく、加えてフロアサール自身、しばしば大ざっぱな記述で済ませているばかりか、日付を取り違えたり事実を誇大に扱ったりしている。いずれにせよ、エドワード三世が弓を引くよう「首と引き替えに」臣下に命じたとフロアサールが書いているからといって、それを「死刑を条件に」と、われわれの時代の刑法にある用語を用いて訳すのは、このイメージ豊かな語り手の言葉をあまりにも杓子定規に取りすぎるというものであろう。

他方、一三三七年の法律とは違って、一三六三年の規定は確かに実在したもので、こちらのテキストはライマー法律撰集に納められている。ただし、これは法律でなく、エドワード三世がすべての執政長官に宛てた通達であって、それぞれの管轄領民に強制して休日に弓を引かせるよう、またジュー・ド・ポーム、手または足でする球戯、杖球《クロス》、闘鶏等々を止めさせるよう命じたものである。ところでこの一三六三年の通達であるが、それは――

①先行の法令のことには一切言及していない。

②一三三七年の法律やその他の法律が果たした役割について云々することはせず、ただ、かつてこの国では〈皆デ一緒ニ弓術ノ訓練ヲシテイタ〉としているだけである。つまりそれによれば、弓は特別の法律があったからでなくごく普通の習慣として実施されていたものであり、すなわちそうした習慣が今やあまりに顧みられなくなったので「当王国は早晩、射手に事欠くことになろう」というのである。とすれば、言うことを聞かぬ者は吊し首にするといった考えなど、そもそもはじめからなかったという結論に行き着かざるを得ない。

③一三三七年の「法律を更新する」目的を担う文書であれば、またかくも火急の必要がかくも公然とないがしろにされてきたというのであれば、死刑云々の条項を再録してしかるべき筈であるが、王はただ、従わぬ者は〈投獄刑ニ処ス〉と脅しているだけである。

執政長官に宛てられたこの通達の方は、一字一句違《たが》わずそのまま、一三六五年六月一二日に再び更新された。ただしこちらは本物の法律、正式の法規として、日付もテキストも確かなまま王国法令集の、ただし一三八八年版に載っている。リチャード二世によるこの法律は、都市や農村の平民が平時において短剣または長剣を携えたり、また「手もしくは足を使うペロタ遊び」およびその他の遊戯をすることを禁止し、代わりに日曜日に弓を引くよう命じている。罰則面では地方当局が「違反者を捕らえることができる」とあるだけで、これまた死刑云々とはほど遠い。また過去の法令にも一切言及していない。

もう一つの正式の法規は一四〇九年、イングランド王ヘンリー四世が発したもので、こちらはリチャード二世の法には触れているが、それ以外のものには言及していない。この法律には罰則に関する詳しい規定があり、何人も「この法に違反する行いをなしたる場合、六日の投獄に処す」とある。こうしてわれわれはますます、死刑云々の話から遠ざかることになるのである。

それゆえ一三三七年の法律の実在性について重大な疑義が出せるというのは、決して突飛な意見ではない。加えて罰則としての死刑の問題や、その過酷さがもたらしたとする歴史的帰結については、もはや議論以前のことと言できるであろう。

フランスの都市でも農村でも、褒美《ほうび》の授与や税の免除あるいはその他の優遇措置を介して、弓のクラブはさまざまな形において奨励された。王はもちろんのこと、領主たちも、民衆が常に弓の技を磨いてこれに長《た》けることから利益が得られるので、互いの競争心を煽《あお》るべく、経費を奮発した。たとえば一三八二年のある文書は、「エタープル城の警護長にして従騎士の城代ゴチエ・ド・モンシェル」が示した気前のよさを伝えている。この人は、「弩《おおゆみ》を引くことにより、城に仕える家臣一同が互いに和を保って朋輩《ほうばい》となるよう、またこの遊戯をさらによくして習慣となすよう、弩を最もよくなしたる者には金一封を、別の賞品や宝石類とともに授ける」とした。もっとも、平素の試合での賞品はかなり質素なもので、ここに掲げたフランスの古い銅版図からもそのことがよく分かる（図１）。一本の同じ木に的鳥《パプゲ》と賞品とが描かれていて、後者は手袋、ベルト、その他の小物類である。この種の「同好会」の多くは中世に創設され、大革命の時代になってもなお存続した。すなわち、弓もしくは的鳥の会、もう少し後になって組織される火縄銃の騎士団、等々がそれである。こうした娯楽は通常は日曜日に、子どもを含めたほとんどすべての年齢階層の人びとによって愉しまれ、こうして都市は急襲に遭っても（かつての混乱期によくあることであった）外部からの援助なしに、その周壁と、町民や「平民」らの巧みな弓捌《さば》きとで自衛することができた。一四二九年と一四三〇年に、イングランド軍が急襲を企てたシ

図1　パプゲ弓（16世紀）。
弓を手に過ごす愉快なる日々
褒美を得んとて草原に出で
鳥型的《パプゲ》を指して矢を射るなり
（版画保管局『木版画集』所収 Ea. 79）

ャロンを、この町の弩手たちが救っている。また彼らは一四三七年のモントロー攻囲のときにも頭抜けた働きをなし、シャルル七世は「親愛なるシャロンの町民、平民、住民」に宛てて親書を送り、当地の「弩手、大楯持ち、長砲手、石工および大工」がなした働きに謝意を表している。そして一四三七年十月十七日「モントロー前の攻囲において記す」として、「彼らの弓の会がこれまで以上に堅固に維持され、弩遊びがつづけられるよう」各種の特権を授け、なかでも王の居館の住人と同じ色のもの、「すなわち真紅の布を用いた上着または礼服」を纏い、また「都市の一区画に忘れな草をあしらった白と緑の布地」を掲げることを許可する、としている。シノンで、レンヌで、またその他の多くの都市において、的鳥弓《パプゲ》の勝利者には一定の税が免除された。彼らの名声は遠くにまで聞こえ、射弓をめぐる敵愾心《てきがいしん》は村々の間でいや増した。十六世紀に入ってもなお、ノエル・デュ・ファイユがある村の五月に催された「弓引き」会のことを書いており、その村の住人が「あまりに強く弓を引くもので国中もう勝ちは決まったと、彼らのことしか話題にしなかった」としている。さらに時代を経て、シャンパーニュ地方では四十三もの火縄銃同好会を数えた。「その会員となるには、品行方正かつローマ・カトリック信徒であること、六名の（火縄銃）騎士から紹介を受け、さらに役員たちの承認を得ること、とされた。入会を許された者は王と都市と会のため以外、決して武器は手にしないことを誓った」。

　ごく早い時期からフランス人は、弓さばきの巧みさで世に知られた。アングロ・サクソンの地を危うくフランス語の国に変えそうになったあのヘースティングス戦の勝利にしても、とくにその弓兵の働きに負うところが大であった。新しい領地に居を構えたノルマンやアンジェーの諸王が他の何にも増して急いだのは、彼らのイメージ通りに臣民を訓練することであった。かくしてフランスのものと酷似した弓を奨励するための勅令が発せられ、ことは上首尾に運んだ。というのは、イングランドの射手たちはその後の数世紀を通じて、世界的な名声を勝ち取るまでになったからである。この名声の一部は彼ら自身の恵まれた資質にも起因するもので、イングランド人以上に矢をまっすぐ強く射たり、また大気の状態や風の方向をうまく把握できる民族はいなかった。同時にこの名声は彼らの鼻っ柱の強さにも由来しており、それがもとでフランスの騎士たちは、幾多の歴史的な場面で死に追いやられてきた。しかもこのフランス人というのは、幼児の頃から鍛えられて何をも恐れず何をも疑わず、それぞれが自分を物語に出てくる英雄たちと遜色ない存在と信じながら、巨大な甲冑に身を包み、どの戦いも自分一人で勝利を決するが如くに振る舞わなければ沽券にかかわると考えていた。各自が独立した一個の要塞をもって任じ、鉄の塊のなかで息もできず目も見えず、押しつぶされそうになるのをじっと堪《こら》えた。こうした人びとの間で生き、彼らを描いたウスタッシュ・デ・シャンであってみれば、その信奉する立場も当然、厳しいものとなる。かくして十四世紀にあって人生を馬上で過ごさない人、新しい兜と甲冑一式を備えない人は、デ・シャンからまことに哀れな評価をしか受けていない。彼にすれば、「全身が武装され」ていなければならなかったからである。

馬に乗らぬ者、よく跨れぬ者
よく駆けず、よく操れぬ者
新しき兜と完全なる装備もて
戦いある処に赴かざる者
皆これを指して言う、役立たずめがと

歩兵は馬にとって脅威となる矢を携え、また鋸《のこぎり》歯《ば》や鉤爪《かぎつめ》や鳶口《とびぐち》に棘《とげ》のついた変形矛槍《ほこやり》や変形薙刀《なぎなた》を手に持ち、それでもって騎士を落馬させ、また彼らの甲冑を使い物にならぬまでに打ち壊した。そうしてほとんどの戦闘において、甲冑の利を生かせない貴族に苦い教訓を繰り返し与えたものであった。しかし王侯たちがする思い込みは絶対的なもので、彼らはさらに重く、さらに動きを鈍くさせる武具に執着したまま、自らを格好の標的に仕立て上げ、いち早く銛《もり》の餌食となった。そればかりか、躰をすっぽりと鉄で覆ったこの動く要塞は、哀れな陋屋《ろうおく》や藁葺き家が一目で城と見分けられたのと同様、貴族と農兵とを簡単に見分けさせた。フランス王のなかのフランス王と言われたフィリップ＝オーギュストも、ある有名な戦いのなかで危うく命を落としかけている。一人の歩兵が鉤槍《かぎやり》で王を落馬させたのだが、そのとき相手から槍を手放させることも、その槍の鉤から逃れることも王にはかなわなかった。落馬したところへ偶然ながら素早い助けが得られたが、それがなければブヴィーヌという地名も一二一四年という年号も、この王の栄光を想起させるものとしては残らなかったに相違ない［後にフィリップ＝オーギュストはイングランドと連合した神聖ローマ皇帝オットーをこのブヴィーヌで破る］。

歴史にわが名を「刻む」べく武勲を打ち立てんものと、危険極まりない単独の手柄を追い求めるこの情熱は、フランス人の心のなかに幾世紀もの間、強固に宿りつづけた。それはもはや遺伝的な形質の情熱とも言えた。なるほど彼らは一再ならず見事な武功を挙げたが、しかしそれは戦争全体の趨勢を度外視してのもので、こうして総体をないがしろにしたまま、全体としての戦いに敗れた。システムに変更を加えることを堕落と見なし、新しい武器が危険だからといってこれに対策を講じたりすることや、栄誉ある一騎打ちを求めて敵陣目指してまっしぐらに突進するのを放棄することは、また敵が画策するやも知れぬ策略にあらかじめ思いをいたすことは、祖先の名を汚す行いであると考えた。敵が運河の向こうに隊列をなしていれば、瞬時も躊躇することなく馬を全速で駆けさせてそこに乗り込み、そのようにして一三〇二年のクルトレの戦いでは、総勢六千もの兵士が命を落としている。

「彼らは一団をなしてそのまま敵へと向かい、状況を把握する間もあらばこそ、真正面から攻撃を仕掛けた。

これを罠にかけて打ち破るのはいとも容易なことで、敵側は望みのとき、望みの場所で、彼らを戦いに招じ入れることができた。そのためのきっかけなど、何でもよかった。彼らはいつでもそれに応じる用意にあったからだ」。この記述を、クルトレの戦いに取材したものだと思う人がいるかも知れない。たしかにその通りのものだ。しかし実はこれこそ、一つの民族はどこまで行っても同じ民族であることをよく証明するところのものである。というのは、これは紀元前二世紀に生まれたポセイドニオス［ギリシャの哲学・地理・歴史学者］を引用しながら、ストラボン［ギリシャの地理学者で歴史家］が紀元一世紀にゴロワ族について書いたものだからである。

頑迷なわが方の騎士は、こうした経験を生かさないままであった。クルトレの戦いでもクレシーの戦いでも、またアザンクールの戦いにおいても、同様のことが目撃された。用心に用心を重ねて、敵軍の配置や地面の状態や、甲冑の重さを考慮に入れろだと——いやいや、そんなことよりもまず突撃だ！「で、これらのフランス人は」と、この戦いを語るなかでジャン・ド・ヴォランが書いている、「纏う甲冑のあまりの重さに、わが身を支えることも前に進むこともかなわなかった。彼らはまず、膝もしくは膝下にまで及ぶ長くて重い鉄製の鎖帷子《くさりかたびら》を羽織った。さらにその上に脚覆いをつけ、白く輝く甲冑を纏い、加えてほとんどの者が鎖帷子でできた鉄頭巾を被《かぶ》った。それやこれやで武具の重さは相当なものとなり、そこへ泥濘《ぬかる》んだ地面の軟弱さが手伝って、身動きもならない有り様であった」。まさに動かない標的であり、それだけにやられ方も酷《ひど》かった。「その日、私がいた場所で」とジャン・ド・ヴォランが書いているように、彼は実際にこの戦いの場に居合わせ、こうした光景を目《ま》の当たりにしたのである。彼の父親と兄弟も彼と同様、フランス側にいた。

自らの同胞をよく知る当時のあるフランスの軍人は、教訓に満ちた記念碑的とも言える彼らの肖像画を描き残している。「そういうわけで彼らは、戦いに臨む者、いずれ臨まんとする者、あるいは戦いに身を鍛えんとする者すべてにとり、戦い方において稀有なる注目と推奨に値する三点の特性を有している。まずもって、これらフランス人は敏捷かつ果敢な躰を持ち、躊躇《ためら》わず怯《ひる》まず敵へと襲いかかる。次いで、攻撃に際しては猛々しい戦士となり、打たれてもたじろぐところがない。そしてまた最後に、彼らのうちの誰一人として、敵方がどの国の者であれ、これと一騎打ちで戦うだけの勇気を持たぬ者はおらぬ……」

「ただそれにしても、躰が勇猛で死の危険をものともしないと同じ程度に、彼らが指揮官や隊長に対して従順であったなら、どれほどよかったことであろうか。というのは、武勲が勝利という果実となって現れるのは往々、規律と節度を弁えた理性ある行動あってのことで、もしもその通りであったなら彼らの躰が嘗《な》めた辛酸はかくもしばしば、むなしく水泡に帰したりはしなかったであろう。かくして私は敢えて次のように申し上げる。規律を守り指揮官に服することは、不従順な躰が指揮や命令を無視して立てる武勲よりも、ずっと偉大な勇気の現れとして称えられるべきものであると」

この聡明な軍人は当時の知識人の常として、古代ローマ人の経験を自由に引用して自説の支えとできる人であり、さらに次のようにつづけている、「またこの点に関してはティトゥス・リウィウス［ローマの歴史家］を繙《ひもと》くがよい。かのローマ人たちは、躰から発した激情や勇猛さに任せて指揮や命令に違反する者には、戦う気のない軟弱な臆病者に対する以上の厳罰を科している通りである」。

フランス人が最も重い種類の弓を好んだことも、さらに危険を倍加させた。その扱いにくさが、われわれが天性として備えた利点の数々を――すなわち、腕力や体力を補って余りあると自負した鋭敏な動きや心身の反応の早さといった、古来わが戦士たちが至高の理想と仰いできたあの利点の数々を無に帰させたからである。かつてわが兵士たちは主人として弓を君臨支配したのだが、やがてその好みは重量のある弩《おおゆみ》へと移り、これが十二世紀を境に、常用に供されることとなる。

よくあることだが、もちろんこうした嗜好の変化のなかに、説明のつかない狂気のようなものを見ることがあってはならない。そうではなく、それは畢竟《ひっきょう》、物事を極端に一般化して捉えてしまう、われわれが犯しやすいあの過ちの帰結なのであった。というのは、弩《おおゆみ》は当初、まことに目覚ましい戦果を上げた。そのためフランス人はこの道具に未来の武器を見てしまい、それこそ舞い上がってしまったのである。われわれの歴史においてこれまで幾度、同じような一般化の過ちが犯されたことであろうか？　――あれやこれやの新兵器、たとえばこの弩あるいはあの機関銃さえ手にすれば、絶えて欠くことのなかった身体的勇気と相まって、もはやどのような敵も恐れるに足らない、この新兵器がすべてである！　それさえあれば何でも可能だ！　――自制の心や冷めた判断、それに規律なくして何事も成らないことは、またそうした精神的資質なくしてどのような道具も、またどのような勇気も有効な防御手段とならないことは、きれいさっぱり忘れ去られてしまったのである。

　われわれの祖先が犯した過ちは、節度というものの欠如にあった。確かに弓を捨て去ることはしなかったが弩に頼りすぎ、これをあらゆる局面において用いた。彼らはその驚異的な威力を目の当たりにした。一人の弩手が塔の高見から遙か彼方の戦場の、今日もまだ残る岩塊の上にいた当時の最も恐るべき戦士、リチャード獅子心王に狙いを定め、これを一撃で打ち倒したのである。弩に用いる矢には、矩形矢（四稜断面の矢）や回転矢（螺旋《らせん》羽をつけた矢で回転する）があり、その貫通力には恐るべきものがあった。アザンクールの戦いでは弩隊はうまく活用されず、最低の働きしかできなかったが、アルフレール近くの海戦では彼らがフランスの名誉を救った。フランス旗を掲げた三十八隻の戦艦が、弩隊のおかげで実に七時間もの間、三百隻のイングランド軍の攻撃を持ちこたえたのである。しかし結局は数の力に圧倒され、七百名の兵士を失い矢玉も使い果たしたフランス軍は「名誉の撤退をした」と、当時のある記録作家が書いている。

　有り体に言えば、弓と弩はそれぞれが長所を備え、そのいずれかを適宜に用いることが肝要であった。フランスの不運はこの二つの武器のうち、弓の方が臨機の使用に向いていたことにあった。素早く引き絞ることができ、しかも歩兵の動きを妨げない。一方、弩は操作に時間がかかる上、銃床や鋼鉄製の矢、それに弓張りの駆動部（轆轤《ろくろ》、押上万力、湾曲弓部）を合わせた総重量は相当なものとなり、身を隠してゆっくり矢を番《つが》えられる場所に事欠かない城砦や土塁、あるいは戦艦での使用には有利だが、隊列が接近し合った白兵戦には向いていなかった。なるほど、適当な場所でならこの武器は恐るべき効果を発揮した。「リボドカン」と称する巨大な弩は、二、三人もしくは四人がかりで轆轤《ろくろ》を廻して引き絞られる「長さ十二ないし十四尺」の湾曲弓部を持ち、駈け上ってくる一群の突撃隊に向かって五ないし六尺もある槍のような矢を放てば、一度に数名の兵士を貫通するほどであった。しかしこうした武器はあのガルガンチュアのような巨人にしてはじめて一人で操ることが可能で、それはまさに彼がよくしたスポーツの一つでもあった。ガルガンチュアにあっては轆轤さえ使わず、「強力な弩を腰にあてて引き絞った」。

隣のイングランドでも行き過ぎた好き嫌いというものはあったが、しかしそれは逆の方向において作用をなした。イングランドの射手たちはフランスとの戦いで見事な働きをなし、そのためにまた彼らは彼らで、ほとんど迷信に近いまでの信頼を弓に置くようになったのである。十六世紀の知識人たちは火器をなお未熟な武器としかみなさず、それに過度の重要性を認めることは危険だとしていた。賢人トーマス・エリオット卿も弩《クロスボウ》や小銃《ハンドガン》といった種類の武器はすべて、イングランドに古くから伝わる簡素な長弓の使用を放擲《ほうてき》させるものだとして、警戒を怠らぬよう自国民に説いている。「かかる武器は」と彼は言う、「弓という高貴な防衛手段を放棄させようとして、狡猾にも敵側がわが王国に持ち込んだもの」であり、こうした新兵器には、またそれを広めようとする裏切者には、いくら警戒をしてもし過ぎるということがない。こうして国王ヘンリー八世は、エリオット卿に勧められアスカム［一六世紀の教育者で『弓術論』の著者］に促され、さらにはまたエリオット卿の愛国心を高く評価する弓矢商人たちからも急《せ》かされて、この国とこの国の弓商人にとってかくも枢要である弓の技術を磨くよう、勅令に次ぐ勅令を発して臣下に命令した。すなわちその治世の三年目と六年目と三十三年目に王はこの命令を繰り返し、「老弱でない」五体満足な者すべてを対象に、自宅に弓と矢を備えてこれを操るよう命じている。子どもも例外とは見なされず、七才から弓の訓練をはじめるものとされ、どの家も男児一人につき、弓一丁と矢二本を備え置かなければならなかった。この義務規定の対象には幼い奉公人たちも含まれ、家の主人は弓矢の購入費を彼らの給金から差し引くものとされた（一五四一年法による）。イングランド人がかくも弓に重きを置いたことには外国人も驚きの色をなし、同時代のイタリア人パオロ・ジョヴェは「イングランド人は矢に全幅の信頼を置いている」としてこう書いている、「彼らはまこと巧みに、かつ強力に矢を放ち、甲冑をも射抜くほどである――まさに〈イングランド人ハ弓ニ全幅ノ信頼ヲ置ケリ〉」。ヴェニスの大使も一五五七年に同じ内容のことを政府に伝え送っており、イングランド人の矢は甲冑をも射抜き、火縄銃は軽んじられたままであるとしている。

一方、フランスではこの弓と並んで、とくに弩《おおゆみ》が十六世紀まで用いられた。フランソワ一世は「マリニャーニュ［一五一五年］の戦いで、親衛隊の一部に二百人の騎兵弩隊を当て、これが目覚ましい働きをなした」。アンボワーズ・パレ［仏の軍人外科医］は「火縄銃その他の筒状火器」による外傷に大いなる関心を示した人であるが、矢傷についても特別の研究を行い、一般の外科医がその被害をよく理解できるよう、ありとあらゆる種類の矢を描いた図板を作成している。そこには、通常型の矢尻、刻み目の入った矢尻、傷口に残るためこの上なく危険な可動式の矢尻をつけた矢が、数多く描かれている。

しかしそうこうするうち、弓も弩も、娯楽もしくは運動遊戯においてしかその命脈を保たなくなり、そうした形態のなかでのみ後世に受け継がれていくこととなる。フランスでは弓の愛好会は大革命のときに一旦、禁止されたが、その後、とくに北部の諸県において復活を見、今日になっても一万人ほどの会員がいるとされる。

イングランド人は当然のことながら、ほかのどの民族よりも長く、弓を戦争用の武器として用いつづけた。「一六二七年になってもなお、イングランド人はレ島の要塞に矢を打ち込んだ」と、P・ダニエルが『フランス民軍史』のなかで書いている。ノルマンディー公ウイリアムの兵士たちがヘースティングスの戦いでとった戦術の、またその後継者が今やイングランド人となったアングロ・サクソン人に伝授した戦術の、それが最後の適用例であった。

第2章
トゥルノワ
LES TOURNOIS

I　トゥルノワが博した人気

中世で人気を博したのは戦争とよく似た遊戯、なかでもフランスの貴族を虜《とりこ》にしたのがトゥルノワで、これはとりわけ戦争とよく似通った遊戯であった。

こうした遊戯が行われなくなってしまった今、よくトゥルノワとジュートが混同して扱われることがある。しかし両者の区別はいたって簡単で、すなわちトゥルノワは戦争を、ジュートは決闘を模倣したものである。

争い事、異議申し立て、論争、挑戦といったものに昔のフランス人が示した好みは相当のもので、普段の生活でも知的な生活にあっても、これ以上はないというところまで押し上げられた。「論判《ディスピュトワゾン》」は最も愛好された文学形式の一つであり、また「論戦《ディスピュート》」はごく日常的に活用された教育の一形態にして、かのペトラルカもわがの首都のことを語るなかで、〈論争ノ好キナゴロワ人〉と書いている。生徒は生徒同士、あるいは教師を相手に論戦を挑んだ。十三世紀のトゥルノワ手引書に〈向カイ来ルイズレノ戦士ニ対シテモ〉とあるが、学位申請者も戦いに臨む騎士たちと同様、いずれから発せられる質問にも受けて立つ用意があった。「学位申請者は闘い」、〈反撃ニ打ツテ出ル〉とソルボンヌで言われた所以である。今日の学位審査会はかつてのように誰彼が質問してもよい場ではなくなったが、それでもその種の古い仕来《しきた》りの名残はまだ留めている。かくして学位申請者は抗《あらが》い、闘い、〈反撃ニ打ツテ出ル〉。

中世における一大スポーツ、それがトゥルノワであった。最も危険にして最も高貴な遊戯で、人びとはこの上ない熱心さのなかでそのための準備を行い、またそのためにこの上ない出費を重ねた。その猛々しさと比べれば、今日の最も荒々しいとされるサッカー試合でさえ、まるで鳩ごっこ《ピジョン・ヴォル》［飛ぶものの名前を言ったとき手を上げる遊び］程度にしか見えないほどであった。

幾百年もの間、ヨーロッパ中がトゥルノワに熱を上げた。どの騎士にも必要欠くべからざる遊戯となり、そのためどんな禁令も、また聖俗あわせたどんなに厳しい内容の罰も、彼らを押しとどめることはできなかった。実際、この罰は非常に厳しいもので、宗教界では破門、世俗界では財産の没収にまでいたった。トゥルノワで命を落とした者の葬儀に応じないよう教皇たちが命ずれば、また王たちも定期的に、トゥルノワの騎士に武器や馬を売ったり宿を提供したりすることを禁じたり、彼らが集まるのを実力で阻止したり財産を没収したりした。多くの命がこの遊戯で失われたが、激情に駆られたトゥルノワの騎士たちの目にはもはや何も見えず、こうして「余のための戦争」を、あるいは「海外への聖なる旅」（十字軍遠征）を忘れてしまいおってと、王や教皇たちを嘆かせたものであった。それでもトゥルノワの戦士たちは聞く耳を持たず、個人的な武勲を追い求める悪しき性癖をますます強くするばかりで、そのためには永遠の救済さえ投げ出してしまう始末であった。

言うまでもなく、こうしたトゥルノワ軍団がいつも模範的な光景を人びとに見せつけたわけでない。あるときは教会を小馬鹿にした騎士たちが甲冑の上に修道衣を纏い、そうした仮装の姿で互いに打ち合ったり、さらにリーダー役の者は司祭服を着て、兜の上には司教冠を戴《いただ》いたりもした（一三九四年）。別の時にはトゥルノワに名を借りて、本物の殺人が犯されることさえあった。幾人かの騎士が示し合わせて同時に一人の敵に襲いかかり、そうして仇敵の始末をしたのである。こうした行為は後に規則の禁じるところとなった。またトゥルノワにつづく宴席はしばしば乱痴気騒ぎで終わり、そうした狂気の夕べには優雅な弁舌が、すぐさま品のない行いへと姿形を変えた。またトゥルノワで脚光を浴びることは貴婦人から寵愛を得るための格好の手段、あ

るいは最良の手段としてあり、

ジュートに宴にトゥルノワに耽るは
恋のため、また愛しきわが身のため

たしかにそのためには別の手段もあり、たとえば詩を書いて贈ることもできた。十四世紀を生きた詩人ウスタシュ・デ・シャンも当時の情景を活写するなかで、かかる方途のあったことを忘れずに記している――

別の者、窓外から贈る
歌を、文を、また指輪を
そが意味は二つとなく
それに勝る美もまたなし

また思いを寄せる婦人のために、緑、青、白の衣装を纏うという手もあった……

別の者、血のごとき真紅を纏う
女人の寵を得んと欲する者
そが喪にあれば黒さえも纏いたり

しかし本命の手段といえば、やはり武器を手にして頭角を現すことであった。勝利者という栄誉を前にしては、どんな人徳も色あせた。かくして節度を弁《わきま》えた記録作家や信仰厚い作家の書き物に、苦言が満ち溢れることとなる。彼らのうちのある者は、十四世紀の半ばにヨーロッパ中を荒廃させたペストの大流行をトゥルノワが示した無軌道ぶりのせいにし、そこに天からの報復を見ている。また別の者はこの遊戯の愛好者を辟易《たじ》ろがせて地獄に通じる坂道の手前で踏み止まらせようと、当時の宗教作家がよく用いた脅しの技法を駆使した。すなわち亡霊の話である。たとえば兄弟ラウルの死を告げられたロジェ・ド・トニイは、まだ言葉を交わせるかも知れぬとの期待を抱いて大急ぎで駆りつけるが、時すでに遅く、遺骸を前にしてただひたすら祈りを繰り返すばかりであった。すると死床のなかで骸《なきがら》はむっくりと身を起こし、彼にこう語りかける、「ああ、我は何と哀れなことか。さまでトゥルノワを駆け巡り、さまでトゥルノワに耽りしこの身は！」。地獄に堕ちた哀れな魂は祈りを捧げてくれるよう生者に懇願し、再び口を閉ざすと、今度はそれきりとなった。一二四〇年、ケルンに近いノイスであった有名なトゥルノワでは六十名の騎士が命を落としたが、人びとはそのとき、死体の上を「烏や禿鷹に姿を変えた」悪魔が旋回しながら発する叫び声を聞いたという。また十四世紀フランスのある細密画にはトゥルノワのおぞましい情景が描かれていて、長大な剣を力一杯振り下ろす騎士たちと、その後ろにあって騎士らは気づいてないが、彼らを意のままに操る醜悪な悪魔の姿が見えている。

禁止令はいくたびも発せられた。一一三〇年のクレルモン公会議でインノケンティウス二世がトゥルノワの禁止を力強く宣告すれば、一一七九年のラトラン公会議ではアレクサンデル三世が、トゥルノワを醜悪な催しとして厳しく糾弾した。〈俗ニ騎馬試合ト呼バレル〉この催しに騎士たちは、死んで煉獄の火に焼かれる危険を冒してまで〈自ラノ勇気ヲ誇示セント〉やってくる。禁止令は王の勅令集のなかにも数え切れないほど現れ、たとえば一二八〇年、一二九六年、一三〇四年、一三一一年、一三一二年、一三一四年、一三一六年、一三一八年、一三一九年、等々とつづく。一三一六年にフィリップ五世はこう述べている――「願わくば余の憤激を買ってまで、敢えてジュートやトゥルノワに出でんとする鉄面皮の一人もなからんことを。……また甲冑《かっちゅう》と馬をよく管理し、かの遠征（十字軍）をやり遂げるべく備えをなさんことを。……そして馬と甲冑を常に備え置き、わが王国の平和を保ち護《まも》らんとして余が号令を発すればその都度、いつでも準備万端、駆けつける用意にあらんことを」。ヨーロッパの他の国にあっても事情はほぼ同じで、イングランドの王たちも同じ時代、これに劣らぬ数の勅令を発し、たとえばエドワード二世治下、当時のラテン語で書かれた四十以上もの禁止令があらゆる武人を対象に、トゥルネアーレ、模擬戦《ブゥウルデ》、ジュスタス・ファセーレ、その他の蛮行（アヴェントゥラス・カエレーレ）の実施を禁じている。

ただ、この遊戯に対する人びとの思い入れは余りにも強すぎた。それはまさに情念であり、規範や道徳義務や安全といった概念をすべて忘れさせてしまう、あの心的状態の一つであった。かつて小高く聳《そび》えた義務の壁はその高さを減じるか、あるいは脆《もろ》くなった。かつては堅牢な岩のごとくであったその壁に沿って人びとは歩むことをしたものだが、今ではそれが霞か何かからでもなるように、ひょいと跨《また》ぎ越えられてしまう。財産の没収や永遠の地獄堕ちといった脅《おど》しも無力なままで、誰も気にかけなくなった。それでも王や教皇たちは無理を承知で、せめて延焼ぐらいはくい止めようと、彼らなりの努力をすることはした。かくして王たちの発した禁令はその多くが期限つきか、特定地域を対象とするか、あるいは例外規定を備えるのいずれかとなった。加えて王たち自身、こうした遊戯なしで済ませることには相当の苦痛を強いられた。自分で禁令を発しておきながらそれを忘れてしまい、自らが手本となって違反を犯すことともなった。亡霊その他の脅し文句については、逆にトゥルノワ愛好者たちも好んで作家たちに金を出して、彼らのためになる敬虔な話を綴《つづ》らせた。これほど容易なこともまた他になく、知己《ちき》の詩人（そのうちの多くはかかる布施がなければ餓死していたことであろう）に頼んで、たとえば十三世紀の作とされる次のような、有り難い御利益《ごりやく》の話をさせればよかったのである――

その昔、勇猛にして敬虔な一人の騎士がいた。あるトゥルノワの大会が宣せられ、そうして彼は、

かくありて
トゥルノワの日となりたれば
勇んで馬上の人となり
早速、試合地に駆けつけんとせり

ところが、ある教会の前を通るとミサ曲が聞こえ、なかに入った。聖処女を讃美する歌であった。席に着くと一曲、また一曲とつづく。

「殿、神の御座にかけて申し上げる
（と従者が申すには）
トゥルノワの刻となりました
ここにずっとおられるのか？
いざ参らん、お慈悲でござる
隠者にでもなられるお積もりか？
さあ、我らが勤めにまかるべし」

しかし彼は席を立てなかった。ミサがつづく限り中座はできない。それが終わればいざ、

激しくトゥルノワに興じようぞ

ともあれ騎士はミサに立ち会ったのであるから、司祭から苦言を呈されることもなかった。心静かな騎士と、苛立つ従者が教会を後にして出立すると、途中で一群のトゥルノワ戦士らと行き会い、トゥルノワが終ったことを告げられた。そして騎士にすれば信じられないことに、彼に向かって讃辞が投げられたのである。

彼の騎士を称え、わがの如くに喜び
そして言うには、いまだかつて
どの騎士も、この日彼がなしたごとき
武勲をあげた者はおらぬ
そは永遠に称えられん
多くの騎士が彼の元に寄り来り
取り囲みてこう言う
何人もこれは否めじ
われらがともに武器を手にしたるは

いや、私は何もしておらぬと言い返すと、双方が大きな驚きに包まれた。質問を浴びせ、確かめ、あれこ

れ話し合うなか、やっと理解が得られた。ああ、何という奇蹟！

彼に代りて戦場にありしお方は
教会にある者の代わりをなされしお方は

騎士に代わって聖処女が甲冑を身に纏い、槍を手にして打ち合われたのだ。トゥルノワが地獄への道を拓《ひら》くものなら聖処女がかかる行いをなさるはずがない、というわけである。

こうしてトゥルノワは続行された。騎士たちが大挙して移動するところ、どこでも決まってトゥルノワ談義が交わされた。こうした熱狂の巻き添えを食って危ぶまれたものに十字軍の遠征があったが、しかしそれさえもなお、当の熱狂の輪を広げる一つの手段と化すにいたる。わが騎士たちは海を越えた遠征の途次にもトゥルノワ戦を催し、その習慣をビザンチンの帝国にまで広げたのである。

禁令などものかは、トゥルノワの人気は国中に広がりを見せ、若者だけでなく年長者の間でも主要な関心事となる一方（そのため父親が息子と対戦する光景がしばしば見られた）、身分の高い者もそうでない者も大挙してこの一大スペクタクルへの参加を企て、なかには助手や従者となって参戦しようとする小者も出てくる有り様で、こうしてトゥルノワは往時のヨーロッパにおいて、好みの運動娯楽のなかで最上位の位置を占めるにいたる。トゥルノワが人びとの間で巻き起こした熱狂はかくまでのものであったので、その起源を最も高貴で、最も古いところに求めようとする試みは絶えずなされた。ただ、この問題に関してわれわれの祖先は人を驚かすに足る豊かな想像力を存分に発揮するまでにはいたらず、当の起源に威厳を与えるについては誰もが判で押したように、トロイアの大戦争にまで遡ることをしている。かくしてヨーロッパの高貴な民族はすべてプリアモス［トロイア王］の嫡流《ちゃくりゅう》にして、すべてのヨーロッパ人はトロイアを出自とするトロイア人の末裔《まつえい》とされた。そうしてフランス人はフランクスの、イングランドのケルト人はブルュトスの子孫であり、スコットランド人はスコータの末裔であるとされた。チェスという高貴な遊びはトロイアの城壁のなかで考案されたとされるが、しかしそれをなお高貴さにおいて優るトゥルノワであってみれば、これもチェスと同じ時代に起源を持つ遊戯であると結論づけられるのはごく自然の成り行きであった。こうしてすべての教養人の見るところ、トゥルノワは〈トロイア的遊戯〉の典型であった。ただしそれはあの大戦争の少しあと、すなわち「アイネイアスがシチリア島で父アンキセスを埋葬したころに」考案されたとされる。

もちろん、実際のこととなると話はまた別で、その起源は遠い歴史の闇に埋もれたままである。初期のトゥルノワは互いに憎しみを持たぬ者どおしが、愉しみを目的にして耽る一種の合戦であった。はじまったのはカロリング王朝時代から、あるいはもう少し時代を下らせたいなら、ゴロワ時代から、とすることもできる。遊戯の起源はつまびらかでないが、しかしその発展と普及という面になると、こちらははっきりと分かっている。最初に広まったのはわがフランスの地においてで、またこの粗暴なスポーツを他の民族に紹介したのも、やはりフランス人であった。わが教養人たちはそれを「トロイア的遊戯」と称したが、イングランドの年代記作家であるマシュー・パリスのように、自ら進んで普段の言葉遣いのなかで、それを〈ゴロワ式戦闘〉と呼ぶ外国人もいた。

イングランド側に属しながらもフランス語の韻文詩でギヨーム・ル・マレシャル〈十二〜十三世紀〉の伝記を書いたアングロ・ノルマンの歴史家［氏名不詳］は、タンカルヴィル領主［ル・マレシャルの父の従兄弟］の侍従長の口を借りて、陪臣や小貴族の子弟が武勲を求めるのならフランス以外の国を目指した方がよい、と説いている。というのは、大層な武勲を狙う者、トゥルノワの信奉者、それに「騎士階級との交際」を願う者が大挙して、ノルマンディーやその他のフランスの地に寄り集ったからである。伝記の主人公ル・マレシャルは数え切れないほど多くの、多かれ少なかれ貴族的な儀礼に則った戦いに臨み、そこでわが祖先たちを相手に赫赫《かくかく》たる手柄を立てているが、そうした顛末《てんまつ》を記述するなかで著者は、かかる戦闘における敵方としてあったフランス人に対しても相当な敬意を表している。ラニイ・シュール・マルヌであったトゥルノワの国際戦について、著者は参加の騎士たちを国ごとに数え上げたあと、次のように語りはじめる――

まずはフランス人が名乗りを上げる
先陣を切る権利を有すればなり
そは彼らが卓越性のゆえ、有する真価のゆえ
また彼らが国の誉れのゆえなり

敵方にかかわる記述としては異例のものであろう。とは言うものの著者はつづけて、フランス人には少々自信過剰の気味が窺《うかが》える、とも書いている。そうして、ことトゥルノワにかけては右に出る者はおらぬと豪語する彼らを、またトゥルノワの祭典が催される前夜、これからイングランド人から奪うであろう戦利品を前もって分け合う彼らの姿を描いている。

前の夜、宿所にて分け合う
イングランド人の
鎧とスターリング銀貨をすべて

かく分け合いしが、未だ
それを手に入れたるわけには非ず

伝記の著者はこうした点に関して、わが同胞たちの虚栄心がいかなる天罰を招いたかを記すのであるが、もちろんフランス人のすることすべてが見かけ倒しのものでなく、それどころか彼らは実際、恐るべき敵としてあった。たとえば「フランス人を相手にトゥルノワを戦う」決意をしたノルマン人とイングランド人の話が伝記に登場するが（そうした決意がまた当のフランス人たちにこの上ない愉悦を与えた）、その彼らは対戦に先立ち、次のような言葉でもって介助の者から励ましを受けている――

……なにゆえに我ら、対面を失わん
彼らフランス人と
同じ肉と骨を持つ身なれば
いまいましくも大きなる恥辱なり
今日のこの日、彼らに勝ちを譲るは

それゆえマシュー・パリスがトゥルノワ戦を指して「ゴロワ式戦闘」と呼んだのは、決して謂《い》われのないことではなかったのである。

II 初期の自由奔放なトゥルノワ

フランスにはかつて、性格を大きく異にする二種類のトゥルノワがあった。戦争の模倣という基本のコンセプトはどちらも同じであったが、時代が新しくなるにつれ、トゥルノワは空間面でも時間面でも限定が施され、一つの纏《まと》まりをもった合戦と化していく。一方、より古い時代のトゥルノワは広大な平原を舞台に、まる一日をかけて延々と繰り広げられる戦いであって、もちろん憎しみにかられてのものではなかったが、しかしそこでは戦争につきものの、あらゆる種類の小競《こぜ》り合い、衝突、追撃、敗走、逆襲が見られた。

今日、一般に知られるのは、新しい時代のトゥルノワである。こちらが中世の画家たちに描かれ、武芸家が著した理論書において称讃を受け、またロマン主義時代の作家たちの手で詳述されてきたのである。トゥルノワという言葉を耳にして通常、われわれが即座に頭に思い浮かべるのはこの新しい方の祭典であり、しっかりした規則を備えたこのトゥルノワの合戦場は回りが柵で固められ、列席する上品な貴婦人たちがその闘いに彩りを添えた。すなわち貴婦人や令嬢でさえ観戦に訪れることのできる、より落ちついた性格のトゥルノワがそれである。

しかしこの二つの種類のトゥルノワは、いずれもがそれぞれの時代に、無上の愉悦をわが祖先たちに与えた。一方から他方へ移行したのは十四世紀のことで、どちらのトゥルノワについても資料は豊富にあり、今では死に絶えてしまったこの壮大なスポーツを、想像のなかで再構築することをわれわれに可能にしてくれる。

なかでも『ギヨーム・ル・マレシャル伝』は初期時代のトゥルノワに関する最重要の文献としてあり、なぜならそこには数え切れないほど多くのトゥルノワ場面が登場し、個々の記述を相互に比較することから書かれた中身の正確さを確かめることができるし、加えてその著者は愛着を籠めて飽くことなく、日時や場所や名前など、実に詳細にわたって個々の武勇譚を綴っているからである。

のちにイングランドの摂政となるル・マレシャルは歴史上の重要人物にして高名な戦士で、恐らくはフランスを出自《しゅつじ》とする人と目される。青年時代をルイ七世とフィリップ＝オーギュスト［ルイ七世の子］治世のフランスで過ごし、絶えず各地を駆けめぐってはトゥルノワと戦争に没入し、その当時、甲乙つけ難い痛快事とされたこの二つの楽しみ事の、いずれに今、自分は従事しているのか、時におぼつかないことさえあるほどであった。勇猛、熱情、死や殴打の軽視、無意識裡の獰猛さ、溢れる歓喜——これが伝記の伝えるル・マレシャルの印象であり、まこと雄々しくも野生的な、むしろ未開人に近しい人種を思わせる。

ル・マレシャルの時代のトゥルノワでは実戦用の武器が用いられた。躰は鎖の輪で編んだ長上着（鎖帷子《かたびら》）で覆われ、その内側には衝撃よけの詰め物が施された。頑丈な鉄でできた鎧《よろい》（板鉄鎧）が用いられるのは十四世紀も後半以降になってからのことで、当初、鉄板は腕部と脚部に用いられただけで、後になって胸、さらには躰全体がそれで覆われるようになる。兜《かぶと》は錬鉄製のもので、一般に十一世紀から十二世紀まではバイユーのタピスリーに見るような、あるいは円卓の騎士のフランス版物語の英雄たちを描いたモデヌ大聖堂の彫刻にあるような、鼻覆いのついた円錐形をしていた（図2）。天辺《てっぺん》が平らな筒型の兜はフィリップ＝オーギュストの時代から用いられ、こちらは十三世紀全体を通して常用されるようになる。楯は上部で丸く下部で尖った形をし、剣は長くて幅広の直線状をなし、これは相手を突くというよりは打つための、また相手を刺し貫くというよりは斬るためのものであった。槍は古くからあった武器で、端から端まで継ぎ目のないトネリコ［木犀科

図2　円錐形の兜をつけた12世紀の騎士。
モデヌ大聖堂（ブールジュ）の左翼廊扉上部にある彫刻。
円卓の騎士が描かれ、右先頭の騎士がアーサー王。

の落葉小高木」の長い一本木でつくられ、〔ジュート用の槍とは違って〕膨らみも、防禦用の鍔《つば》や手覆いもなかった。

この古い時代のトゥルノワでは、競技場の周囲を囲う矢来《やらい》の類は存在しなかった。自然の堰堤《えんてい》が向かい合う二つの辺を形づくって境界をなすような、そうした形状の土地が戦いの場として選ばれ、もう一対の端はどこまでも向こうに開けていた。後に見るように、囲いのある競技場が用いられるようになるのはもう少し後のことで、この時代では「ルセ」と呼ばれる避難所を両端に備えるだけであった。これは多くの学校遊戯で陣地《カン》と呼ばれるものに等しく、敵がそれ以上追尾できない、安全で一息つける場所であった。そして本物の戦争さながら、そこに補強の援軍を待機させ、当時の言葉で「ラ・プレス」と呼ばれた混戦場面の現出に備えて、いつでも飛び出せる態勢を取らせた。ラニイで行われたトゥルノワ戦でのこと、もう少しでイングランド王ヘンリー二世の子「若王」を捕虜にできるところまで追い詰めた。あと僅かな援軍で捕えることができる。さあ、控えの者たちの出番だ。ちょうどそのときフランドル伯家の家臣ヘルリン・ド・ヴァンチは、

三十名ばかりの騎士たちと
混戦の外にあり

そこへ味方の一人が駆け寄り、こう言う、

「神の名において、凛にして雅なる殿に申し上げる
あれをご覧あれ、王を追いつめたり
お捕らえあれ、殿の獲物なれば、

王には既に兜もなし」

兜は失っても、まだ鎖で編んだ帽子があった。それは鉄製の上着である鎖帷子に固定され、当時はこの上着が頭から腕の先まで、一個の人間全体を覆っていた。と言っても、危険はなお大きい。なぜなら殴打《おうだ》は直《じか》に加えられ、鎖編みの帽子は顔面をむき出しにさせたままであったから。ヘルリンは「全力で」混戦のなかに身を投じ、「そのお方、貰った」と叫んだところ、ここにル・マレシャルが登場して超人的な働きをなし、ついにその主人を窮地から救い出した。次の世紀に、ロチェスターの近くでやはり同じ古い種類のトゥルノワがあったときも、二つの部隊のうちの一方が敵側の包囲に合い、最早これまでという刹那《せつな》、援軍の騎士たちが町から駆けつけて敵を猛然と打ち払い、無事に帰還を果たさせている。

戦いの場はいかにも広大無辺で、平原一つであったり渓谷一つであったりしたが、できれば一体をなした続き地が望ましく、また起伏地の存在は絶対の要件とされた。荒れ地や収穫や植付けなどは取るに足らぬ些細《ささい》なこととされ、トゥルノワの戦士たちはついぞ気にも掛けなかった。それらを指して彼らは突進すると、ル・マレシャルの伝記は書いている——

葡萄畑を、窪地の間を
深く茂りし葡萄の木の
幹々の間を

馬はもんどり打ち、傷を負う。それを場にかなった方法で臨機に助け起こし、また戦いがつづけられる。

規則など、あってなきに等しい状態で、誰もが時々の閃《ひらめ》きに従って動き、自らに有利な立場をそのままに利用した。あらゆる武器、あらゆる武器の組み合わせ、あらゆる殴打が許された。数人が徒党を組んで一人の敵に立ち向かうこともあり、かくして巧者《こうしゃ》は決して孤立することをしなかった。あるとき、五人の騎士がル・マレシャルに襲いかかってこれを散々に打ちつけ、その兜を後ろ前にしてしまった。運良く血まみれの手でこれを剥ぎ取ったが、もう少し遅ければ窒息しているところであった。戦士らは時と場合に応じて槍と剣と棍棒を使い分け、手にする武器が壊れるとまた別のものを用いた。後年になって兜なしの騎士を打つことは禁止されるが、この時代、まだそうした儀礼の規則に誰も護られることはなかった。まさに本物の戦争と変らないトゥルノワ、十三世紀になってもなおマシュー・パリスがそう呼んだところの、まこと〈激烈ナルトゥルノワ〉がそこにはあった。

実際の戦争との数少ない相違は、それが憎悪に駆られての戦いでなかったこと、また領地の割譲などをもって終らなかったこと、である。このうち、前者については今日的な感覚からすれば信じ難いものと言えるが、昔はそれほど大した問題でなく、なぜなら多くの戦争も、ほとんど気晴らしのようにして戦われたからである。イングランド王リチャード二世は一三八六年、フランスに渡って戦争に打ち込みたい旨、家臣に命じて議会に告げさせている。その審議をするに当たって大法官が演説を行い、そのなかで国王の意向を告げながら、その彼がかかる決断を下したのは臣民からの支持を得るにふさわしい数ある理由のうちでも、とくに「名誉と尊厳を勝ち取らんがためのこと」であることを強調した。つまりリチャード王は名誉や儀礼や行儀作法を学んできたいと、あたかも学校にでも行くかのようにして戦争へと出かけたのである。

トゥルノワは多くの戦争慣行から影響を受けているが、戦争の方でもまた、トゥルノワの慣習から多くの影響を被《こうむ》ってきた。たとえば軍団の司令官は敢えて敵陣に奇襲をかけることをせず、むしろ某日某所において戦端を開く所存であるから、志ある者はそこで会戦に応ぜよと告げ知らせたことなどがその例である。かくして、時にトゥルノワが残酷な殺戮劇《さつりくげき》と化したのに対し、時に戦争はそうした気配さえ見せないこともあった。これら二つの愉《たの》しみ事の間に横たわる違いはあまりに小さく、それゆえ遊戯は戦争でないことを、また戦争は遊戯でないことを騎士たちは往々にして失念してしまうほどで、かくして人はトゥルノワにおいて本気で殴り合い、本物の戦争では面白半分に打ち合うことをした。たとえば一二四〇年にノイスで六十名の戦士が、一一一九年にブレミュールで三名の戦士が命を落としているが、前者はトゥルノワ戦で、後者は戦争であった。確かにこれは極端な例かも知れない。この驚くべきブレミュールの戦いについて注釈を加えている当時の敬虔な歴史家、オルデリック・ヴィタルの説明によれば、騎士たちは互いに〈手加減ヲシ合ヒ〉、犠牲者を出すよりは捕虜にするよう努めたという。換言すれば、本当の戦争であることを失念し、それを遊戯と見なしていたわけである。またヴィタルは神への畏《おそ》れがこうした寛容を生んだと述べているが、身代金の魅力がそこに一枚噛んでいたことも否めない。こうして解釈に窮した気味のあるヴィタルは、鉄の衣を纏った騎士を殺《あや》めるのは至難の業であったと付け加えている。ともあれ、この戦いでは他の戦いよりも損傷が少なかったことは確かだが、しかしそれは戦士が特注の鎧と兜を着けていたからではない。ブレミュール戦では騎馬隊と騎馬隊という、同類同士のぶつかり合いに終始したようで、こういうのは珍しいことであるが、彼らは互いに対等の武器をもって打ち合ったのである。つまり彼らが身に着けた鎖帷子や、あるいは後に鉄板製となるその外皮は、土民が手にするあの無礼千万な矛槍《ほこやり》や鉤槍《かぎやり》を相手にするのでない限り、一定の効果を発揮できたというわけである。

写実的で生彩に富むフランスのファブリオー［十三・十四世紀の民話笑話集］は、正規の史料や歴史家の記述が伝える情報に確かなイメージを施してくれる。たとえば多くの騎士たちにとって戦争とトゥルノワは同じ一つのもので、どちらがどちらより敵意において勝る行いだということはなく、それゆえにこそ人びとはあの通り、いとも簡単に外国での軍務に服することができたのである。好意と無関係に誰彼のために戦い、憎悪と無関係に誰彼を相手に戦った。こうした心性はルネサンス期に入っても、またそれ以後においても見られたもので、戦があると聞くや、人びとはそれに馳せ参じた。戦争が途絶えたり、またトゥルノワが禁止されてしまった時代に、大勢の騎士たちは何をしてよいか分からず、わが詩人らはその彼らの惨状をこう表現している——

いずこの戦も不発に終わり
戦いを挑む者一人としてなく
かつトゥルノワも禁じられたり

いかにトゥルノワとはいえ、防禦のための装備を完璧な状態に保っておくことは重要な努めであった——しっかりした革帯がついた楯、頭と胸を締め付け過ぎない兜と鎖帷子、新しくて強靭な馬の腹帯と逆腹帯、綻《ほころ》びがなく躰にぴったりした鎖帷子の上着、等々。トゥルノワ戦の前夜、それぞれが自らの武具を検《あらた》めることに忙しく、城館や宿所の広間は、さながら武具店の様相を呈した。

夜通し、こなたの騎士共
鎖帷子を磨き、靴を光らせ
一面に広げる、己が武具を……
鞍と轡を、胸覆いと腹帯を、
また頑丈なる鐙を、腹帯の託革を

かなたの騎士共、己が兜を試す
嬉々として作業に勤しみ
夜通し身を動かす
こぞって夜を明かし、眠る者絶えてなし

後に輝かしい役割を担うことになる(そして現実よりも小説のなかでずっと光輝く)貴婦人たちのことは、まだほとんど話題にも上らない。この時代、彼女らをどう処遇するとか、どこに位置させるとかの考えは浮かばなかったであろう。境界のはっきりしたスペクタクルなら物見台でも拵《こしら》えられたであろうが、この時代の戦いの場は広大無辺に及び、とくに二つの長辺はずっと向こうにまで開け、戦況に応じて騎士たちは戦いの場を、遠くの地や予想もつかないあらゆる場所へと移した。こうして平原や村々や街道や窪地を突っ切り、追跡劇が展開された。たとえばアネの街路を戦士たちの分隊が疾風のごとくに通過し――

こなたより眺められたり
通りを大挙して駆け抜ける様子が

しかしながら、時々の稀有な例としてではあるが、貴婦人たちの登場することもあった。戦いのはじまりを待つ間、「合戦場の前で」歌声に合わせて、貴婦人が騎士たちとカロルやロンドを踊ったのである。しかしそれはただそれだけのことで、婦人たちのことは二度と話題に上らない。もちろんこの貴婦人たちには十分な敬意が払われ、たとえばジョワニイであったトゥルノワ戦では――

居合わせたる貴婦人の手前
さしもの小心者でさえ
トゥルノワの日に勝利するを誓いたり

ちょうどその日、競技の開始が遅れて一同、手持ち無沙汰にしていると、時間潰しに「カロル」を踊ろうと提案する者があった。即興の娯楽であった。

誰かが言う、「いざカロルを踊らん
さすればこうして待つ間
少しは気分も和《なご》もうぞ」
そうして手に手を取り合うと
また誰かが問う。「どなたか
歌をして下さらぬか？」
鼻にはかけぬがル・マレシャル
歌をよくし
簡にして雅なる声にて
歌を始めたり

いよいよ戦いがはじまると、婦人たちと踊って意気揚々の騎士たちは、他を圧倒する働きをなす。

婦人らと
カロルにあった騎士共は
身と心と魂を
新たにして、よく働き
かの者たち、仰天せり

「かの者たち」とは敵方の騎士のことであるが、彼らはもちろん、当時としては極めて異例の、かかる優美な勇気づけの素材にまだ与《あずか》るものでなかった。

しばしば競技は、「小手調べ」と呼ばれる単発の小競《こぜ》り合い、もしくは一対一の小さな対戦からはじまった。これは調子を整える準備運動のようなもので、大した意味はなさない。次いで騎士たちが分厚い団塊をなして動き出すと「地響きが轟《とどろ》いた」。はじめは戦士たちも隊列を維持するよう心がける。

隊列を密に組みつつ
大軍は分別もって進む
一人も落馬させまじと

見事な光景ではあるが束の間のもので、こうした秩序は長続きしない。隊列の奥の方で四方八方への意図的なぶつかり合いが起き、当初から喧噪《けんそう》が支配することもある。こうなると戦士たちは、もう我がちに「四分五裂して駆け出す」。次いで恐るべき乱闘、筆舌に尽くせぬ混乱、視界を遮る塵《さえぎ》と「砂埃」、「地響き」をともなう大喧噪が巻き起こり、「神の打ちならす雷鳴をもかき消さんばかりの」大騒乱となる……

槍と剣の胴が、また兜が
交わされる激なる殴打の
大音を響かせる
辺り一帯、噪音に満ち
神の打ち鳴らす雷鳴さえ
もはや聞こえぬ有り様

同じ陣の隊列にあってさえ、方向を違《たが》えたり適時に馬を止められずして、味方どうしが激しくぶつかり合うこともあった（アネとソレル間であったトゥルノワ戦）。空恐ろしい「混戦」、おぞましい接近戦、「狂ったような乱戦」となり、そうした戦いは、時に一人の主人公を囲んで一カ所で集中的になされたり、時に戦場全体に広がったりして、こうして随所で同時に衝突が起きたので、そのすべてを見、記録することなど、とてもできる話ではなかった。

これもまた書き付けられるべき
別のぶつかり合いが起きる
トゥルノワにおけるすべての成り行きを
またすべての殴打を

手短に語ること能わず

加えてトゥルノワは二週間に一度か、またはそれに近い頻度で催された。余りに数が多すぎて、そのすべてを記述することも、またできない相談であった。

こうした戦いでは相手側の弱点を見つけたり、どこで敵をうまく捕獲できるかを見極める戦術家の眼が必要となるが、それに加えてヘラクレス級の腕力を具備することも欠かせなかった。技よりもなお、力が物を言ったからである。こうして戦士は「雄牛の群のなかを行く獅子」のごとくに、また「ブナ林を行く樵《きこり》」のごとくに道を切り拓《ひら》いて進み、また「梁《はり》を前にした大工」のごとくに敵をなぎ倒した。かの勇猛な騎士［ル・マレシャルのこと］はかくもの働きを頑丈かつ俊敏な腕を用いてなしたので、あたかも「腕を四本備える」かのようであった。彼が敵に見舞った

施しはかくやのもので、（相手は）気を失いたり

槍は音を立てて砕け、刃が甲冑に当たって金属音を響かせる。兜は剥ぎ取られたり後ろ前にされたり、あるいは壊されたり、ひん曲げられたりした。ル・マレシャルが見事な働きをなしたトゥルノワの後、彼を見つけ出して賞讃の証《あか》しとなるカワカマスを授与せんと、それを手に捧げ持つ従者に先導されて二人の騎士が町なかを駆けた。しかし彼の勝利者はどこにも見あたらない。心配した二人が扉から扉を尋ね歩くうち、漸く一軒の鍛冶屋で「鉄床《かなどこ》に頭を乗せた」ル・マレシャルを見つける。「金槌《かなづち》、鋏《やっとこ》、鉄梃子《かなてこ》」を使って職人が、兜を脱がせようと「溶接部を切断」している最中であった。鉄の各パーツはでこぼこに歪《ゆが》み、ために彼は半《なか》ば窒息状

態にあり、まこと救出は困難を極めた。

まこと手荒き祭りなりけり！

兜めがけて打ち下ろされる一撃の激しさは往々、命を奪いはせぬまでも、正気を失わせた。ブルボン家の始祖で聖王ルイの第六子ロベール・ド・クレルモンの場合がそうで、この人はあるトゥルノワ戦の後、気が触れたようになってしまった。

この競技において、優れた馬は優れた剣以上に、重要な意味を担った。それゆえ馬は俊敏に育てられ、また主人に劣らぬ体力をつけさせられた。しかしそれでもまだ足りない。最良のは、殴打に対してびくともしない馬であった。後脚で直立せず辟易《たじ》ろがず、乗り手の言うことだけに従い、「打撃を受けても前後に」移動せず、騎士が「拍車を入れる」までじっとしている馬、がそれであった。

トゥルノワの目的は名誉と、またそれより少々実利性に勝る利益を手に入れることにあった。戦争との類似は最終の局面にまで及び、首尾よく敵方の馬の「轡《くつわ》」を取ることができれば（これはトゥルノワ戦士がよく見せた仕草である）、騎士はその馬を捕獲することができ、つまりは勝者の持ち物となった。敗者は身代金を支払った上、さらに馬と武具を失った。一度に騎士と馬の両方を捕獲することには不都合が多く、ほとんどの場合、先に騎士を落馬させて馬だけを奪った。操り手のいない馬は容易にその「轡を取る」ことができ、そうしてこれを従者に素早く手渡し、「乱闘の外の」安全な場所へと連れ出させた。

かの馬を乱闘の外へと

連れ出すは従者なりけり

しかしこれは微妙な行いであった。馬は奪い返されるかも知れないし、またあらかじめ決めてあった場所に手伝いの者がおらず、ちょっとした顔見知りや、見知らぬ善意の者に託すことになるかも知れない。この場合は十全の警戒が必要で、とくにこうした日には人間の粗野な本能がことごとくに解き放たれ、良心の咎《とが》めなどほとんど霧散してしまっている。「善意を装う」騎士が預り物の馬をわがものにし、夕方になるとにこやかな顔つきをして現れ、あの駿馬《しゅんめ》に代えて鈍重で「半病」の老馬を返しながら、こう言うかも知れない、

これぞ四十リーヴルにも値せん

馬をその主人と一緒に捕獲するには誰かの助力を仰ぐか（そのためには示し合わせて徒党を組むこともあり、要するに十二世紀には何をしても許された）、あるいはウーであったトゥルノワの国際戦でルノー・ド・ネヴェールを捕虜にしたル・マレシャルのように、非凡な腕力を備えるかのいずれかが必要であった。このときル・マレシャルは敵の馬を「轡《くつわ》」で押さえ（よく見られた例の仕草）、そうして騎士を

馬の首ごしに
こちらへと力まかせに引き寄せた

相手も激しく抵抗したが無駄であった。ル・マレシャルは彼を王の前まで連れていき、こう告げている――

「陛下、ご覧あれ。ルノー候にございます！」。

華々しさにおいてこれに勝るとも劣らぬ今ひとつの例が、一二七三年、パレスチナからフランスを経由して帰国する途中のイングランド王エドワード一世のため、シャロン伯爵が催したトゥルノワ戦であった。これもやはり広大な平原で実戦用の武器を用いてなされる、あの自由奔放なスタイルのトゥルノワであった。伯爵と王は互いに組み合って一体をなしたまま、「力一杯剣を打ち振るう」戦士らの群を突き抜けた。類い稀なる体力を備えた伯爵は自らの武器を打ち捨て両腕でエドワード王の首を締め上げ、そのまま鞍を支えにして自分の方へ引っ張り寄せて落馬させようとした。しかし剛勇にして長身のプランタジネットは馬上に踏み止まり、あわや息ができなくなるというその刹那《せつな》、両の手で激しく相手を突くと、今度は伯爵が馬上に宙吊りの状態となった。それを王が振り払って地面に激しく放り投げると、辺りは極度に緊迫した様相を呈し、ブルゴーニュ人は本気になって猛然と相手を打ち据えはじめ、ここに遊戯は本物の戦争と化してしまった。やがて静寂が戻ってエドワード王のもとに赴いた伯爵は、当の対戦相手が十字軍遠征の折り、刺客《しかく》の手で傷を負わされながら足蹴の一撃をもってこれを撃退したことをあらかじめ知っていたなら、かような無謀な行いは恐らく控えたであろうに相違なかった。

トゥルノワのヒーローたちは自らの行李《こうり》や厩舎《きゅうしゃ》を、その捕獲物で一杯にした。友人らに馬を分け与えて自分の支持者を増やすこともできたし、馬を売った金や騎士からの身代金で裕福になることもできた。ル・マレシャルがそうした大会の一つを終えたとき、「鞍と馬具をつけた馬を十二頭」も手に入れたとされる。この完璧な騎士とてこの種の世俗利を軽んじることはしなかったが、さりとて過大に重きは置かなかった。つまりは「名誉」の方を重んじたのであり、たとえ馬や甲冑を得たところでもともとそれに事欠くことはなかったし、あくまでも付随的な利益に過ぎなかった。

絶えて利は求めず
むしろ、善く振る舞わん……
大枚を手にする機会はあれど
求むるは栄誉にこそあるべし

これはもちろん慎み深い語り手が書き記す言葉であり、多くの騎士はこうした理想からどんどん離れていった。戦士たちのうちのごく僅かしか、こうした場に臨んで自然の本能に抗《あらが》う術《すべ》を知らず、コンスタンチノープルやその他の地でよく目撃されたように、略奪の性癖を露わにした。かの「海外への遠征旅行」に備わる神聖な性格さえそれを打ち消すことはできず、当時の慣習はこうした本能を前に、何ら有効な障壁を打ち立てることがなかった。同じ作者が書いているが、あるトゥルノワではイングランド王ヘンリー二世の息子である「若王」その人が味方の従者に見棄てられ、合戦場に一人取り残されて窮地に陥った。獲物に心を奪われるあまり、若王を放置することの危険がまるで彼らの頭になかったのである。

我を忘れて追撃し
獲物ばかりを追い求める余り
ただ一人、王は
後ろに残されたり

トゥルノワがあった夜、戦士たちが宿を取る町や隣の村々ではまことに奇妙な光景が目撃された。まさに市場か見本市かと見紛うばかりものが、広大な賭博場のなかで開かれたのである。そこで貸し借りの総決算をやろうというわけで、明確な規則もなかっただけにあらゆる種類の値段交渉が可能で、騒々しさの上に困難さも加わった。戦いに敗れたこちらの騎士は当人の身柄や馬の代わりとなる証文《しょうもん》を手渡してあり、その買い戻しのためにやってきて条件面の交渉をしている。かと思えば、逆に幸運に恵まれたあちらの大領主は捕虜の代理人と取引をしている最中で、さらに落馬をさせられた別の騎士は馬の買い戻しの交渉を進めている。そうしたなか、勝利者は捕獲物や戦利品の間に身を置いて冷静さを失わぬよう努めたり、また「おためごかし」による騙《だま》しの手口に引っかからぬよう気を配った。奪い取った馬、奪い返された馬が数多く入り乱れるなか、何がどうなっているのかの見分けもつかなくなってしまい、そのため賽子《さいころ》を振って決着がつけられることもあった。

賽をもって持ち主を決めん

というのは、大きなトゥルノワの大会は一点非の打ち所のない騎士ばかりでなく、ただただ恐れ知らずの、名誉よりも利にさといプロのトゥルノワ戦士をも大勢、惹きつけたからである。獲物を奪うことに魅了された彼らは経験に物を言わせていつも恐ろしいまでの腕前を発揮し、最良の駿馬の轡《くつわ》を取ることに専念した。そのためには仲間うちで徒党を組み、後で利益を山分けにすることもあった。とくにこの者たちにすればトゥルノワの禁止や戦争の終結は悲劇そのもので、たちまち失業や飢餓に見舞われた。飯と酒の種を断たれたプロの戦士らは（景気の良いときには「あれほど銘酒を呷《あお》った」というのに）最後には着ている物さえ

白テンのマントも

外套も毛皮の帽子も
質に入れる有り様であった。遂には合戦用の甲冑さえ質草となり、
すべてを飲み、かつ喰い尽くせり
かの「高潔な騎士」はこれとは違い、貧しくあってもそれには無関心でいられた。
儀礼厚く善き騎士は、
心豊かにして貧しくぁりけり
彼は得た利益の一部を、また武器や馬を仲間に分け与えた。あたかも狩りの後、獲物を友人に分け与えるがごとくに。高徳にして儀礼厚き戦士は身代金なしで捕虜を寛大に解放し、
かくして牢を後にせり
捕虜となりし多くの騎士共
また馬を無償で持ち主に返したり、己が魂の救済のため十字軍に献上したりもした。
思うにこうした騎士たちの目に、他の種類の娯楽はいかほど色褪せて見えたことであろうか。真のトゥル

ノワ戦士はトゥルノワしか愛さなかった。もちろん彼らとて必要に迫られ、狩りやジュートをすることもあったただろう。しかしそれらは彼らの目に軽薄な遊戯としか映らず、その社会への蔓延は騎士道に害をもたらすものとしてこれを厭《いと》うた。後に見るとおり、ジュートはかなり粗雑な遊戯で、真性の騎士にふさわしいものとはされなかった。何しろ敵は一人しかおらず、しかも攻撃を受けるのは片側だけからである。その上、あれこれの窮屈な規則や約束事があり、それらはとりもなおさず、不快で屈辱的な制約に他ならなかった。事前の打ち合わせや数々の規制はすべてトゥルノワ戦士の嫌悪したところで、彼らは十二世紀にこのジュートを「饒舌《じょうぜつ》合戦」と呼び称した。というのは対戦に先だって諸々の条件をめぐり、当事者どおしで「議論が戦わされ」交渉がなされたからである。トゥルノワの戦士が必要としたのはすべてを危険にさらす壮大な戦いであり、事前の約束事や小難しい規則、あるいは賢《さか》しらな理屈に縛られるべき謂《いわ》れはなかった。

見よ、矢来の前
饒舌なるジュートも
取引のための言葉もなし
あるのはただ、すべてを得るか、失うかのみ

まことよき時代の、まことやり甲斐のある労苦ではあった。

III 規則を備えたトゥルノワ

こうした激昂も、やがて鎮静化する時節が訪れる。もちろん比較の問題としてではあるが、人びとは以前よりも思慮深く、落ち着き、かつ賢《さと》くなった。トゥルノワは十三世紀末から十四世紀の初頭にかけ、徐々に変容を遂げていく。それまでは目に余る乱脈振りが横行し、言語道断の非行がプロのトゥルノワ戦士の手で犯され、数々の惨事が箍《たが》の外れた狂気から生まれた。それが戦士だけでなく観客にまで伝染し、もはや熱狂忘我の絶頂という瞬間、見物客は騎士をめがけて石を投げつけたり武器のところへ走り寄ったりし、果ては（当時は連続した柵がなかったので）合戦場にまで飛び出すことをした。アンジェー人を父にプロヴァンス女性を母に持つエドワード一世はフランス式の教育を受け、大のトゥルノワ愛好家として育ったが、その彼は「シャロンでの小戦争」［第1章参照］のことをよく憶えていて、そこで見られた数々の行き過ぎのうち、とくに重大なものを禁ずる注目すべき勅令を自国で発している――そこに曰く、護衛の部隊はたしかに騎士の手助けとはなるが、しかしそれ以上に競技を堕落させる元凶としてあり、今後いかなる形であれ、それらをトゥルノワ戦士が引き連れることがあってはならない。爾後、どのトゥルノワ戦士も三名以上の従者を従えてはならない。尖った剣を用いてもならない。「トゥルノワの観戦にきた者」が、剣、棒、槌《つち》、石あるいは投石器など、どのような種類の武器も携えることがあってはならず、これに違反した者は三年から七年の投獄刑に処する、云々。この罰則に見られる厳しさは、完璧な遵守が容易かつ即座に得られるとは最初から期待していなかったことをよく示すもので、依然として観客らは自らの激情に負けて石を雨あられのごとくに投げつけ、一再ならずその激昂を形にして表現したことがよく理解できる。

この勅令からも窺えるように、儀礼的な武器の使用は普及しつつあったが、遍《あまね》く行き渡るにはまだほど遠かった。しかし大会前の集会そのものはずっと優雅な展開のされ方をするようになり、人びとはお喋《しゃべ》りをしたり賭事やダンスをしたり、また愛の言葉さえ交し合った。一二八五年にジャック・ブルテルの書いたものが、その辺りのことをわれわれによく理解させてくれる。トゥルノワの前夜、人びとは次のようなことで時を過ごしたという。

談論を、また様々な遊戯をなす
これをよくする者、すなわち器量の者なり
こなたでカロル、かなたでダンスに興じ
好いた同士は恋を囁く

かつての、全力で野や村を駆け抜けた騒然たる戦いは、こうして徐々にエレガントなスポーツへと変容を遂げ、また上流社会の華麗な人びとが参集する華やいだ雰囲気のなか、「壮大なるフランス美」が表現される一大スペクタクルと化していった。とは言え、それはなお、単純な子どもの遊びでもサーカス芸でもなく、やはりこの上なく荒々しいものとしてあった。ただ、厳格な勅令や洗練された礼法に支配される、秩序を具備した娯楽となったのであり、その規則は文章にして指し示すことも可能であった。

実践と同様、理論の方もフランスにおいて生み出された。「詩の技法」は通常、ある文芸の衰退期においてこそ、その一大集成がなされる。後につづく者への道標にと考え、その技法の提案者はそれまで守りつづけられてきた習慣を要約するわけだが、現実にはそれが発表された瞬間、別の方向へと歩みが取られる。この文学と同様のことがトゥルノワにおいても目撃された。旧い様式のトゥルノワもまさにその時代の終焉時に、詩人ボワローを持ったのである。十四世紀という、旧式のトゥルノワが燦然《さんぜん》と花を開き切った最期の時代に、その規則を解説した見事な大著が、ロレーヌ公にしてナポリとシチリアとエルサレムの王、アンジュー公ルネの手によって完成を見ることになる。愛を語る詩人にして有能な画家、古い騎士道の熱烈な支持者としていくつもの大事件に顔を見せたフランス王シャルル七世の義理の兄弟、そしてイングランド王ヘンリー六世の義父であるルネ王が、数ある遊戯のうち最もよく名を知られたこの競技の規則について、数々の労苦を費やしながら記述を進めたのである。もちろん、こうした仕事をしたのはルネ王だけに留まらない。他にもフランス語で書かれた多くのトゥルノワ書が残されており、そのなかでも特筆すべきものとして、魅力溢れる語り部にして典雅な貴族であったアントワーヌ・ド・ラ・サールの手になるものがある。

シチリア王が編んだ『トゥルノワの様式および仕様に関する書』については、その豪華な写本が幾種類か現存する。そのどれもが秀逸な細密画で飾られていて、そこには騎士や武器や祝祭の組織に関するすべてが細かな部分まで描き出されている。細密画だけでなく本文もまた明快そのもので、完璧なマニュアル本とも言えるこの書は、当時の人びとがまるで「船人工」のごとくに荒々しく殴打を繰り返すなかで、儀礼と品位に関してどのような理想に到達することを願っていたものかをよく示してくれている。

ルネ王はこう語る。仮に挑戦者をブルターニュ公、応戦者をブルボン公としておこう。挑戦者はまず地方の「紋章官」に命じてブルボン公に「トゥルノワの剣」を届けさせ、こう告げさせる――「公自らがよく体現なさるところの勇猛と誠実、それに偉大なる騎士道の名において、この剣を贈らん。貴婦人、令嬢、その他各位のいます面前にて、公を相手に武器を交え、トゥルノワを打ち競うための印としてなり。公にお挑《いど》み申すトゥルノワには、評定《ひょうじょう》典礼官として八名の騎士および従騎士、また四名は云々……」

ブルボン公はこれを受けてもよいし、拒んでもよい……。ただし拒むに当たっては慎重さが要求され、その場合は言葉を選んで、たとえば次のように言わなければならない。

「親愛なる公よりのお申し出、衷心より感謝申し上げる。またこれまで公が私に賜われし数々のご厚情、そのすべてが神のご意思にかなうものばかりにして、まこと身に余る光栄とて、痛み入る次第なり」

「されどこの王国には、私よりもずっとその栄誉に値する、また私よりもずっと腕に覚えのある諸侯が数多くおられます。そのゆえをもってご辞退申し上げたく、公にはお許しを願う次第なり。私にはなすべき仕事がなお多くあり、それらはいずれも私の名誉に大きく関わりを持つものばかりゆえ、是非とも他に先だって解決をしなければなりませぬ。私のこのお詫びをご快諾いただけますれば、それに代わりますご満足を、私の能《あた》う限りにおいて公に差し上げる所存にございます」

もし受諾するのなら、こんな回りくどい言い方をする必要はない。贈られた剣を手にして、こう言えばよい——「我の受諾するは、我が比類なき武芸の才によるものに非ず。親愛なるわが公に愉悦を与え、また貴婦人方の胸を熱くせんがためなり」と。

次に手配をするのが審判団で、彼らに宛てて厳粛な手紙を送ると、こちらもまた厳粛な形でそれに応える。審判団が手がける最初の仕事は、適当な場所を選んでそこに境界を設けることである。この境界というのはもはや、平原の二辺を区切るといった単純なものではない。長辺と短辺が四対一の割合をなす閉じられた矩形を用意し、この矩形の縁に沿って格子状をなす木製の欄干《らんかん》を二重に設置し、さらにその二つの角《かど》に対戦する二軍がなかに入るための、可動式の梁《はり》を設ける。二重の矢来は人の高さほどあり、内側の枠が形づくる広さはトゥルノワ戦士の数に応じて決められる。二重の格子矢来の間にできた空間は「徒《かち》の従者が一息入れたり、混戦時に彼らを退避させる」ためのもので、従者は競技場からそこへ、格子の隙間を潜《くぐ》って出入りした。審判団はまた、選ばれた町に舞踏会や祝宴のための大きな広間があるかどうか、さらには「貴婦人が一服したり横になったり、好みのときに着替えのできる休憩所のついた貴賓用の客間」があるかどうかを確かめた。貴婦人とともにするダンスや祝宴やお喋りが、すでに重要な行事としてあったからである。

　そうこうするうち「紋章官付き副伝令吏のうちの、一番の大声」の持ち主によってトゥルノワの「御触れ」が出される。彼はこう呼ばわる。

「お聞きあれ《オール・オイエ》！　お聞きあれ《オール・オイエ》！　お聞きあれ《オール・オイエ》！――イール・ド・フランスの辺塞領におわすところの……またわが王国もしくは他のすべてのキリスト教王国の辺塞領におわすところの、されどわが国王陛下よりの追放者もしくは仇敵にはござらぬところのすべての君主、領主殿各位にお知らせ申す……某日……壮麗なる御赦免武闘会にしていと高貴なるトゥルノワの合戦が、定尺の棍棒および刃を落したる剣をもって打ち合われまする。これにふさわしき甲冑、クレスト［装飾を備えた兜］、袖無し上着、高貴なるトゥルノワ戦士の紋章をあしらいたる馬覆い、またその他の古式懐《ゆか》しき仕来《しきた》りは、これ遍《あまね》く採用されるところなり。かつまた本トゥルノワにおき申しては、堂々たる豪華な褒美が貴婦人ならびに令嬢から手渡されまする」。ここにおいても貴婦人たちが重要な役目を担うこととなる。

　　王妃も列席す、天女の如くに飾られ

とは、王が催すトゥルノワの御触れを、次のような韻文詩で物したウスタシュ・デ・シャンが早くも十四世紀に書いているところである。

諸国の騎士と従騎士
名を馳せんと欲する者、遍く
お聞きあれ！　お聞きあれ！……
武器、愛、愉悦、喜悦、欣快《きんかい》
希望、欲望、追憶、勇猛
若気、さらに加えて礼節と毅然《きぜん》（を備えし者らよ）
控え目なる恋の眼差しが
その見事に飾られたる美なる体躯に注がれん
この新しき季節に告げる
五月のこの日、この大いなるうまし祭典
王によりてサン・ドニにて催さる
フランスの壮麗なる美、必ずや立ち現れん

御触れを聞きつけ、騎士たちが集結する。かつてのトゥルノワと同様、彼らも先ず自らの武器や武具を検《あらた》めた。それは作戦のために船出をする艦船と同様、重要にして骨の折れる作業であった。ルネ王によれば、この時代のトゥルノワに使用された武器は剣と棍棒だけであった。今や戦いは囲いのある、それもかなり狭い空間のなかで展開されるようになったので、槍は実用に適さない、厄介な武器の最たるものとなった。もちろん、それでもなお時たま槍の使用されることはあったが、騎士たちはただそれに手を焼くばかりで、戦いは醜く泥臭く、かつ混迷を極めたものとなった。

剣は「打ち直」されて切っ先も刃先もなく、「兜の覗き穴から飛び込んで」相手の目を射貫かぬよう「四指《ドワ》の幅を備えていなければならない」。棍棒は剣と同じ握りを備えた、堅い木でできた一種の鈍器であった（図3）。こうした武器は激しく打ち下ろすと手から飛び出す危険があったので、鎖か編紐《あみひも》で、腕もしくは腰紐に繋《つな》がれた。また剣を手にしている間、棍棒は戦士の甲冑の、胸の部分にある槍受けに紐で吊された。というのは、この時代の甲冑は固い鉄（板鉄）製のもので、その右側には槍を支えるための頑丈な鉤《かぎ》が穿《うが》たれてあり、トゥルノワでは無用となるその鉤に棍棒を結《ゆ》わえたのである。

棍棒と剣はトゥルノワの前夜、審判団に差し出し、「重さと長さに超過がないことを示す刻印を焼鏝《やきごて》で打ってもらう」必要があった。さらに審判団は剣の刃先と切っ先が念入りに鈍くされているかどうかを確かめ、アントワーヌ・ド・ラ・サールによれば「鈍さに不足があった場合、近くにある碾臼《ひきうす》用の大石に擦りつけて尖《とが》りがなくされた」。刃先——と言っても、もはやその名に値するものでないが——は「一指《ドワ》の厚さ」がなくてはならず、剣と言えども、棍棒と同じ用いられ方をしたのである。

あらゆる装飾物が鉄串や錐体を用いた透かし細工でつくられた時代にあって、巨大な形の拍車がその美しいフォルムのために好んで用いられたものだが、ルネ王はそうしたものを用いないよう強く勧めている。「混戦のなかで足から外れたり変形したりせぬよう」、逆にそれは小型のものであるべきだとされた。

剣と同様、馬も審判団に提示しなければならなかった。「トゥルノワにおいて審判団は、他人のものより異常に大きかったり強すぎたりする馬に乗ることを、いかなる戦士にも許してはならない」。ただしルネ王はこの規則に、当時の時代的な特性をよく表す例外をつけ加え、少なくとも「当の戦士が君主でない」限り、と

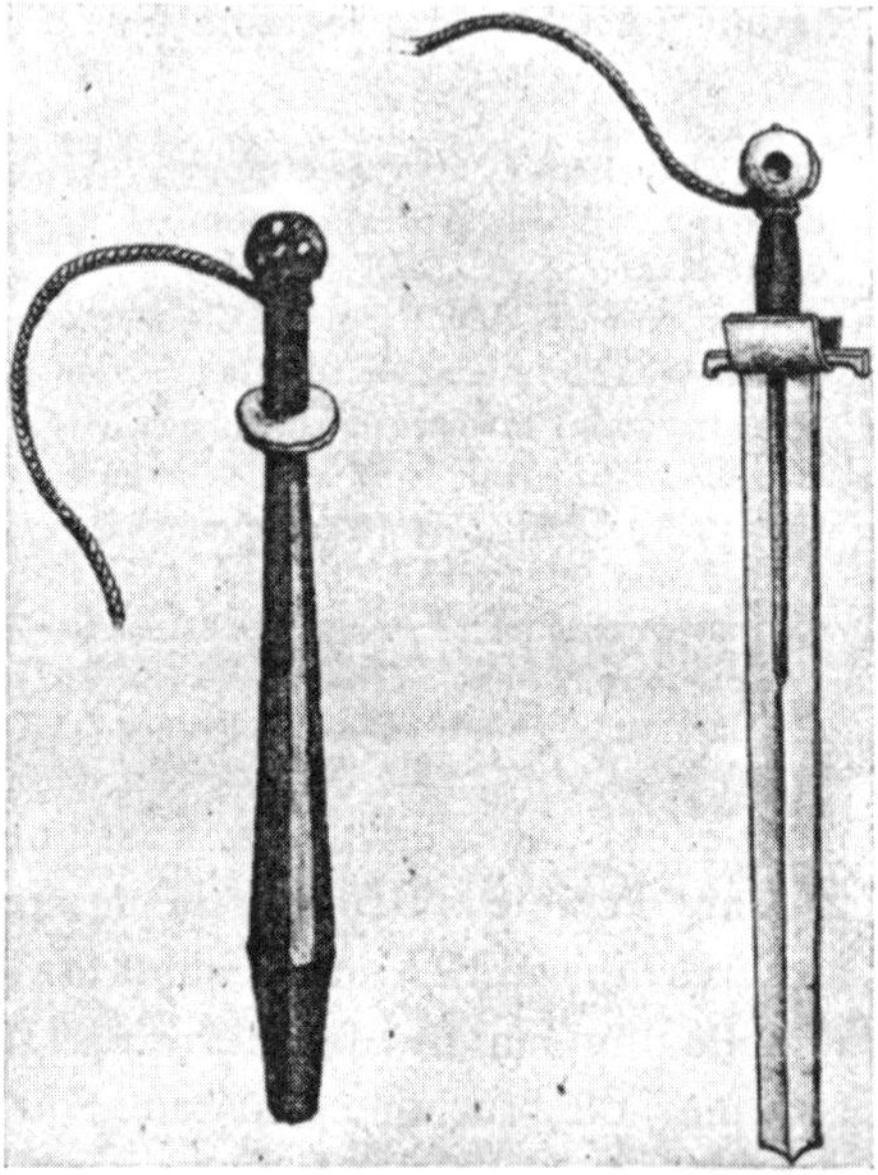

図３　トゥルノワ用の剣と棍棒。
ルネ王『トゥルノワの様式と仕様に関する書』（15世紀）所収。
（国立図書館蔵 Ms. Fr. 2695）

している。

身につける甲冑は防禦だけに関係するものなので、これにはかなりの自由度があった。各自ができる範囲の最善を尽くしてうまく身を覆えばそれでよく、こうして打撃を柔らげるために固い鉄の殻を外側に纏い、その内側には綿や布切れの束で厚い詰め物を施した。「いかなる仕様の甲冑で戦うにせよ、何を措《お》いても次のことは欠かせない。すなわちこの甲冑には、胴着もしくはコルセットを羽織った人間一人をすっぽり収容するだけの幅と広さがなくてはならない。そして胴着の肩の部分、腕先から首まで、さらに背中に、厚さ三指《ドワ》の詰め物が施される。というのは、棍棒と剣は他の箇所より、これらの部分を目掛けて打ち下ろされるからである」。後にも見るとおり、打撃がこうした部分に集中するのは、トゥルノワの規則がそうさせた結果である。

詰め物をした胴着がいかに効果的だと言っても、その厚さには一定の限度がある。「ブラバン、フランドル、エノー、それにドイツに近い地方では」厚さに厚さが重ねられ、たとえば長袖胴着には「厚さ四指《ドワ》の綿が一杯に詰められ」た上、なお茹《ゆ》で革が、さらには太さ一指《ドワ》の棒五、六本がそこに加えられ、またその上から鎖帷子や袖なし上着を纏うといった有り様で、「そのすべてを人に被せると、身長よりも胴幅の方が長く見えたほどであった」。こうした身なりの戦士は巨大な鞍を用いたので、「あまりに膨れ上がりすぎて馬の取り回しもおぼつかない有り様であったという。

「膨れ上がり」すぎないことの意味は大きかった。なぜならこの新スタイルのトゥルノワ戦での勝利は昔と比べて、重量の物凄さや戦術の如何よりも、動きの軽快さや受け流しの素早さ、それに腕使いの器用さにずっと左右されたからである。また槍どうしの戦いでは腕力や目の素早い動きがとくに重視されたが、衝撃あり、身のかわしあり、素早い回転ありの剣の戦いとなると、腕をより自由に動かせる必要があったからである。かつては平原や村々を突っ切りながら、複雑な展開を示す戦闘場面で思いがけないハプニングに出くわすこともあったが、しかし矢来のなかの押し詰まった密集のなかでは息つく時間も、一服するための「ルセ」も、予期せぬ気慰《きなぐさ》みも、もはや望み得ない。こうして戦士は鉄と詰め物からなる衣装を纏って身の安全を確保しながら、自由に動いてまた窒息しないという、二つの矛盾を両立させるために限りない努力を重ねることになる。

この第一の問題に関してアントワーヌ・ド・ラ・サールは、泥臭くともこれまでの経験的な手法に依拠するよう勧めている。すなわち、主人が詰め物の衣装に身を通すのを手伝う従者が彼を棍棒で力一杯、打つのである——「従者はトゥルノワ用の棍棒を用いて肩や肘や腕を何度も打ちつけ、そうして主人が打撃を強く感じるかどうか検《あらた》める」。実際、最も手っ取り早いのがこの方法で、主人が衝撃を強すぎると感じたら、その部分に「詰め物の塊」を追加すればよい。

とは言うものの、身を動かしつつ呼吸も確保しなければならない。これが第二の問題で、実際、暑さにやられたり、息ができないまま窒息してしまう公算は大であった。後にも見るとおり、まったく別の種類の武装をするジュートとは違って、トゥルノワの戦士はできるだけ軽い鎧を求めた。今では突きを入れたり袈裟懸《けさが》けに斬ったり、下から斬り上げることは禁止され、唯一許されるのが上から下への斬り下ろしとなったので、甲冑にはいくつもの穴が穿《うが》たれ、「極度に消耗する躰に風と空気を送る」よう工夫がなされた。ジュート用の兜には「覗き」用の狭小な窓があったが、トゥルノワの兜には正面にそれぞれが幅三指《ドワ》の大きさを持つ菱形模様が碁盤の目の形で並んでいて、幅四指《ドワ》のトゥルノワの剣がそこに入り込む心配はなかった（図4）。こうして顔面は外気にさらされているのだが、それでも窒息する危険は現実のものとしてあり、そのためラ・サールは「体力消耗の激しさ」を理由に、この競技はなるべく寒い季節を選んで行うよう勧めている。

当然ながら馬も主人と同様に防護され、詰め物が施された。鞍の前に、騎士の脚と馬の胸を一緒に保護する藁《わら》マット製の「胸当て」が配され、「そのなかに数本の棒が縫い込まれて堅牢性を確保した」。その上に「騎

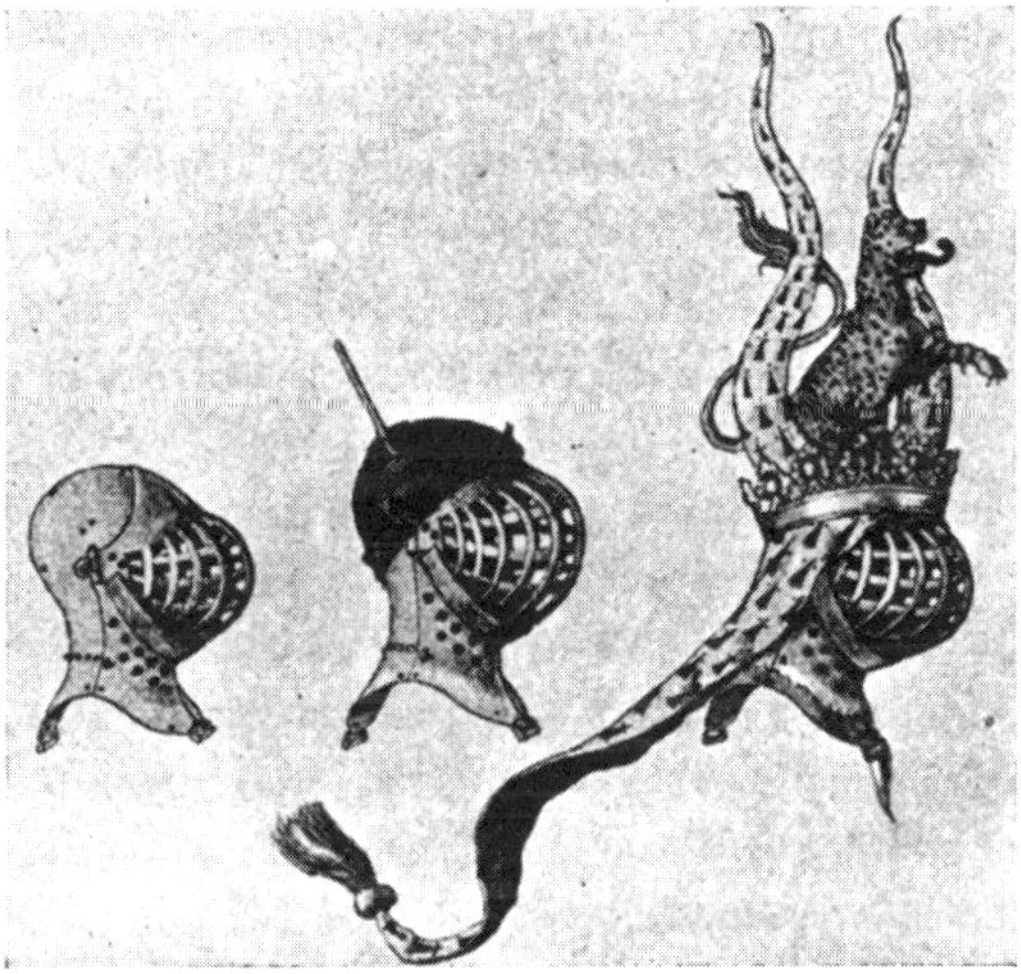

図4　トゥルノワ用の兜。左のものに支柱を施し（中央）、
さらにクレストと飾り布を装着したのが右の兜。
ルネ王『トゥルノワの様式と仕様に関する書』
（15世紀）所収。（国立図書館蔵 Ms. Fr. 2695）

士の紋章が入った大きな覆い」が掛けられ、全面に刺繍を施されたその美しい飾り布が地面にまで垂れてひらひら舞う様子は、多くの細密画に描かれているとおりである。

騎士たちが集結し、従者や旗持ちを従えて町に入る。細かいことだが、現代の都市と当時の町との違いをよく示す点があって、ラ・サールによれば彼らが隊列を組んで通りを行くのは、いつも「人数と道幅に応じて二列か三列」であったという。一同は旅籠《はたご》や民家に宿を取り、宿泊の栄誉に預かった宿舎の玄関には騎士の紋章を描いた板木が見えた。宿の高窓には旗が掲げられたが、それを指して人びとは「窓をする《フェール・フネートル》」と称した。町は様々な種類の旗によって彩りを施され、さらに騎士の往来や甲冑が立てる金属音、それに賑やかな「楽隊演奏《メネストロディー》」で活気づけられた。

第一日目の夜、全員による食事会が催された。そのあと食卓が片づけられ、大広間で貴婦人との舞踏会となる。優雅な会話が交わされ、楽隊がこのために設《しつら》えられた舞台の高見から心地よく「喇叭《らっぱ》を奏でた」。

一同すべてが上機嫌で、笑みに包まれ、着飾っている。そういった具合で、今日的感覚からすれば、そんなに数が多くない燭台と煙る松明《たいまつ》に照らされての広間はかなり薄暗いままであったと思われるが、しかし当時の人びとにすればこの上なく美しい光景であった。彼らは先人の勇猛さに満腔《まんこう》の敬意を表しつつ、しかし結局は自分らも彼らに比肩し得る力を備えるものと密《ひそ》かに自負し、かつての無粋な習慣を思い浮かべては思わず笑みさえこぼしたものであった。確かに十二世紀のトゥルノワの前夜はこれほど優雅には過ごされず、われわれに多くを教えてくれるあのギヨーム・ル・マレシャル伝にしても、それについては二、三の出来事しか語っていない。その一つではすでに記したとおり、騎士たちは自分の甲冑を磨くことしかしていない。もう一つの例はルネ・ダンジューが描く夕べとそう大きく違《たが》わず、そこではエペルノンの町の各所に宿を取ったトゥルノワの戦士らが互いを訪問し合っている。

夕べの習いとして
互いをあい訪ねる
それぞれの館に。善き習いなり

彼らは「挨拶」を交わし、日常の雑事を語り合った。「礼儀と節度」を弁えることこそ近づきを得るための手段であって、貴婦人たちのことは話題にも上らず、当時ならではのハプニングがあってはじめて、夕べは活気づけられた。月のないその夜、チボー伯爵とその友人らを一人で訪ねたル・マレシャルは、門前に繋いでおくようにと「小姓」に馬を手渡した。そうして話に花を咲かせていると、

下僕ら、葡萄酒を持ち来りき

と、そこへ一人の浮浪人が現れ、小姓を投げ倒して馬もろともに逃げ去った。小姓の叫び声にル・マレシャルは「暇《いとま》を乞う間もあらばこそ」外へと飛び出し、蹄《ひづめ》の音を頼りに暗い夜道を全力で駆け出した。危うしと見た馬泥棒、ある曲がり角で馬を急停止させると、ル・マレシャルも直ちに止まり、そうして二人は物音ひとつ立てずに息を凝らした。突如、むずかった馬が前足で地を蹴ると、ル・マレシャルは一跳びして馬泥棒に組みつき、棍棒の一撃でその頭を打ち割って片方の目を潰す。と、そこへ漸くル・マレシャルの友人たちが息急《せ》き切らせて追いつき、彼の武勲を褒め称えながら浮浪人を吊すよう進言した。

いざ、木の股に連れ行き、これを吊さん

しかし当の騎士はこう言う、「それには及ばぬ、すでに手酷《てひど》い罰にあっておるがゆえ」。そしてまたチボー伯の邸へと取って返し、諸侯たちとの「礼儀と節度」を弁えた会話を再開した。

ルネ王の時代の夕べにおいても一時、優雅な談笑が中断されることはあった。もっとも、そうされるのは唯一、評定《ひょうじょう》典礼官らに許可を与えて「楽隊が演奏する舞台に配下の紋章官と紋章属官を上がらせ、翌日の告知をさせる」ときだけであった。

この告知によって参列者は、翌日もまたこうして愉快に時を過ごすこと、そして唯一の真面目な行事として、旗幟《はたじるし》と「クレスト」あるいは「クレスト附き兜」（各戦士のエンブレムを上に戴いた兜）の巡察があることが告げられる。これは重要な意味を持つ行事であり、ひとたび騎士があの二重の衣装を身に纏えばもう誰彼の区別はつかなくなってしまい、それゆえ各人の見分けを可能にする個別の標識を正確に頭に刻み込むのでない限り、観客にすればトゥルノワの魅力はほとんど失われてしまうことになる。これは観戦する貴婦人たちにとってはとくに重要なことで、なぜなら往々にして彼女らこそがほかの誰よりもずっと、誰彼が最もよく打ち、また最もよく打たれたかに一喜一憂するからである。このため騎士たちは指定された場所に、自分のクレストと旗幟を置き並べた。そうした展示には柱列のアーチを備えた覆いのあるプロムナードを持つ回廊が最も適していて、ルネ王も「回廊のある寺院等を借りる」よう審判団に勧めている。そうするのは決して敬虔な動機からでなく、「回廊ほどトゥルノワ戦士のクレストを並べ置くのに適した場所はない」からである。美麗の細密画に描かれてあるように、一人の騎士に一つの柱列アーチが割り当てられ、貴婦人たちは回廊屋根の下を三周ないしは四周ほどしてエンブレムを観察する。そこを巡りながら、しっかり覚えるまで繰り返し名を教えてくれる専門の案内人の助けを借りて、それらを頭に刻み込むよう努めるのである。

功名心に燃える戦士たちは、自分の武勲が巻き起こした称讃が間違って他人に掠《かす》め取られることのないよう、なるべく覚えてもらい易いエンブレムを選んだ。それゆえクレストは巨大なものとなり、なおかつ人をぞっとさせたり、剽軽《ひょうきん》で戯《おど》けたものであったりした。そうしたうちの見事な例を、ヴァレンシエンヌ美術館にある、十四世紀のトゥルノワの混戦場面を描いた美しいタペストリーに見ることができる。ルネ王の書にある細密画にも多くのクレストが描かれていて、そのすべてが、人の注意を可能な限り惹こうとして造られている。こうしてトゥルノワの戦士は、宙を舞う黒人奴隷の双脚、骨を銜《くわ》えた犬、高く聳《そび》える円柱、七本腕をした大燭台、熊、驢馬《ろば》の頭、刎《は》ねた首を捧げ持つ腕、巨大な前肢を見せて座る獅子、等々を頭上に戴いた。それらはみな板木もしくは煮た革でできていて、兜の天辺《てっぺん》からまっすぐ上に突き出た鉄の串に、相当のボリュームがあるこのエンブレムが固定された。戦いの後、粉々に砕かれたエンブレムの破片が辺り一面に散らばった。この種の装飾類は、騎士の旗幟《はたじるし》に合わせて織られた兜の垂れ布、すなわち「飾り布」にまで及んでなおその種類を増し、それらは兜の後ろに長い襞《ひだ》をなして靡《なび》いた。

トゥルノワ戦士の自慢がこのエンブレムで、傍目《はため》にはどんなに詰まらないものに見えても、持ち主からはいとおしまれた。戦士の多くはそれと一緒に葬られたいと願い、実際、彼らの墓からは頻繁にそれが掘り出されている。また墓石にその図柄を彫らせることもあって、この点、騎士というのはヨーロッパ中を通じてよく似通った人種であり、南でも北でも同じような好みを示した。ヴェローナにあるカン・グラデの墓石の裏側には、上部に大柄の犬を載せたトゥルノワ用の兜が彫られている。彼の名前を想起させるこの犬［ラテン語で犬はカニス］は、しかし梯子《はしご》をもって表されるスカグリエリ家の紋章とは何のかかわりも持つものでない。デンマークのロスキルドにある王家の大墓地では、そこにある最古の墓に、ロランドのクリストフェル王が実戦用の本物の兜を被《かぶ》って眠っていて、その墓の横手に置かれた敷石には、彼のトゥルノワ用兜が彫られている。こうした武具の数々は騎士たちに、歓喜に満ちた日々と栄光の思い出を、また時としてさらに甘美な別の記憶を呼び起こすものとしてあった。

　貴婦人たちが回廊を巡るのには今ひとつ、別の目的があった。誰かその「貴婦人の悪口を囁いた者があれば彼のクレストに触れ、それを翌日の推挙とした」からである。これはいかにも願い下げの「推挙」であって、そうして名指しをされた騎士は、一人に数人が打ちかかることを禁じた例の規則にもはや護《まも》られることなく、逆に「大声で貴婦人の赦《ゆる》しを請う間中ずっと」、すなわち「その声が遍《あまね》く一同に伝わるまで」打たれつづけなければならなかった。ただ、この時代、最も魅惑的な女性は最も気紛れな人でもあったりして、彼女らはいかにも軽々しい判断を下すことがあり、「そうした罰が与えられるには」それが根も葉もない噂によるものでないことの、またためにする罰でないことの、審判団による確認を必要とした。

　この懲《こ》らしめにはまた別の理由もあった。というのは、トゥルノワ戦士の名に値しない者、たとえば「正真正銘の約束破り」で知られた者、「公の金貸しで法外な高利を課す者」、あるいは「婚姻によって評価を下げた者、平民や貴族でない女と結婚した者」にも、時にそれが加えられたからである。この三者のうち、最後のケースが最も軽微な罪とされ、こちらについては皆で大いに打ち据えて「自分の馬を差し出さざるを得ないよう」仕向けるだけに済ませておき、前二者とは違って、辱《はずかし》めの印として矢来の横木に跨《また》がらせる、といったことまではしなかった。そうしておいて彼の剣と棍棒を地に投げ捨てたあと「矢来の一角に捕虜として」繋ぎ止めておき、これを従者に監視させるだけに留めおいた。控え目の処置、と言っても程度の問題であるが、ここからも往時の習俗に見られた荒々しさがよく窺い知られる。

「家系をどう辿っても貴族の筋」でない者が敢えてその「有徳さ」をもってトゥルノワに臨むとき、こちらは何とかうまく切り抜けることができた。この場合、彼は名誉にかなう形でしか懲らしめを受けず、とりあえずはトゥルノワへの参加を許された。

逆に、罰の軽減もまたあり得た。絶対者として扱われた貴婦人は世の専制君主と同様、恩赦の権能をも手にしたからである。彼女らはトゥルノワの前夜、互いに談合して「名誉の騎士」または「名誉の従騎士」なる者を選出し、「金色の刺繍と縁飾りとフリルを綺麗にあしらった、《貴婦人方のお慈悲《メルシー・デ・ダーム》》と呼ばれる座興用の被《かぶ》り物」をこの者に手渡した。「名誉の騎士」は槍を携え、貴婦人用の観覧席に同席してトゥルノワに立ち会うが、彼が持つ槍の穂先には例の被り物が結《ゆ》わえられている。上述した「過ち」を理由に騎士が打たれ、彼がもう十分に罰せられたと貴婦人方が判断して合図を送る。と、そこで座興用の被り物が下に降ろされ犠牲者のクレストに触れると、もうそれ以上、彼を打つことは許されなくなった。

やはりトゥルノワがある前の日、馬に現場を見せるため騎士たちは競技場へと向かった。馬を「左右に走らせたり回れ右」をさせたり、また「跳躍《ソー》や後足立ち《ベナード》」をさせながら、自らも武器を振り翳《かざ》して敵を打つ仕草をした。いわゆる予行演習である。この日にはまた誓いの儀式も行われた。これは矢来のなかで催され、伝令官がこう呼ばわる――「聖者に向かいて高く右手を上げられよ。そして御一同、和してお誓いあれ。己が部隊の栄誉にかけて、また各位の名誉にかけて、何人《なんぴと》たりとも方法の如何を問わず、このトゥルノワにおいて相手を故意に突き、また腰から下は打たぬことを」。また兜を失って頭が露わになった者も打ってはならず、これに違反のあった者はすべて場外に出される。「これに応えて彼らは言う、然り、然り、と」。この規則があるため、いかに肩と腕に殴打が集中したかが、またいかに詰め物が重要な意味を担ったかが理解できるであろう。突きが禁じられたゆえ、あとに残るのは打ち下ろしの殴打だけ、それも幼少のころからそのための訓練をしてきた、屈強な男どもが力任せに振り下ろす殴打だけで、あった。

いよいよトゥルノワの日となる。しかし戦士たちの間に、体力の温存を図るといった気配は微塵も見られない。それどころか、彼らの体力は無限のものとみなされ、十五世紀にあってもそれ以前と同様、彼ら自身がそのことを固く信じていて、それについて少しでも疑念を抱けば、恐らく自らが深く恥じ入ったことであろう。トゥルノワは午後の一時に開始された。十一時になると、伝令官が町なかをこう叫びながら駆け巡る――「兜の緒をお締めあれ、兜の緒をお締めあれ！」。これを聞いて一同、兜の緒を締め、厚く詰め物をした鎧下と、鉄の覆いを纏う。次いで属する陣営に応じて応戦組か召集組かの、いずれかの本陣へと向かう。いずれの軍団も正午には武器を手にし、隊列を組んでいなければならなかった。

軍団には活気がみなぎり、従者を従えたトゥルノワ戦士はそれぞれがまるで稜堡《りょうほう》を備えた一大要塞のようで、実際、今や鎖帷子でなく固い鉄の板を身に纏う騎士は、まさしく動く構造物そのものであった。従者には騎馬の者と徒《かち》の者がおり、後者はすぐに砕け落ちる小堡塁のようなものでさほど重要性はなく、それについて騎士は望むだけの数を揃えることができた。しかし騎馬従者の数はあらかじめ決められていて、「すなわち君主には騎馬従者四名、伯爵には三名、騎士には二名、従騎士には一名」とされた。これらの者は「二尺半ないし三尺の槍を手に持ち、混戦時に彼ら目がけて振り下ろされる殴打をそれでもって振り払う。そしてその役目は主人が求めたとき、彼を混戦の外へと連れ出すことであった」。と言っても、それは可能であればの話であり、相当の難業であった。一方、徒《かち》の従者もやはり槍を持っていて、その役目は「主人や馬が倒れるのを見て可能ならば槍で助け起こすこと、不可能なら、その周りを取り囲んで矢来もしくは柵を各自が持つ槍で組み、他の戦士がその上を通過せぬよう、トゥルノワが終わるまで防禦にあい努める」ことにあった。もっとも、これも総じて、実現の覚束《おぼつか》ない理想でしかなかったが……。

定刻になると、審判団と貴婦人は観覧席へと通じる梯子に似た階段を、上がるというよりはよじ登った。三角旗に先導され紋章旗を従えた召集人が、これまたそれぞれに旗手を従えたトゥルノワ戦士にエスコートされて合戦場に立ち現れる。審判役の式部官は彼らがそのまま矢来の一角からなかに入ることを許可する。これはトゥルノワが「程良い刻限に活気よくはじめられる」ための措置で、なぜならわが祖先たちにすれば、一人ならずが重い傷を負って戻る、あるいは一人ならずが再び生きて戻らぬことのあるこの遊戯こそ、この世における最大の痛快事であったからである。己《おの》が命を危険にさらす以上の愉しみ事は他になく、このトゥルノワの日、辺りには華やいだ空気がみなぎり、それを吸い込むだけで人びとはみな酔いしれた。細密画を見ると、馬も主人と喜びをともにしているかのようで、満足気で勝ち誇った様子を示している。そうしたトゥルノワ戦の一つを記録した十三世紀のある記録作家は、軍楽隊の奏でる音に合わせて「山も谷もこぞって跳び跳ね」、「馬どもも歓喜した」と書いている。

かくありて可動式の梁が外されると、直ちに「喇叭と音楽隊の鳴らす音に急《せ》かされ」召集人とその軍団が入場する。「次いで彼らの従者が鬨《とき》の声を上げると、トゥルノワの戦士たちは両腕を頭上高くに振り翳《かざ》し、手にする剣や棍棒で威嚇する仕草を」繰り返しながら、「自陣の側に引かれた綱すれすれのところまで」進んで隊列を整えた。競技場の中央には短辺に沿って二本の綱が僅かな距離をおいて張られていて、召集人の軍団はそれを右手に見て、綱すれすれのところで停止した。頃合いを見はからってもう一方の可動式梁が外されると、今度は応戦組が対局に入場し、梁はまた閉じられる。こちらは綱を左に見ながら、やはり綱すれすれのところに馬の鼻を位置させた。矢来の欄干には四名の長身かつ屈強の者が馬乗りになって斧を振り翳し、いつでも同時に綱の結び目を断ち切れる用意にあった。

伝令官はここで再度、昨日の宣誓についての確認をトゥルノワ戦士に促す。突きを入れぬこと、腰帯から下は打たぬこと、「誰か一人だけを」狙って追い回さぬこと、ただしそれが「例の過ちのせいで推挙された」者でない限りは。次いで場に静寂が訪れ、荘厳な瞬間が訪れる。静寂が「詩篇の七行分ぐらいを朗誦できる時間」つづいた後、大音声をもって三度、こう繰り返される——「綱を切れ、望みのときに戦いをはじめられよ」。

三度目の声で綱が切られると、旗手たちはそれぞれの主人の、戦時の鬨《とき》の声を上げる。そして大音響とともに、ここに鉄の塊どおしの激突がはじまる。

準備段階のことは細大漏らさず記しているルネ王であるが、しかし本番の戦闘そのものについては、ほとんど何も述べることをしていない。それはよく知られたことでもあり、またごく単純なことでもあったので、敢えて言葉を重ねる必要を思わなかったのであろう。「それから」と彼は書く、「二つの軍団が一つとなって激しく打ち合う、審判団が喇叭隊に退却の合図を命ずるまで」。これが戦闘に関する彼の記述のすべてである。しかしそれがどのようなものであったかはよく知られていて、この時代のトゥルノワ戦もなお、この上なく激烈な遊戯の一つとしてあった。「トゥルノワにおいて人は儀礼の戦争を行う」とラ・サールが言うとき、その本意は、そこでもやはり人を殺めることはあるが、決して悪意からのものでない、という点にあった。わがフランス剣術に見るあの洗練された趣きはトゥルノワでの戦闘とほとんど共通点を持つものでなく、そこでは体力と腕力がなお枢要《すうよう》で、それらが担った役割の程度に比べると、器用さが持つ意味はずっと低いままであった。肝心なのは敵を激しく打つこと、できればその鎧を破壊してしまうことで、そうして物凄い力で打ちつけて相手を落馬させたり、馬もろともに転倒させることが肝要であった。次いで従者の奮闘する番がくる。彼らは「可能であれば」負かされた騎士の周りを槍で囲い、矢来を拵《こしら》えようと努めるが、これはほとんど成功するものでなかった。「混戦」では互いが入り乱れ、また競技場の囲いはあらかじめ無駄な空間が生じないよう設《しつら》えられてあったので、馬は互いに重ね餅のようになってそこで倒れた。地に投げ出された騎士は重い鉄の外皮に閉じ込められて身動き一つできず、また運の悪いことに兜の覗き穴も往々、下向きになったままで、そうして彼は土埃を浴びてほとんど窒息せんばかりの状態にあった。

今やトゥルノワ戦も、前もって確かめ合ったり誓い合ったりした取り決めや慣例のせいで一種の「饒舌合戦」となってはいたが、それでも砂埃や騒音の支配する戦闘時の喧噪のなか、規則がきちんと守られているかどうかの監視は極めて難しい状況にあった。かくして無数の抗議が持ち込まれることになる。あの一撃は下から上に向けてなされなかったか？　打たれた騎士はすでに兜をなくしてはいなかったか？　一度に受けた複数の殴打は、すべて同一人からのものであったか？　同時に複数の敵が襲わなかったか？「おお、審判殿、二人の者が狂ったように私めに打ちかかりました……。無法にも三名の者が私を襲いました」――なるほど、これもたしかに饒舌合戦ではある！　武運つたなく敗れたトゥルノワ戦士ほど、自らの落馬や受けた殴打を、こうした卑怯なやり方のせいにしがちであった。ブルゴーニュの宮廷で催されたあるトゥルノワではすでに全体でのトゥルノワ戦は終わったのに、この種の不平を申し立てた者たちがその埋め合わせとして、彼らだけで短いトゥルノワを補足的に戦う権利を勝ち取っている。少なくともそうすることで、自分たちもうまく戦えるのだということをみなに誇示するために、である。

戦士たちに戦闘の終結を徹底させることも、これまた困難な仕事であった。もう十分に打ち、叩き、殴ったと判断したとき、審判団は部下に命じて退場の喇叭《らっぱ》を鳴らさせる。可動式の梁が再び外され、競技場が開かれる。まずは正気を失うべきどのような理由もない旗手たちが、「自分の主人がなかなか退去したがらずとも、それを待たずに軽快な歩調で」最初に退出しなければならない。最も激昂した者が遂に決断して退場に同意するまで、喇叭手は退去の合図を鳴らしつづける。そして、こうしたときの自然な心理状態を斟酌《しんしゃく》する必要があったので、騎士たちには「群がったまま互いに小競り合いをつづけながら」町なかを突っ切り、それぞれの宿舎まで戻ることが許された。そうしたことで彼らの激昂が鎮《しず》められれば、もっけの幸いというわけである。

一四六八年、シャルル勇胆公の婚礼を祝ってブルージュ［現ベルギー］でトゥルノワが催されたとき、公は招待客に向かい、これ以上武闘をつづければ死罪に処するとの脅しを発する羽目に追いやられている。若い公妃を愉しませんと企画されたスペクタクルが、逆に彼女を怯えさせることになったのである。公妃の表情にはもうずっと前から苦痛の色が表れていて、トゥルノワを終わらせようと幾度もハンカチを打ち振ったが無駄なままであった。

夕べになると、天井から吊された十字格子の横木に、シャンデリアに似せて据えられた大きな蝋燭と松明が灯る大きな広間で、晩餐会につづいて舞踏会が催され、その席上、褒美が授与された。審判団、紋章官、それに栄誉の騎士が、「彼らの随員となる貴婦人一人と令嬢二人を選び出す」。そして一同は連れ立って、宝石や剣やトゥルノワの兜からなる褒美を取りに行き、戻ってくると最も武勲を立てたとされる騎士の前に行って立ち止まり、そこで紋章官が「本日、トゥルノワの混戦にあって、最もよく剣を振るい最も価値ある働きをなした騎士もしくは従騎士として」その者に褒美が授けられることを告げる。貴婦人が「なにがし殿、神があなた様の栄光をいや増されますように」と言いながら褒美を手渡すと、それに応えて騎士が「能う限りの言葉をもって」感謝の意を申し述べる。と、すぐさま、紋章官たち一同、当の騎士のために鬨の声を口々に発し、それが丸天井に木霊《こだま》してどっと響き渡る。アントワーヌ・ド・ラ・サールはその主人であるリックブール候ジャック・ド・リュクサンブールに向かい、彼を立てながらこう語りかけている――「左様にして、もしこれが殿下でございましたなら、かような鬨の声が響き渡ります。ランブール、ランブール！　いと高貴なるジャック・ド・リュクサンブール候！　ランブール！　と」。捕虜や馬の捕獲や身代金といった習慣がもはやなくなった今、トゥルノワを戦って一稼ぎすることもできなくなり、こうした栄誉の歓呼だけで人は満足しなくてはならなくなった。それを指して習俗の進化と若者たちが言えば、いやいや、軟弱化に過ぎぬと年長者は応じた。

かくしてトゥルノワは、武芸の師範たちが「フランボワイヤン」様式でつくり上げた、複雑にして完璧なる独自の規則と典礼を備えるにいたった。ゴシック建築が消滅を迎える前夜、あのフランボワイヤン様式が最高の形で花を開かせたのと同様、もはやこのトゥルノワも消え去るべき運命にしかなかった。音楽家たちの「楽隊演奏」が流れ、詩人が詩歌を吟唱するなか、武装した騎士たちは麗々しく羽根飾りを戴き、その鎧を黄金色に輝やかせた。貴婦人たちは晴れやかに、また物憂げに微笑みを浮かべる。フィリップ＝オーギュストやヘンリー・プランタジネットの時代の、平原を縦横に駆け巡って繰り広げられた荒々しい戦いは、今や遠い昔語りのものとなった。たしかに殴打も負傷も死もあったとはいえ、それは写本の挿画にあるのと同じの美麗この上ない祭典であり、さながら人びとは絵巻物を見る思いであったに違いない。「生き延びるには余りにも美しすぎる」という俗諺は、まさにこういうことを指して言われるのであろう。実際、綿密に取り仕切られたこの壮麗さの真っ只中にあって、遂にトゥルノリはその最期を迎えることになる。その未来は当面、あのジュートに託されることになろう。かつて実直なトゥルノワ戦士から厭《いと》われた、あの「饒舌合戦」に、である。

第3章

ジュートとパ・ダルム

JOUTES ET PAS D'ARMES

I　ジュートの起源とその漸進的な完成

　シチリアとエルサレムの王を兼ねたルネ・ダンジューがトゥルノワに関する優れた書を著した時代、なお付随的ながら、ジュートはトゥルノワの祭典に定番の遊戯としてあった。当時の戦士は疲れ知らずなことが自慢で、器用さよりは体力のあることを一層の誇りとした。朝の十一時からずっと甲冑姿で通し、トゥルノワが終わればまたダンスに興じた。勝利者はその特権として褒美をいただいて奥方［騎士が忠誠を誓った貴婦人］に口づけをし、また「もしそう望むなら二人の姫君にも同じことを」した後、王妃とダンスを踊った。恐らくはもうくたくたであったろうが、それをおくびにも出さぬよう努めた。

　舞踏会の終わり近くに、翌日のジュートが告げられた。これまた激しい運動で、そこではトゥルノワにおける以上に自分自身の所行に責任を持たなくてはならず、結果としてあらゆる技能を身につけることが要求された。戦場では混乱に紛れて偶然の作用することがある。しかしジュートではすべてが視野のなかにあり、戦士は一対一のぶつかり合いをする。つまりは決闘である。ともあれ、彼らはいつでも戦う用意にあり、疲れなど知らない。少なくともそのように振る舞った。このジュートでも各種の褒美が与えられたが、その序列を見るとすでに当時の人びとが、今日の人間が了解しているのとまったく同じ《スポーツ的感覚》を備えていたことがよく分かる。

　賞を手にしたのは――

一　その日を通じて最も見事な槍の一撃を加えた者
二　槍を最も多く折り砕いた者
三　兜を着けて最も長い時間列にあった者（各自が数回の馬駆けをしなければならず、甲冑を纏い、加えて重いことこの上ない兜を着けたまま、彼らは隊列のなかにいて出番を待った）

そういうわけで器用さや粘り強さも一定の役割を担ったが、やはり最後に物を言ったのは体力であった。この競技では細かなフェイントや手際よい馬の急停止、それに不意打ちなど、ほとんど意味をなさなかったからである。

ジュートの起源もトゥルノワに劣らず古い。われわれの歴史をずっと遠くにまで遡ると、死を賭した一騎打ちや決闘が見い出される。人びとは早くからそれを模倣し、戦争を真似てトゥルノワをしたのと同じに、遊びでする決闘を愉しんだ。このジュートに最も適した武器が槍であった。当初は旧式のトゥルノワや実戦用の、一本木でつくられた槍が用いられ、その扱いにフランス人が長《た》けたことは当時、世に遍《あまね》く知られた。その点については、それを裏付ける大量のテキストをデュ・カンジュ［一六一〇〜八八、フランスの古典学者。大辞典の編纂で知られる］が集めていて、たとえば第一次十字軍の時代を生きた歴史家フーシェ・ド・シャルトルの書き物のなかでわが祖先たちは「驚嘆すべき槍の使い手」とされている他、それ以外の、すべてフランス以外の国の人たちが著わした文献においても同様のことが書かれていて、それだけに、なおのこと説得力を持つ。こうして槍はフランスの騎士たちの好みの兵器、武勲を挙げるための武器としてあった。それがもう使われなくなった時代にフォシェがこう書いている――「かつて槍は常に騎士用の武器としてあった……。そうした時代の戦士たちの考えでは、最上の兜と鉄頭巾がパリ産なら、最上の槍の穂先はボルドー産であった」。騎馬で隊伍を組んで進む戦士らの姿を、また槍が森の木々のごとくに屹立する様子を、詩人たちは好んで詩に描いた。「旗《はた》標《じるし》を従えたボゾン、フーシエ、フーク、セガンが、トネリコの森を縫って進む。ここで私が言う森、それは鋼鉄の穂先を花と咲かせる、あのトネリコ槍の森のことだ」。騎士の世界をたっぷりと風刺するなかで、セルヴァンテスも彼の主人公に槍を持たせることを忘れなかった。彼《か》のラ・マンチャの騎士が風車を含めたあらゆる敵を相手に奮闘したのも、この槍を手にしてのことであった。戦いに勝つにせよ負けるにせよ、ともかくも槍が用いられ、それゆえ中世にあっては戦時への備えに、ジュートでもって訓練がなされたのである。

はじめの頃、この「饒舌合戦」に古いタイプのトゥルノワ戦士は軽蔑の色を見せたが、しかし実際のところ、この遊戯はトゥルノワ以上に複雑な規則を、何一つ持たなかった。敵に向かって早駆けで突進し、これを正面から強く打って落馬させる。敵がまだ馬上にあれば人馬ともどもに転倒させる。ダンテの言葉に、

トゥルノワは打ち、ジュートは駆ける

というのがあるが、この詩人もよくこうしたスペクタクルに立ち会い、イタリアでもその他の土地においても、喇叭や鐘や太鼓が奏でる一風変わった音楽を耳にしている。鉄を纏った人間と馬とが生ける塊をなして、全力でこちらに駆け向かってくる。その巨大な重量を衝撃時に受け止める槍は、通常は兜か、または敵が防禦用に左腕で保持する楯に当たって砕け折れる。それが折れることで、死や負傷が回避されるのだ。激しい衝突があれば必ずやどこかが潰れなくてはならず、こうして人が落馬するか馬がもんどり打つか、あるいは槍が折れるかすることになる。最も頻繁に見られたのがこの最後のケースで、後に規則を備えるにいたる儀礼のジュートにおいても、槍を折り砕くことが標準の激突様式となる。敵を落馬させることも自分の槍を折ることもかなわなかった騎士は、彼自身が落馬しているのでなければ必然的に腕を捩《ねじ》ったり脱臼したり、また時に手首を

折り砕くことになる。と言って、一つのことが起きれば他は生じないというわけでなく、槍が折れるのと騎士が地に倒れるのとが、同時に目撃されることもあった。たとえばフランス王フィリップ＝オーギュストの立ち会いのもと、パリ近くでなされたジュートがそれで、当時の習慣に倣《なら》ってまだ穂先を鈍くしていない勝利者の槍が対戦相手の楯と甲冑を射貫いて肩にまで達すると、後者は「どっと地に倒れ」て「粉々に折れ砕けた（槍が）宙を舞った」。

当初は実戦用の武器を用いたトゥルノワもそうであったが、ジュートも時代とともに危険を緩和する方向へと進み、危険の少ない儀礼の武器を用いたり、一連の安全規則や予防措置を採用するようになる。十一世紀および十二世紀の、全体が均質で真っ直ぐな旧式の槍にはいくつもの不具合があり、そのことには戦争でも遊戯でも気づかれていた。旧いタイプの槍の長さと重さは相当なものに及び、その扱いに要する体力消費に見合うだけの価値を、騎士たちは十分に引き出せないままでいた。槍が長いのは敵との間合いを取るためであったが、その長さのほぼ半分は有効に使われず終《じま》いで、なぜならこれほど重いものの端っこを掴んで支えることなど、とてもできるものではなかったからである。革帯の助けを借りても中程で保持せざるを得ず、槍のかなりの部分は騎士の後方に突き出ていて、これがまた面倒かつ厄介の種を蒔《ま》いた。バイユーのタペストリーやモデヌ大聖堂の彫刻群、またその他多くの絵画が、そのようにしか槍を保持できなかったことや、それがもとで生じる危険のことをよくわれわれに伝えてくれている。

前方で扱える長さと武器の効力とを増すためには、穂先からできるだけ遠く離れた後方部に重心を移す工夫が必要となる。分かってみればごく簡単な話だが、コロンブスの卵と同様、まずそう思いつかれる必要があった。つまり槍の前部を軽くし後部を重くしてやればよいわけで、こうして槍は後方部に膨《ふく》らみを与える形で削られ、さらにこの膨らみの部分は握り用の切り込みを入れることで二分された。こうしてでき上がったのが、絵画や版画でよく目にするあの槍である。すなわち、アマディス物語やロジェ物語といった最後期の騎士道小説に登場する槍、わが聖ジョルジュ［遍歴の騎士の典型とされた人］が携え、嘆きの島で鯱《しゃち》からアンジェリカを救い出した槍、あるいはまたトゥルネル宮の前でフランスのアンリ二世を殺《あや》めた槍、がそれである。

こうして改良を施された槍はよく腕に馴染《なじ》んだ。長さが五メートルかそれ以上にも及ぶ槍の相当部分が、騎士の胸よりも前にあって敵を威嚇《いかく》した。残余の部分は程良く背後に突き出て、戦いの場で戦士たちはもはや、隣の者からうっかり槍の柄をぶつけられたり、狙ったはずの一撃を誤ったり、といった心配をしないで済むようになった。しかし槍の総重量はなおも相当なものに及び、十四世紀後半から使用されはじめた板金製の鎧がその種の不都合を解消してくれるのでなければ、この槍の操作は人間体力の限界を超えたものとしてあったに相違ない。

固い鉄を身に纏う騎士は、要塞化された塔のようなものであった。実際の塔の外側には哨楼《しょうろう》や石落しといった防禦設備が取り付けられたが、同じことは騎士にも言えた。甲冑の右側には《フォークル》と呼ばれる「槍受け」用の鉄鉤が穿《うが》たれ、そこに槍の握り部を押し当てると体力を浪費することなく、簡単な手の捌《さば》きだけで槍の上げ下げをすることができた。ここにいたって衝撃は腕と手だけでなく、騎士の躰全体で受け止められるようになり、こうして戦士の抵抗力と武器の貫通力が増大した結果、腕さえ頑丈にしていれば衝撃時に後ろに攫《さら》われたり、横へ持って行かれるということはなくなった。槍をうまく構えて直角方向に突きを入れると（甲冑が凸状をなしたため、これはなかなか容易な業《わざ》ではなかった）、騎士には板金製の鎧さえ突き破ることが可能であった。

敵を殺めるのでなく、敵に槍をぶつけてこれを折り砕くのがジュートである。そのためトネリコに代えて脆《もろ》い樅《もみ》の木が槍に用いられ、さらにその先端が細くされた。一四六六年にフィリップ善良公を訪問したボヘミアの領主ロスミタルも、ブルゴーニュの宮廷では「非常に軽い槍」が使われていたと書いている。これと同じ時代に、（ずっと以前からあることはあった）儀礼の槍の使用が一般化し、穂先には尖った鉄でなく《ロシェ》と呼ばれる、先端を潰《つぶ》した太い突起を三つ備えたずんぐり型の小鉄塊が装着された。全体の重量を減らすため、握り部にある二つの膨らみには幾本もの溝が掘られ、さらにその内側は空洞にされた。時には槍全体に空洞が穿たれることもあった。ジュートにおいて槍は折り砕かれる運命にあり、それゆえ当然のことながら今日まで残っている実物はごく僅かしかなく、ミラノにあるポルディ・ペッツオリ博物館でその一本を見ることができる。長くて軽く、なかに空洞が穿たれたその槍は、マルパガ城［北イタリア・ロンバルディア地方］の美しいフレスコ画に描かれているのとまったく同じで、大変に興味深い。このフレスコ画は傭兵隊長コレオニがその主人のデンマーク王クリスチアンのために催したジュートを描いたものだが、いまやそれを見に訪れる人もほとんどいない。

今一つの改良点が境界柵の導入であった。それに沿って二人のジュート騎士が互いに反対方向から馬を駆けさせるわけで、柵は馬と騎士の躰の一部を覆い隠すほどの高さを備えた。騎士は右手で槍を捧げ持ち、馬の左耳ごしに槍の先端を前方に差し出す。そして境界柵を左手に見ながら、同じく兜の左側から敵を視野に入れる。この境界柵は十五世紀から常用に供されるようになった。

この境界柵によってもたらされた危険や面倒の回避には大きなものがあった。それまで騎士たちはオープンに開けた平原で突進しあったので、槍が空を切る可能性が多分にあった。というのは、馬は経験から学んで慎重になっており、急にコースの外へ飛び出すことがよくあったからである。そうした事態は頻繁に見られ、あらかじめその出来《しゅったい》も予測できたので、そうした際の規則も定められてあった。フロアサールが書くところでは、このときジュートの騎士は「激怒」したような「身振り」を示し、直ちに「全速で」馬駆けを再開しなければならない。逆に二頭の馬がうまく直進を維持して交錯すると、瞬時の落馬、物凄い土煙、罵《ののし》りの言葉、鉄の軋《きし》む音が立てつづけに起こって、大混乱となる。わが祖先たちに言わせれば、そこにこそ手に汗握る興趣と面白さがあるということになる。それゆえ境界柵が考案された後も、単調さを打ち破るという目的で時々、広い平原でジュートの馬駆けがなされた（図5）。

遊戯はこうして規則化され、結果として防禦用の武器にも改良が施された。トゥルノワの場合、混戦の渦中にある騎士はできるだけ視野を広く確保し、あらゆる方向から襲い来る打撃をかわすために頭を捻《ひね》ったり、腕を自由に動かせる必要があった。そのため兜は優れて外部に開放的で、動きがよく取れるよう甲冑も軽くされた。これがジュートとなると話はまるで逆で、こちらは一回の衝撃に備えさえすればよかった。確かにこの衝撃は疾走速度と敵の重量により空恐ろしいまでのものとなったが、かと言って不意打ちの形で襲いくるものでなく、それは前方の左側だけから、しかも躰の一部分だけに加えられる衝撃であった。武器製造人が引く図面にはこれらすべてのことが織り込まれ、兜はその大きな開放部を失って完全に閉じられてしまう。顔面の部分はとくに左頬を中心に、分厚い一枚の鉄板で覆われるようになり、この鉄板と頭頂上部を覆う凸状の天板部分が合わさるところの左側に極く狭い覗き穴が、右側にはもう少し大きな穴が穿たれた。この覗き穴は、顔面を覆う鉄板の上縁の後ろに隠されるような形になっており、そのため騎士は敵を視認するのに、頭を下に傾《かし》げることを強いられた（これが兜を着けたときの、騎士の通常の姿勢であった）。一方、背中や躰の右側は打撃を受ける心配がなかったので、そちらの部分の防禦は無視された。顔面の左半分は何もない一枚鉄からなったが、右側部分には小さな四角の窓が穿たれ、それには換気装置の機能を持たせるため、鉄の鎧戸がつけられた。これは空気と光を通したが、しかし視界の確保という点ではほとんど意味をなさなかった。というのは、敵がいるのは左側であり、右側が見えても仕方がなかったからである。兜は通常、巨大な鉄の蝶番《ちょうつがい》で甲冑の胸板

図5　草原でする境界柵なしのジュート。ルーカス・クラナッハ（父）作

に固定された。ジュートではこの蝶番の頑丈さ如何に、騎士の生命が左右された。それが壊れると兜が跳ね飛び、騎士の顔面で槍が折れ砕ける危険があったからである。反対に背中部分への固定はずっと軽微なもので、ほとんど形だけのこともあった。後方から槍の衝撃が加わることなど考えられなかったからである（図6）。

騎士はジュートで数回の馬駆けをしなければならなかったが、トゥルノワの戦士のようにいつ終わるか分からない、のべつ幕無しの消耗戦を強いられることはなかった。それゆえ装備を軽くすることの意味は小さく、ためにジュートの騎士の纏う甲冑は、厚さにおいても重さにおいても、信じられないほどのものとなった。兜は重すぎて頭だけではとても支え切れなかったが、かなり幅広に造られていて、そのまますっぽり肩の上に乗せることができた。この兜は開いて被《かぶ》ることはしない。と言うより、ほとんどの兜はもともと最初から開かなかった。衝撃で顔面に致命傷を受けないよう、頭と兜の間には計算して三ないし四指《ドワ》の隙間が確保され、甲冑の方は打撃にさらされる確率の低い右側が、留め金で開け閉めできるようになっていた（図7）。

この種の配慮のせいで、ジュートの収集品のなかには異様な形状を示す防具が極めて多い。とくに「ヒキガエルの頭」のような形をした兜は、固定される胴鎧とほぼ同じぐらいの横幅を持ち、物悲しくも滑稽な外観を呈している。

ジュートの騎士の左側面は、これ以外の方法によってもさらに防護が施された。まずは凹状の楯あるいは円楯がそれで、これは鹿の骨や角で補強された木の板か、または鋼鉄板でつくられた。この防禦用武器の表面には多くの場合、格子状の盛り上がり部を持つ細工が施され、これが敵の槍の穂先もしくはロシェを滑らせることなくがっしりと受け止め、その格子模様の一つに触れた槍を破砕へと導いた。この楯は強靭な布紐か革紐をもって、胴鎧の左側に穿たれた鉄製の掛け金《クランポン》に結わえられた。

やがてこの防禦手段が少々不安定にすぎ、扱いの非常に難しいことに気づかれるにいたり、楯に代えて、

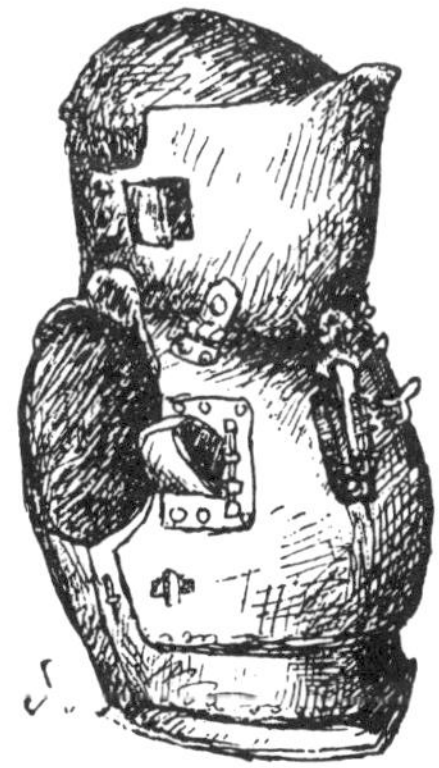

上…図6　15世紀のジュート用兜。
右側兜の左側面に開閉可能な換気扉が見える。(砲兵博物館蔵 H. 14, H. 11)
下…図7　変形留め金をつけたジュート用鎧の上半身部分 (14世紀)。
この部分だけで重量は24.4kg にも及ぶ。(ヴェネチア海軍工廠蔵)

大きな鋳鉄板が用いられるようになる。甲冑の左側全体を頬から腕まで覆う、程よくカーブを描いた一枚板の鉄板がそれで、これによって防禦能力はさらに倍加されることとなった。これが鎧マントあるいは外甲板と呼ばれたものである。このようにして鉄で覆われた騎士はルネ王が言う通り、少々「膨れ」上がりすぎることとなったが、しかしジュートではそんなに膨れ上がっても、さして大きな支障とはならなかった。

完全武装をして馬に跨るだけでも一仕事であった。シェークスピア劇に登場するヘンリー五世はフランスのカトリーヌ〔後に妻としたシャルル六世の娘〕の寵愛を得んものと、甲冑姿で馬に跨り地面を跳びはねるところを誇らしげに見せているが、芝居ならともかく、これは実場面では稀有と言うか、ほとんどあり得ない仕業《しわざ》であって、ブシコー元帥がやってのけたのを含めて、現実には数例しか数えない。ジュートの騎士が「武装をしたり解いたりするのを容易ならしめるため」、一般には階段つきの「踏み台」が用いられた。この踏み台の使用は年月を経て後代へと伝えられ、十七世紀にいたってもまだ使用された。乗馬の達人でない人びとをも対象にして物を書いた馬術師範のプリュヴィネルがこう述べている――「武装する人（すなわちジュートの騎士）、武装させる武具師、それを手伝う助手という風に、上に人間を二三人乗せられる、馬の鐙《あぶみ》の高さほどの小さな足場」が必要で、「この種の危険な作業ではいつも武具師が側に控えて、戦士に武装を施すのでなければならない」。

改良は小止《おや》みなくつづけられた。そうしてどこまでも改良が進んだ結果、ジュートの騎士は遂には一種の砲弾のようなものとなり、大砲から撃ち出される弾丸よろしく、何も見えず身動きもままならない一つの物体と化すにいたった。この種の改良の最終のものが槍受けの改善であり、これは武具の製造が盛んになされた「ドイツから」持ち込まれたもののようで、ルネ王もそう観察しているとおり、この国の鎧師というのは武装をさせる顧客の横幅が縦の幅を超えるようなことがあっても、とんと気にかける風になかった。普通の槍受けは凹状の単純な鉤型をなし、槍をその下に通して支えた。これが実際の戦争で常用に供された唯一の種類の槍止めで、確かにそれで腕の疲労は軽減されたが、槍の方向を定めたり、支持点を中心に槍を上げ下げするには、なお手捌《てさば》きの技巧が大きく要求された。そこで武具師たちは考えた——こんなに苦労をする必要はないのではないか、なぜならジュートでは最初から高さも方向も決まっているただ一種類の突きがあるだけで、とすれば瞬時に適当な位置に構えさせてくれる鉄の螺旋《らせん》部に槍を固定すれば、それですべてうまくいくのではないか、ジュートの騎士はそれをそのまま相手にぶつければよい、まさに大砲の弾のように、と。この新装置の登場により、明らかに競技の興趣が殺《そ》がれることとなった。ジュートに備わるスポーツ的な性格のうちの、最重要のものが排除されるにいたったからである。ともあれドイツの武具商では、槍受け《フォークル》と逆槍受け《コントル・フォークル》を具えた甲冑が数限りなくつくられた。槍を支えるために甲冑に固定されるのはもはや単純な形の鉄鉤でなく、今や甲冑の右側に分厚い鉄片が螺子《びす》で固定され、その両端は半螺旋の形状をなしている。凹状をなすその先端部分に槍を乗せ、凸状をなす後端の下側に槍の尻を置く。一旦こうすればもはや腕で槍を支える必要も、うまく槍の重心を取る気遣いも不要となった。バランスを取るための重りも必要なく、握り部にあった膨らみは取り去られても一向に不都合はなかった。こうしてどんな形状のものであれ、槍は二つの鉤の間で独りでにバランスが取れるようになった。確かにそれを操作することはできなくなったが、それ以前に、操作する必要そのものがなくなったのである。槍ははじめから適当な位置に〈シツカリト〉固定され、槍を下方向に下げることは螺旋鉤のせいでかなわなかったので、ジュートの騎士にできるのはせいぜい、握りに力を加えて穂先を上に持ち上げることぐらいであった。そのため武具師は槍受けの傾斜を上向きでなく、なるべく下向きになるよう配慮した。

　このようにして実際、この遊戯はその健全なスタイルからますます遠ざかる仕儀とはなった。もう一歩進めば、独りでに槍を支えてくれるこの鉄製の殻のなかに騎士を入れる必要さえなくなり、もはやマネキン人形で十分、という風になっていたかも知れない。こうした工夫がわがフランスにおいてよい首尾を納めたという形跡はなく、そこでは中程度の強度を保って時に壊れることもある単純な槍受けを用いた古典的な方式で、最後までジュートが行われた。その方が危険と同時に興趣もいや増すこととなり、重大な負傷を避けるためには目視の早さや正確さ、それに体力や技巧といったスポーツ的な訓練を、騎士の側に大きく課すこととなった。

誤解を招かぬよう、これは是非とも確認しておかなければならないが、兜・槍・鎧・境界柵・槍受けなどに改良が施されたといっても、馬駆けに際して、やはり騎士の個人的な頑張りはどこまでも必要とされた。その頑張りについてとくに一点だけを挙げれば、衝撃によく耐え、決して「鞍上でぐらつかない」ことが肝要であった。樅の木の槍とはいえ衝撃力は大きい。落馬しないためには、またそれ以前にぐらつかずに馬上で踏ん張るためには、敵の槍に対して己が上半身を鉄の壁としながら、両膝で万力のごとくに馬を締め付けなければならない。そうしながら敵を真正面から正確に打ち、その突進を止めるのである。躰を鞍に縛りつけることを執拗に規則が禁止しつづけたが、そのことは、馬上に踏み留まることがいかに重大な意味を持ったかを、また落馬が回避できるものなら少々悪どい手であってもそれにすがりたいとする誘惑のいかに大きかったかをよく物語っている。

鉄や詰め物や各種の覆いがあったとは言え、受ける衝撃自体がいかほどのものであったのかを、騎士の従者たちが担った役割から窺い知ることができる。『フランス王国の戦士は如何に衣服を纏いしか』という本の著者は従者たちに、馬駆けのたびに何を措《お》いてもまず主人のところまで駆けつけ、鎧のなかの彼がどういう状態にあるのか、実際に眼で見て確かめるよう勧めている。騎士が外部と連絡を取るのは容易なことでなく、実際によくあったことだが、なかで彼の具合が悪くなっていても外からは気づかれないままである。従者は「先ほど受けた打撃で主人が失神や負傷をしていないかどうか」を確かめ、また彼の甲冑類が正常な状態にあるかどうかを検《あらた》める。ジュートの兜にある覗き穴の位置関係のせいで騎士には視界がほとんどなく、また彼が改めて馬に乗り直したときもやはり何も見えないままなので、「当該従者は敵のジュート騎士が走路上において槍受けに槍を構え、わが主人に向かって突進する用意にあるかどうかを確かめなければならない。さもないと、まだ次の馬駆けまで時間があるのに彼の主人は槍を槍受けに置いたまま徒《いたず》らに時を過ごすこととなるし、さらには敵の騎士が彼目がけて走ってこないうちに無駄な馬駆けをすることにもなってしまう」。鉄覆いのなかの闇はあまりに深く、今どういう状態にあるかを知らされぬまま、早すぎるスタートをして槍が空を切ればそれこそ風車に攻撃を仕掛けるようなもので、かかる滑稽を演じるのはジュートの騎士によく見られたところであった。

II　いくつかのジュートの例

年月を経るごとに改良が進み、トゥルノワと比べてそれほど費用もかからず、また人命もさほど危険にさらさないジュートは、人より抜きんでたい、他人と同じに見られたくないと願う戦士が力と勇気を人前で誇示できる手段としてますます大きな人気を博し、トゥルノワよりも長く命脈を保つこととなった。婚儀、王侯の諸都市訪問、各種の祝祭など、すべてがジュートをするための口実に用いられたが、やがて多くの場合、これといった口実を設ける必要もなくなってしまう。気晴らしのために、筋肉ほぐしのために、聖地巡礼を含めた旅に彩りを添えるために、また外国の覇者と近づきになるために、百年つづきの戦争の単調さを打ち破って不断の憎しみがもたらす疲れを暫しの儀礼の幕間劇《まくあい》で軽減するために、人びとはジュートをするようになった。

この遊戯に関連したフロアサールの記述はとめどなくつづく。彼が生きた時代、ちょうどジュートはその過渡期にあり、時に儀礼の武器が、時に実戦用の武器が用いられたりした。十五世紀と違って境界柵の使用はまだあまり普及しておらず、馬のせいで直線路を外れて横に逸れてしまった騎士は「激怒した」風を装い、「大急ぎで取って返しては」また馬駆けをつづけたものであった。

十四世紀は個人的武勲を上げるのに格好の、華々しくもまた悲惨な時代であった。少なくとも初期形態のトゥルノワでは少々の連携戦術が必要とされたが、ジュートにあっては自分一人だけが頼りで、栄誉を手にするのもすべて自分一人のためであった。それゆえこの遊戯は大きな人気を博することになるが、それはまた対戦において好んで実戦用の武器が用いられ、白熱した魅力に加えて、現実に瀕《ひん》する危険も極めて大きかったからである。当時の世には長々と打ちつづく戦争があり、それこそ間断なく戦闘や攻囲戦があったので、それらが人びとの闘争本能を十分に満足させたと思われるかも知れないが、現実にはそういうことはなかった。そうして人びとは生地を出で《い》、さらには生国を離れて、フランスやドイツやイタリアやイングランドやスコットランドの、これこれの名だたるジュート騎士の名声を慕って「武勲を立てる」べく、遠くにまで出立《しゅったつ》をした。イングランド人ピエール・ド・コートニーも「武勲を立て」ようとフランスまで渡ったうちの一人で、ギー・ド・ラ・トレムイユと戦ってその槍を折り砕いた。フランス王シャルル六世はもうそれで十分だと告げ、コートニーを称えてこれに褒美を遣《つか》わしたあと、敵国にあるゆえ不測の事態に遭うかも知れぬと気遣ってエスコート役にド・クラリ郷を指名し、カレーまで送らせた。道中、一行がサン・ポル伯爵夫人の館に投宿すると、夫人を前にしてコートニーは不機嫌さを露わにし、フランスでは何一つ面白いことがなかった、「武勲を立てるべき相手」がいなかったと嘆じた。それを聞いたクラリは激怒するが夫人の前で悶着《もんちゃく》を起こすことは拙《まず》いし、自分は彼のエスコート役でもあるからと口を閉ざした。そしてイングランドに上陸したときクラリは当の外国人《とつくにびと》に向かい、こうして無事に帰国を果たした上は国王が自分に命じた儀礼の使命も終わりを告げたと言い、そのことを相手に確認させた上で、改めて彼が伯爵夫人の前でした言辞を思い出させてこう締め括《くく》った。「われはわが辺塞領における小者の一人なれど、貴殿に些《いささ》か申し上げたき儀がある。フランス王国は貴殿が思われるほど、武器を交えるべき騎士に事欠いてはおらぬ……。かく申し上げるは貴殿や貴殿の王国に対する怨嗟《えんさ》や不実からのことでなく、ひとえにわが方の名誉を守らんがためなり。再びカレーに戻るにせよ、ここイングランドにおいてにせよ、われと一戦も交えずして貴殿がフランスの騎士に失望したと公言なさるのを潔《いさぎよ》しとせぬためなり」

外国人《とつくにびと》は喜んでこれに応じ、実戦用の槍を用いた三本の馬駆けを約束した。「用意を調えて戻った二人は一言も言葉を交わさず」、すなわちトゥルノワの戦士が軽蔑したあの饒舌合戦とは無縁なままであった。「というのは、二人はなすべきことをよく弁《わきま》えていたからで、しっかりと抜かりなく武装を整え……馬に跨り、鋭く研ぎ澄まされたボルドー産の鉄の穂先を備えたグレーヴ槍を、それぞれに受け取った……。そして互いに距離を計って馬に拍車を入れると、これ以上は望めないというほどに真っ直ぐ、互いを目掛けて突進した。最初の一撃は双方が外して両者とも相手を打つこと能わず、ために二人は激怒した身振りを大げさに示した。二度目のジュートで交錯したとき、今度は全速でのすれ違いがあった。クラリ卿が相手を打ったその槍はイングランドの騎士を真芯で捉《とら》え……楯を射貫いて肩にまで達し、さらに鉄の穂先は相手の手首をも刺し貫き、この一撃でもって彼を落馬させた。見事なジュートを披露したクラリ卿は優れた騎士がする作法通り、そのまま決然と行き過ぎて馬駆けをつづけたが、騎士を打ち倒したことでイングランド側の者全員が彼を取り囲むのを見るに及んで、すぐさま停止をした」

イングランド人はフランス人に非難の声を投げた。

「貴公は今少し儀礼を弁《わきま》えてジュートをすべきであったし、またそれができた筈だ」と。

しかしとクラリ卿は応えて曰く、われらは互いに対等にして、彼もまた私と同じことをなさんとした、と。それから、馬駆けを二度行っただけであるから遊戯規則の命ずるところに従い、「今一度なすべき必要があれば、あるいは彼がそれを望むのであれば」とクラリは問うた。「否」と彼らは答え、「騎士よ、お行きあれ、貴公は十分に戦えり」と言った。

クラリは満足げにそこを辞して王の元へ戻ったが、こちらは大いに不満げであった。何ゆえにこのフランスの騎士はただ国境を越えたというだけの理由で使命をやり遂げたと判断したのか、また何ゆえにイングランド人とのジュート合戦に終止符を打とうとした王の意志に背いてまでコートニーと「一戦を交え」たのか、というわけである。当時の常識からすればこれは極めて微妙な問題であり、即座に首を刎《は》ねられてもおかしくはなかった。判決を待つ間クラリは牢に繋がれたが、追放刑に処せられる公算が大であった。幸いにもクーシー卿とブルボン公が彼の弁護に回ってくれ、最終的には恩赦が告げられた。しかしクラリは曰く、「有り難き幸せ、されどわれ、正しきことをなせり」と。

周知の通り、戦争を想起させるのがトゥルノワなら、ジュートには決闘と通じるところがあった。この世紀を通じての最も有名なジュートの一つに、一三九〇年五月、ブーローニュとカレーの間に位置するサン・タングルヴェールの村で催されたものがある。挑み来る者あればすべてこれを相手にするという、当時非常に人気のあった無差別決闘という形式を取ったこの武闘の祭典は、ルニョー・ド・ロワイユ、ブシコー、サン＝ピー卿という三名のフランス人の発案になるもので、彼らは挑み来る者すべてを相手に三十日の間、「儀礼用と実戦用の」いずれかの槍を用いて戦いに応じるとしたが、これはすなわち自らの持久力と体力に関し、彼らが何らの疑いも抱いてなかったことをよく物語っている。「この三名の騎士の企てはフランス王（シャルル六世）や宮廷人からも高潔なものとして認められるに相違なく、したがってそれを書面に認《したた》めて文書にするのがよいと周りの者は吹き込んだ」。昔のトゥルノワ戦士なら三百代言の饒舌合戦！ と嘆じたところであろうが、ともかく「代書屋と紙とインクを用意した三人は部屋に入って、次のような文書を物した」。「外国《とつくに》のいと高貴なるお方や騎士や従騎士とあい見《まみ》え、近付きを得んとする我らの大願のゆえに……来る五月の二十番目の日から起算して三十日の間、我らサン・タングルヴェールにありて……その三十日のうちの金曜日を除くすべての日、すべての騎士と従騎士を相手に……穂先つきのグレーヴ槍五本またはロシェをつけた儀礼の槍五本のいずれか……あるいは同意があればその双方を用いての挑戦を受けん。我らが宿所の表口に置く円盾と楯型紋章を、すなわち我らが実戦用の円盾と儀礼の楯をお見つけあれ。何人《なんびと》であれジュートを望まれるお方は対戦の日までに、御自らか、または人をよこして鞭でもって、いずれか好みの楯に触れられたし」。こうしてそれぞれの好みに応じて、儀礼式または実戦式のジュートが戦われるという仕儀であった。

国王を補佐する賢人たちは以上の条件を吟味しながら眉をひそめた。「試合がカレーのごく近くで行われるので」国際的な悶着が起きはしまいか、またイングランド人がそこに「傲慢《ごうまん》と自惚《うぬぼ》れ」からなる間接的な挑発の意図を読み取りはしまいか、と案じたからである。しかし王はこう言った――「そのままやらせてやるがよい。若くて大志を抱く者たちだ。それに、すでにモンペリエのご婦人方相手に計画のことを告げているかも知れないではないか」と。王もこのとき二十一歳、モンペリエでの逗留をすませたばかりで、この町の貴婦人方には特別の敬意を抱いていた。

当のジュートは一三九〇年の五月に行われた。多くのイングランド人がやってきて、彼らを相手に三名の若者は驚嘆すべき働きをなした。無数の「激突」が整然と繰り広げられるなか、いかなる国際的悶着も起きなかったばかりか、イングランド人は「フランスの騎士たちが示した奮闘ぶりに満腔の謝意を表した」。

このジュートに関する記録をわれわれはいくつも手にしている。なかでもフロアサールのそれは最も詳細に亘《わた》り、分量においても記述の単調さにおいても群を抜いていて、ブシコーやサン＝ピーによる耐久戦のようなものがなければ、読んでいて思わず頁を飛ばしたくなるほどのものである。しかし教えられるところが非常に多いのもまた事実で、たとえばどの騎士も実戦用の武器でするジュートを好んだこと、「兜の防眼部」に飛び込む槍の一撃が殊に称讃されまたそれが頻繁に見られたこと、と言って、それがとくにこれといった面倒をもたらさなかったこと、などがよく知られる。もっともブシコーの場合は例外で、普通なら「真っ赤な」火花が「兜から飛び散る」だけなのに、彼の場合は「鼻から鮮血が飛び散った」とある。あるいはイングランド人ゴドフロワ・ド・セトンは腕を刺し貫かれ、傷口に鉄の穂先が突き刺さったままの状態であったり、また別のイングランド人は「あまりに激しく地面に叩きつけられたので死んだかと思われた」が無事であった。かなり頻繁に槍の穂先が折れ砕け、楯に突き刺さったままとなった。あるいは正面衝突をした馬は「大人しく停止する」か「その場に座り込む」かした。これを要するに、現実の危険は大きかったが死者も重傷者もほとんどなく、換言すれば重大な危険を回避するための適宜の方法があったわけで、確かに実戦用の武器を用いることで危険は増したが、敢えてそれで相手を殺《あや》めたり深手を負わせたりすることはなかった。コートニーの友人らがクラリ卿に向かって「貴公は今少し儀礼を弁えてジュートをすべきであったし、またそれができた筈だ」と叫んだのも、そのためだったのである。クラリにはクラリの言い分があったろうが、しかし一般にはもう少し慎重に事が構えられた。換言すれば、容赦手加減がなされたのである。そのことを示す証拠はと問われれば、致命的な事故の少なさに加えて、フロアサールが示している毎度の気遣いを挙げることができよう。ジュートの馬駆けごとにそれはそれは単調な繰り返しのなかで、フロアサールは飽きることなくこう記している——この騎士たちは「互いに手加減をせず」、この者たちは「兜を容赦なく」打ち合えり……。容赦や手加減をすることがほとんどあり得ない種類の習慣であったなら、この年代記者はそうした記述なしに、あっさりと済ませていたことであろう。

十四世紀と十五世紀と十六世紀に、数え切れないほどのジュートがあった。それを歴史家が記録し、詩人が詠《うた》った。あるいは写本の欄外に描かれたり象牙の銘板や宝石箱や鏡箱に彫られたり、さらには意味の難解な寓話に取り入れられたりしたジュートは中世の一大流行となり、物語の主人公の屋敷の中庭を、フランス王たちの宮廷を、また『狐物語』の獅子王の庭園を賑わせた。ある領主のように敵の手に落ちて捕虜となっても、かくも枢要なるこの愉しみ事を自らに禁ずることができなかった。ブレティニーの和約後、多くの都市の陥落者にして大の写本蒐集家で知られたベリー公ジャン・ド・フランスは人質としてイングランドにあったが、「公は殊に優れたジュートの騎士で、父のジャン王とともにイングランドの地にあったとき、フランスにいたときと同様、見事なジュートの腕前を幾度も披露《ひろう》して褒美を手にした」とクリスチーヌ・ド・ピザン［フランスの女流詩人　一三六四〜一四三〇頃］が書いている。その兄弟のブルボン公は「世評によれば優雅で陽気でお祭り好き、純愛の信奉者にして肉の罪を犯さない人」とされたが、クリスチーヌによればこの人も「見事な腕のジュート騎士」で、やはり［捕虜としてあった］イングランドでその名を馳せたという。つまり当時の考えでは、この遊戯でよい首尾を収めることが、フランスの名声を高らしむる手段としてあったということである。もちろんそうした手段はジュートだけにとどまらず、たとえば一三九〇年にブルボン公ルイ・ド・フランスはローズベック戦の勝利に貢献したあと、チュニジアに向けた凱旋の十字軍遠征を命じている。そして歴代のフランス王は少なくともシャルル六世以降、すなわちその後継者に自ら模範を示したと思われるこの王の代から、この競技に情熱を込めて耽《ふけ》るようになる。そのシャルル六世は一三八九年、イザボー王妃の栄誉を讃えて催されたジュートにおいて抜群の働きをなした。これについてはフロアサールが記録に書きとめており、それによるとこのジュートで、戦士たちは猛烈な「土埃《つちぼこり》」に苦しめられたという。これはジュートにあってもトゥルノワにあっても厄介の種で、それがため息ができずに窒息死することもあった。ともあれ「シャルル六世は貴婦人や伝令官たちの総意にもとづき、最もよくジュートを戦った者として褒美を手に入れた。すると他の騎士たちはその日の猛烈な土埃のことで不満を申し立て、それがために負けたのだと誰もが言い募った」——他人によく見られたい、他を抜きんでたいとする、例のあの執念からのことである——「そこで王が必要な措置を取るよう命じると、水曜日に二百名を越える人夫が駆り出されて広場に水を撒《ま》き、土埃の影響を減じた。しかしこの水撒きがあってもなお、土埃はひどいものであった」。

これから旅に出かける騎士が道中、何かの彩りが欲しいと願うとき、好んで「趣意書」を発した。そこには当の騎士がよしとする競技規則が認《したた》められてあり、応戦の意志ある者すべてに手渡された。そのような騎士が《アンプリーズ》と呼ばれる記章を腕や首や脚につけて諸国を巡る姿はまさしく動く挑戦状であり、意図して彼の記章に触れる者があれば誰彼なく、これを相手に戦いを挑むことをした。

モンルレによればエノー家の家老ド・ヴェルシンは一四〇二年、出立に際してこう告げたという——これよりわが魂の救済のためエスパニアのサン・ジャック〔デ・コンポステラ。有名なカトリックの巡礼地〕に赴《おもむ》かんとするが、その途次《とじ》、我に挑戦する者あればすべて、わが行程を二十里以上逸《そ》らせぬ限り、儀礼の武器をもってその戦いに応じる。右、出立に当たってしかと各位にお知らせ申す、と。後にこの家老はサン・ジャックの聖遺物詣《もう》でを無事済ませることになるが、それはもしかして、新たに犯した人殺《あや》めに対する良心の呵責《かしゃく》をともなってのことであったかも知れない。とは言え、それは規則に忠実に則った憎悪抜きの戦い、すなわち「競技」の結果であり、この時代の騎士は何かの願をかけることがあっても、それがために敬虔一徹の生活を通すべきだとは考えなかった。ブルゴーニュ宮廷の華として名を馳せたジャック・ド・ラランの物語にはジュートや決闘やあらゆる種類の武闘の話が果てしなくつづき、そこにおいてド・ラランは槍のほか、斧や短剣や剣を手にして戦っている。というのは、確かに槍は優れてジュート用の武器としてあったが、時々それに代えて、別の種類の武器も用いられたからである。彼は自らの「趣意書」をヨーロッパ中の最も高名な戦士らに書き送って彼らの国に赴《おもむ》き、そうした変形の決闘を心から愉しんで行い、自らを栄光で飾ることをした。彼のまことに挑発的な内容の書状は今も残されているが、そこにはまさにルネ王が願った通りの、十二分の儀礼が尽くされている。たとえば一四四八年、ジェームズ・ダグラスを挑発したド・ラランは、「高貴なる御身がご自身のうちに体現なされると思考いたす善行と名誉と勇猛の名において」と書き、さらに、「いと令名高きその軍職について御身がお持ちと存じ奉る高貴な願望と高邁な意志とに思いを致しつつ、また御身のいと麗《うるわ》しき奥方様のために何ほどかができることを無上の幸せと感じつつ、同意が得られるならば他の誰でもなく、御身とこそお手合わせを願いたく存じ上げ奉る次第に候」と加えている。これにつづけて戦いの条件と条項が記されるが、ダグラスの方も世に二つとない丁重な書状でもってこれに応え、あらゆる社交辞令を尽くして受諾をするが、そうして対戦をした結果、ダグラスはスコットランド王ジャック二世や全宮廷人の前で完璧に打ち破られてしまった。このド・ラランはまた別の日、さらなる強敵と関わり合いを持つこととなる。すなわちプークの城壁の高みから騎士でもない無名の一兵卒が石の砲弾を発射し、それが偶々《たまたま》遠くにいたド・ラランの頭を打ち砕いたのである。これが一四五三年七月のことで、コンスタンチノープルが陥落して歴史家が中世の終焉と画する、ちょうどその年にあった出来事であった。

トゥルノワの熱は十六世紀に入ると冷めてしまうが、ジュートへの情熱はまだまだ盛んなままであった。一五一五年二月一五日、戴冠式後のフランソワ一世のパリ入城に際して「いくつものジュートが戦われ、このときM・ド・サン＝トーバンという貴族が槍によって命を落とした」。なおもジュートが「真剣勝負」であったことの証左である。フランソワ一世自身、幼少の頃からジュートの才に長け、同じ趣味を持つ息子のアンリ二世は周知の通り、とあるジュート戦において犠牲となるが、それについてはまた後で触れる。イングランドでは果敢な軍人にして魅力的な詩人であったシドニー〔一五五四〜八六〕が「イングランドの観客や、また美《うま》し敵フランスから派遣された人たちの裁定により」ジュートの褒美を手にしている。つまりわが祖先たちはなおこの競技の達人としてあり、裁定に際しても彼らの意見が求められたというわけである。

アンリ二世の悲劇的な死は（サン＝トーバンたちの死にも増して）、この運動遊戯の人気の翳《かげ》りに決定的な影響を及ぼすことになる。たしかにジュートは命脈を保ちはするが、この王の死を境に、衰微の方向へと向かう。従騎士の模範とされた老プリュヴィネルがその主人、若きルイ十三世のために優れた書物を著したとき、彼はその一頁ごとに、習俗の衰退と旧習の消失を嘆いている。彼がその生徒になお伝授しつづけたジュートの術も、もはや死に瀕する技術でしかなかった。ともあれこの彼の書は、危険を緩和するためにこの遊戯が幾世紀もかけて追い求めてきた各種の予防措置についての、優れた要約書としてある。――たとえば騎士を分かちながら馬を保護する境界柵がそれで、これは「自分の背中の上で槍が折り砕かれるため、その衝撃を恐れた馬が走路から外れる」のを防ぐ役目をなした（図8）。あるいは兜が後ろ前になったり跳ね飛んだりしないよう、甲冑に固定するための太くて強力な螺子《びす》、それに楯に代わって防禦力を倍加させる、甲冑の左側全体を肩から腕まで覆った鉄製の胸甲《きょうこう》、等々がある。

図 8　パリでのジュート戦（1510年の作とされる）。
モンルレ『年代記』所収。（国立図書館蔵 Ms. Fr. 20360）

プリュヴィネルがこの書を著したのは彼が敬愛して止まないこの技術の衰退期においてであり、そのため当然のことながら、仕来《しきた》りや作法や品位の問題が彼には大きな気がかりとしてあった――「馬を走らせたら四度目の槍上げをする……次いでその槍を甲冑の槍受けにまさに置かんとするとき、穂先をただ漫然と下ろすのでなく、敵と交錯する二十歩手前で、槍を折り砕くに丁度のところにそれを構えること。これはうまく槍を折り砕けるよう余裕を持って調整しながら、望みの位置に据えられるようにするためである。衝撃時に槍を手であまり強く握りしめないこと。でないと手の中で槍が折れたとき、握りが強すぎると手を負傷する危険があるからで、この秘訣を弁《わきま》えない者は往々、そうした事態に出くわす羽目となる。手は甲冑の槍受けに収めた槍を支え、望みの箇所に突きを入れるための微調整に用いれば十分である。次いで槍が折れると……うまく馬を停止させながら手にする槍の残部を上方に翳《かざ》し、完全に停止したところでそれを矢来の外に投げ捨てる。もし槍が握りの部分で折れたなら、やはりうまく馬を停めてから腕を上に持ち上げ、その篭手《こて》を打ち振るう。衝撃に動じなかったことを観衆に告げ知らせるためにである」。

そのようにして年老いた従騎士はその若かりし頃の日々に立ち返り、もはや騎馬パレード《カルーゼル》しか知らない世紀の戸口に立ちながら、なおもトゥルノワを彷彿させる時代の記憶を讃えるのである。

III パ・ダルムと武闘祭

ジュートとトゥルノワの中間に位置したのがパ・ダルムである。これもトゥルノワと同様、軍事行動を模したもので、通路《パ》もしくは小路《パッサージュ》、橋《ポン》、城の入り口《アントレ》、町の城門《ポルト》、等々をめぐってなされる攻防戦であった。「通路を護る《トゥニール・ル・パ》」とは「防禦側《トゥナン》」がする行為で、彼らは「攻め手《ヴナン》」あるいは「外の者《スー・ド・ドゥオール》」の攻撃を跳ね返した。砲兵隊がまだ存在しないか、存在してもまだほとんど役立たずのものであった時代、地上の各所には絶えず獲ったり獲られたりする小さな要塞が数多く散在して、戦争に従事する人びとは現実の戦いのなかで日々、人工の構築物や自然の隘路《あいろ》を攻めたり護ったりすることを繰り返した。その種の攻防にこの上ない威厳を与えたのが物語文学で、そこに登場する想像上のモデルと張り合いながら彼らのイメージに似せようとして、騎士たちは現実の戦いのなかで比類ない頑張りを見せた。そうしてロンスボーの通路《パ》を護った、あのロランの高みにまで自らを押し上げようとしたのである。そうした風を武闘祭で装う者がいれば人びとはこれを笑顔で迎えたし、またマリニャーヌの戦いなどで実際にそれを行う者がいれば、これにはもう手放しの讃辞が贈られた。それらを美しく描いた絵画が、後にこの時代の時代精神と呼ばれる観念を人びとの魂に喚起し、その心を高揚させた。ただ、それからというもの、「リアリズム」を標榜する画家たちの手で社会は絶えず醜くく描き出され、まるでこの世に醜いこと以外の「現実」はないかのごとく、醜悪で卑近なことにしか目が向けられないようになり、これがまた新たな時代精神を生んで人びとの魂を高めずして貶《おとし》め、鼓舞せずして殺《あや》めることをした。実際、この国の民がそのようにして意気阻喪《そそう》をさせられたままであったなら、必ずやその息の根を止められていたことであろう。「揺レ行ケド沈マズ」とはある都市［パリ］の銘句であるが、それはまた一国の歴史を縮約したものでもあるのだ。

パ・ダルムの面白さは、護る場所や用いる武器、それに戦う条件をどうするかといった選択肢に加えて、史実や物語にある有名な対戦のいずれを模倣するかにより、戦い方に無限の変化が生まれるところにあった。かくしてこの運動はドラマチックでロマネスクな性格を帯びることとなり、これがまたその魅力をいや増した。これこれの有名な「通路《バ》」の再現は中世の祭典では常になされたところで、たとえば《サラディンの通路《バ》》はスルタンとリチャード獅子心王との、半ば伝説的な武勲譚を再現するものであった。それは時に本式の武闘（ただし憎しみ抜きの）であったり、時に観衆の目を喜ばすための単なるショーであったりしたが、事の成り行き次第では激烈な殴打を相手に見舞ったり、頂戴したりすることもあった。シャルル六世とイザボー・ド・バヴィエールのパリ入城に関してフロアサールがこう書いている――「トリニテ修道院の下の通りに桟敷《さじき》があり、その桟敷の上には要塞が設《しつら》えられてあって、この桟敷づたいにサラディン王の通路《バ》が命じられた。こちらにキリスト教徒、向こうにサラセン人という風に登場人物が配置され、かつてサラディンの通路《バ》の攻防に臨んだ有名諸侯のすべてがそれぞれの紋章を掲げて、当時の武具に身を包んで居並んだ」。王の行列が到着すると、リチャード一世役はシャルル六世のもとに駆けつけてサラセン人攻撃の許可を願い出る。「願いが入れられるやリチャード王は十二名からなる彼の部隊にまで取って返し、命令を発して直ちにサラディン王とサラセン人の部隊に襲いかかると、ここに愉楽の大活劇がはじまれり」。

このヒロイックな遊戯はかくも枢要《すうよう》にして忘れがたい痛快事であったので、タペストリーに描かせてその記憶を永遠に留めることがよくなされた。たとえば黒太子［一三三〇～七五、エドワード三世の長子］はサラディンの通路《パ》のごく美しいタピトスリーを所有していて、遺言のなかでもそれについて触れ、「サラディンの通路《パ》を納めるアラスの間をわが息子に譲るものなり」(一三七六年六月七日、死の前日)と、後にリチャード二世となる子どもに遺贈している。

フランス人はこの種の運動遊戯に秀《ひい》で、その華やかな雰囲気と変幻自在の戦い方は彼らの想像力を魅了した。その著『廷臣論』のなかでイタリア人カスティリョーネは、完璧な宮廷人が諸外国から取り入れるべき長所と美点を数え上げているが、そのなかでフランス人から学ぶべきものとして、トゥルノワ、パ・ダルム、それに柵越しの武闘を挙げている。

この最後の柵越しの武闘というのはまた別の形式の遊戯で、臍の高さほどある木の境界柵で分かたれた両側に騎士が下り立ち、柵越しにあらかじめ決められた条件に従って、斧や剣や槍での打ち合いをした。審判団が定式に則った合図を発して「終了《オーラ》を告げる」まで渾身の力を込めた打ち合いがつづけられ、そうした遊戯の一つでバイヤールが強烈な斧の一撃を敵の頭に見舞うと、相手は膝から崩れ落ちて地に伸びてしまったと「ロイヤル・セルヴィトゥール」[忠実なる僕の意。バイヤールにつき従った伝記作家]が書いている。すぐさま審判団がこう叫ぶ――「オーラ! オーラ! もうよし。引け!」と。

こうした遊戯を指し示す個々の用語は次第にごっちゃに扱われるようになり、そうした乱れが今日までつづいた結果、それぞれの用語が元来どのような意味を固有に備えたのかや、それらが具体的にどのような遊戯を指し示したのかがよく分からなくなってしまった。少なくとも十四世紀頃というごく早い次期から、騎士道的な一連の遊戯が組み込まれた祭典がトゥルノワと呼ばれたりして、たとえそこに「真剣勝負」が一つも含まれずともそうであった。こうして名前だけが威厳を放って残り、人びとは好んでそれを用いることをした。十五世紀およびそれ以降になると通路《パ》をめぐる攻防でなく、通常のジュートや他の運動遊戯からなる祭典までもがしばしば「パ・ダルム」と呼ばれ、もう少し時代を経ると、今度は防御すべき通路《パ》も広場もない、あるいは攻防そのものが単なる言葉の綾でしかないような立回りも「パ・ダルム」と呼ばれるようになった。アンリ二世が死亡した武闘祭も同じ史料のなかで、ジュートともトゥルノワとも、またパ・ダルムとも呼ばれている。実際、パ・ダルムという言葉はこうした各種の遊戯からなる運動祭典を指す上で格好のものとしてあり、そうした「武闘祭」を扱った多くの文献のなかでもこの語が用いられている。

この種の武闘祭は十五世紀と十六世紀の前半、頻繁かつ華麗に行われた。バイヤールや、彼に勝るとも劣らぬ英雄たちは、ただそれに参加するだけでなく、自分たちの手でも祭典を催すことをした。ロイヤル・セルヴィトゥールが書いているが、この優秀な騎士はその青年時代に《武闘祭》もしくは《トゥルノワ》のお触れをエール〔ロレーヌ地方〕において発し、前もって次のような対戦条件を告げたという――実戦用の槍による矢来なしの馬上試合三本、剣の試合十二本、次いで臍の高さの境界柵ごしにする、突き槍と斧を用いての地上戦、等々。「そうだとも、君」とバイヤールの友人は言ったという、「あのランスロットやトリスタンやゴヴァンでさえ、これ以上のことはできないさ！」と。円卓のヒーローたちと肩を並べるには絶好の機会だと、各地から大勢の人びとが駆けつけた。見事なまでに美しい尚武的な荘厳さと「勇壮な」喇叭音のなか、バイヤールが他を圧倒し、彼とともにタルタランという名のドーフィネの騎士が最後まで勝ち残った。しかしその名前のゆえ滑稽な戦いを宿命づけられていたものかどうか〔タルタランは南仏笑話の主人公の名〕、タルタランは「羽根で覆われた小さなロザリオ」を形取ったクレストを奪われてしまう。バイヤールの槍の穂先が彼のロザリオを絡め取り、こうしてタルタランは丸裸にされた兜を頭に戴く仕儀となってしまった。

こうした集まりにおける貴婦人たちの役割には、かつてないまでに大きなものがあった。彼女らが不在のままの祭典というのは絶えてなく、むしろその期日や条件について、事前に貴婦人たちとの間で談合がなされたほどである。たとえばクロード・ド・サランが一四九七年に公にしたパ・ダルムの告知書は彼が忠誠を誓った奥方から課されたもので、そのことを遍《あまね》く告げ知らせるべく、それは次のような書き出しではじまっていた――「三位一体の神と聖女マリアと聖アンヌの栄光のために、貴下クロード・ド・サラン殿について権能を有すると信ずるわたくしは、貴下の名誉と名声をいや増さんと庶幾《こいねが》い、かつわたくしの命《めい》に貴下が服するものかどうかを見、知り、確かめんがため、貴下によって執り行われんと願い奉るところの武闘の条項を、かく申し述べ、かつ命ずるものなり」。

「まず第一に、貴下にはわたくしの生国の仕方で織られた白絹のヴォレ（小さなヴェール）を贈りますゆえ、これを左腕に着けていただきたく云々」。すなわちこれが彼の記章《アンブリーズ》であった。次いで行われるべき槍と剣と斧の対戦の列挙があり、それらの回数、方法、手順とつづく。

　これに勇を得たクロード・ド・サランは当の祭典で大いに名を上げることとなるが、一五一一年三月六日、ド・サラン自身がヴァンセルにある彼の居城で催した、別のパ・ダルムの記録も残っている。そこでは勇猛さに負けず劣らずユーモアも垣間見られ、勝利者に贈られる褒賞は祭典の主催者が負担するという当時の習慣に倣い、ド・サランは次のものを約している――「豪華エメラルド、時価千エキュ（と評されるが、もしかしたらそれ以下の）」。

　一五一九年、年を重ねてすでにジュートの適齢を過ぎたド・サランであったが、ノズロワの城で催された大きなパ・ダルムの祭典でも見事な活躍ぶりを見せている――

「お聞きあれ《オール・オイエ》、お聞きあれ《オール・オイエ》、お聞きあれ《オール・オイエ》……

「六名の殿御よりすべての高貴なる方々に宛て、かくお告げ申す……

「降誕祭より明くる聖エチエンヌの日に、上記の殿御は望み来《きた》るお方すべてを相手に戦いを交えるべく、早朝より戦時の甲冑を纏い、あらゆる武具を身につけ、槍を手にかつ境界柵の番をしながら、隊伍を組んで居並びおりまする」。こうして彼らは「片手剣」、「諸手剣」、鉾《ほこ》、斧で戦うことになるが、三日目は「聖イノセントを称えて」休息日とされた。そして五日目、彼らは「武装して菱形格子を備えた兜を着け」、裸の鞍に跨り実戦用の槍でもってジュートを戦った。この裸鞍というのも後代における洗練様式の一つであったが、それはこの遊戯を極めて難しく危険にするものであった。というのは、通常の鞍と違って裸鞍には、衝撃を堪《こら》えて「不安定な馬駆け」をする恥辱を回避させてくれるあの突出部が、その前後になかったからである。またこの祭典では、あらゆる種類の攻撃に対して城塞一つを護るといったこともなされた。これは実際の攻囲戦をそのままに再現したもので、深い溝や聳《そび》え立つ城壁を持つ「ブルゴーニュ伯領ノズロワ近くのミエージュの谷」で出撃や急襲の作戦を展開したり、また双方が砲兵隊を繰り出し、城壁を打ち壊したりそれに接近する敵を撃退したりもした。そこでは極端なまでに実戦様式の模倣がなされ、そのことは祈りの習慣にまで及んだ。急襲時に攻撃側は神の加護を求めながら地面に口づけをする。「それを見た城塞の諸侯らも同じように身を投げ出して地に口づけをし、そうしたときの戦争時の習慣に倣って、勝利を与えてくれるよう神に祈りを捧げた」。この競技でも多くが傷ついたが、命を落とした者は一人もいなかった。

クロード・ド・サランはこの場に審判典礼官の資格で居合わせた。そして裸鞍でのジュートがはじまったが、これは「五ダースほどの松明《たいまつ》」に照らされた城の広間で夜間に行われるという特殊なものであったため（ノズロワの城では天井の低い大広間に幕を張り巡らして競技場とした）、一人の貴婦人がド・サランに向かって審判役を一時中断し、その腕前を披露して欲しいと願い出た。「五十七歳とかれこれ三ヶ月になる私に、もはやそのようなことはかなわぬ」と言ってはじめは固辞したが、「先の貴婦人が再度嘆願するに及んで彼《か》の騎士も同意した。そして武具を整え直ちに馬に跨ると」見事な馬駆けをし、なかでもモンフェラン侯爵を相手にしてその槍受けを打ち壊した。

意気軒昂な貴婦人たちであったが、時にそのための代償も高く支払わせられた。こうした祭典に同席する彼女らを困り者の集団として芸術家が象牙板に描けば、良識家も呻《うめ》き声を上げ、たとえばある年代記者は一三八九年のジュートに触れ、婦人たちのことを〈堕落ノ種〉と書いている。トゥルノワと同様、ジュートもパ・ダルムも最後は舞踏の宴で終わり、それについても風紀の監督者たちは苦言を呈して止まなかった――「ジュートの後、喇叭と小太鼓と風笛に合わせて舞踏会がはじまり、夜明けまで延々とつづいた。プルーデンス（がそこで目にしたのは）彼らが法外に飲み食いをしたりジュートやダンスや賽子《さいころ》遊びに耽る姿、また耳にしたのは神に対する裏切りの言葉や不平不満、あるいは尊大な誓いの言葉であった」。プルーデンスはそのナイーヴさのなかで、そうした場所において「愛や慎みの言葉」が一言も聞かれないことに驚嘆する（一三三八年）。それから二百年の歳月を経ても人びとの嗜好はなお変わらず、照明のなかを夜通し、踊り明かした。明かりがあるとはいえ今日のものよりはずっと弱く、サン・フランソワ・ド・サールはフィロテーに向かい、かような時刻でのかような暇潰しには十分用心するよう、次のように言い聞かせている――「照明があっても十分追い払うことのできぬ深い闇のなか、それは夜を徹して行われる。そうして暗いのをよいことに、それ自体がすでに悪の温床としてあるこの娯楽に、さらに多くの害毒を忍び込ませるのはいとも容易なことである……それゆえ、ああフィロテーよ、私がお前に舞踏会のことを話すとき、茸《きのこ》を話題にする医師と同じ仕方で話すのだ。連中が最高だと称するものには何らの価値もない……海面質で素焼状の彼らはあのプリニウスが喝破したごとく、自分の周りにあるあらゆる疫病や蛇の毒をいとも容易に吸い寄せてしまうからだ」。もちろん詩人たちはこれとは意見を異にし、武闘祭の女王を毒蛇や毒茸に喩《たと》えることなど断じてしなかった。彼らは貴婦人たちを天界にある天使に喩え、フィロテーもその抗《あらが》いがたい誘惑に捕らえられている。

愛に仕える者、心やさしく見よ
陽気にジュートが戦われるとき
天界なる天使が桟敷にいますを

フィロテーと同じく、われわれも勇を奮って舞踏会とはおさらばし、あの尚武的な厳粛さに立ち返ることとしよう。まして舞踏会はわれわれの扱うテーマでもないのだから。

最も忘れがたいパ・ダルムの一つが一四九三年、サンドリクール城において催された。オルレアン公の伝令官が専門家としての見識をもって綴ったその詳細な記録が今日にまで残されており、加えて美麗な細密画が、興味深い戦いの各場面をわれわれの眼前に再現してくれる。われわれはちょうど中世とルネサンスの間に位置し、この時代の人びとは騎士道的な習俗について、とかく大風呂敷を広げる傾向にあった。本で読んだことしかない遍歴の騎士を手本にするのだとそれぞれが自負するが、そうして格好だけは似せられても中身は新時代の快適な機軸に支えられてあり、そのことが往時の勇士たちの勇猛さを凌《しの》ぐのだと自慢する彼らの戦いを、奇異でほとんど滑稽なものにまで仕立て上げることとなった。つまりは自らの武勲の味付けを物語文学によってするわけで、これではわれわれはあのロランからますます遠ざかり、ほとんどドン・キホーテの世界に近づくことになってしまう。

「以下のことは一四九三年の九月の十六番目の日、ポントワーズ近くのサンドリクール城において催された武闘会について、オルレアン公爵殿下の伝令官として私が目にしたところを……ありのままに書き止めたものである」。戦士たちの壮挙を記録するようこの伝令官に決意させたものは「武勲にかける彼らの大いなる情熱」であり、「彼らの高貴な心がそれで満ち溢れていることが私にはよく分かった」とある。

「サンドリクールの試合箇条は以下のごとくなり」――これは別の言葉で言えば祭典の式次第、すなわちジュートの騎士たちが告知書と呼んだものに当たるが、ここでは奇妙なことに、スポーツと物語文学とがごた混ぜになっている――「高貴なる御仁はすべてこれ貴婦人方より出で来《きた》るものにして、有名を馳せんとする真の心根は彼女らの願いを検《あらた》め、かつその成就に努めるものであること」、そして最も麗にして善なる貴婦人がポントワーズとその周辺にあり、これら麗人たちが「十名の若き従騎士あるいは騎士を世に」送り出す労を取ったこと、および「その彼らが幼少の頃より……かつて同じ地において遍歴の騎士たちがなしたごとくに、自らの時間を訓練のために費やしたこと」、そしてこれらのことや別の理由も加わって、前記の殿御らは次に掲げる箇条を「行い遂げる」ことに決した、というのである。

「まずはじめに、サンドリクール城にある前記の従騎士と騎士は命を受け、いつも通りに前記広場にある《危難の柵》へと十名うち揃って赴く。そして九月の一五番目の日、何人も危険なくしては近づけないこの広場に敢えて姿を現す者から《危難の柵》を護るべく、最初の十名を相手に得意とする武器を用いて、すなわち各自が望むところの、切っ先を潰した鋭利な剣を腰に帯び穂先を潰した槍を手にして、徒《かち》で対戦する……」

次の日、件《くだん》の防禦者らは「槍を腰にあてがい」、喇叭の音とともに騎馬で城を後にし、《黄泉《よみ》の十字路》において敵十人と戦い、次いで《茨の野》で一騎打ちをする。その後、十名の騎士は《迷いの森》（道がなくて迷いやすい森。騎士物語によく出てくる表現で、そこではどの森も迷いやすくなっている）へと移動し、「その森のなかを武装し馬に跨った彼らは武勲を求めて彷徨《さまよ》いつつ」偶然に出会った者すべてを相手に戦いを挑む。「この彷徨はその日、一日だけに限られる。次の日、前記の殿御らはサンドリクール城にて会食をし、審判団および貴婦人方の面前で、探索を通じて彼らが遭遇したところを細大もらさず、自らの誓約と名誉にかけて報告する」

国王の許しを得て、こうした戦いとその条件はフランスのすべての村と町と広場から発して告知され、すべてが当の祭典次第に沿って進められた。《黄泉の十字路》とは「前記の殿御らが造らせた小高い木の柵で四方を囲まれた場所」であり、その向こうには騎士が気軽に武装をしたり解いたりすることのできる幕舎が並んでいた。そうして「騎士のそれぞれが自分用の幕舎や天幕を持ち、好むときに武具を着脱したり馬に跨ることができた。また強壮飲料や葡萄酒や肉が参戦者に配られたほか」洗面所や食堂もあり、往時の遍歴の騎士たちがこうしたものを見たなら、さぞや驚嘆したことに相違ない。

最初の対戦で「ルーエンの子爵が地にもんどり打ち……そうして全員が熱を込めて戦ったので、彼らを次の場所へと向かわせるのは一仕事であった」。《黄泉の十字路》では「槍のぶつけ合いに加えて馬同士の衝突もあり、三頭の馬が地に投げ出され、うち一頭はその場で死に絶えた」。数多くの落馬、剣の喪失、槍の破砕が起き、すべてが「恐ろしいほどうまく進行した」。次の日、騎士たちは向かい来る者すべてを相手に「通路《パ》を護る」。「八度目の馬駆けとなって城側からサン・ヴァリエ候が登場して外の者のマルシヤックと対戦、候はマルシヤックの右側面を打ってその槍を折った」。この一撃はかくも「強烈にして凄まじい」ものであったので、「仮にサン・ヴェリエ候の槍受けが壊れぬままでいたなら」相手は地にもんどり打っていたことであろう。結果として候の槍は通常の支持点を失い、その手首を襲って反転させた。翌日、脇に退いたまま対戦をしないサン・ヴェリエ候の姿が見られた。「手を挫《くじ》いた」のである。

候は無念の極みであったに相違ない。というのは、その日は全日程の最後の、しかも最も興味深い日、すなわち《迷いの森》の日であったからだ。「次の日、通路《パ》を護った前記の殿御らは武具に身を包み、遍歴の騎士よろしく冒険を求めて《迷いの森》へと繰り出す。各々が生気に満ち、颯爽《さっそう》たるものであった」。こうして騎士たちは隣接する野や森へと向かうが、そこにあるどんな小道もすでに彼らには馴染《なじ》みのもので、そこを「円卓の諸侯」よろしく、波瀾を求めて駆け巡ったのである。所かまわず戦いを、徒《かち》で、馬で、槍で、剣でこなし、「その日は一日中、戦いに耽る騎士の姿だけが野と森にあった。ただ、いたる所で戦いがなされたため、そのすべてを見通すことはできなかった」。

この時代の遊戯にも戦争を模倣した名残はまだ窺えたが、しかし戦士に安楽と安逸を与えるための、驚くばかりの新工夫が数多く導入された。「この《迷いの森》の日、邸《やしき》の給仕頭らが後ろに大勢の召使いを引き連れて騎士たちの後を追い、白く澄んだ強壮飲料、水薬、紫シロップ、ジャム、その他の食べ物を運ばせた。そして主《あるじ》の騎士や他の殿御と出会えばどこででも、好みに応じて望みのものを差し出した」

一枚の瀟洒な細密画がこうした情景を活写している。所々に茂みがある広大な平原で給仕たちが大きな木鉢に強壮飲料を注ぎ、細身で品のよい、金髪で大きな瞳をした美しい貴婦人が、優しく物憂げに騎士らに葡萄酒を振る舞っている。しなやかな手が差し出す満杯の小鉢を前にして、鉄の兜の開口部ごしに頸を傾げられるよう、軍馬に跨る騎士は甲冑の上の部分を開け放っている。

夕べになると「豪奢で盛大な」最後の祝宴が、招待客の数の多さから煌々《こうこう》と明かりの灯る城の中庭で催された。「大きな松明《たいまつ》や角灯《かくとう》が、庭に……塔に、また広場をぐるりと囲んで、あるいは人びとが集まって輪をなすところに灯され、真昼のような明るさであった」。当時の習いとして饗宴は歓声と喧噪のなかで進行し、それに食器類の触れあう音や犬の吠え声が加わり、さらにそのすべてを圧して「スイス人傭兵が受け持ついくつもの太鼓や他の楽器が小止《おや》みなく発しつづける」リズミカルな大音響があった。

オルレアンの伝令官が書き残した小冊子から、この武闘祭に列席した貴婦人の名を、すなわち四百年も前の麗人たちの名を知ることもできる。この生真面目な証言者によれば、貴婦人らは「優雅にまた豪華に着飾る」ことをしたので、「彼女らのために騎士たちはそれぞれ勇を奮って、進んで何かをせずにはいられなかった」

という。また同じ伝令官はサン・ヴァリエ、コリニー伯爵、エドゥヴィル等々といった騎士たちの名前も掲げているが、その多くは本物の戦争で活躍した人ばかりである。実際、彼らのほとんどはイタリア戦で名を馳せたあの勇猛部隊に参加した人たちで、ブラントーム〔一五三五頃〜一六一四、自らもイタリア戦やスペイン戦に従軍した回想記者〕が力強い言葉で書いているように、「彼の地の墓や野は、彼らの遺体で未だ盛り上がったままである」。

　ルネサンス期のフランスは、この種の祭典の最も豪華なものと、その衰亡とを、同時に目撃した。ルイ十二世とヘンリー八世の妹メアリーの婚儀に際し、ラ・パリス、ボニヴェ、フルーランジュ、ヴァンドーム……などなど七名の将軍たちとともに、アングレーム候（フランソワ一世）が通路《パ》を護っている。「互いに協力し合い、イングランド人であれフランス人であれ攻め来る者すべてを相手に、あるいは徒《かち》で、あるいは馬で通路《パ》を護ったが、有り体に言って彼らはそこで極度の辛酸を嘗めなければならなかった。というのは、彼らの腕だけで三百人もの武人を相手にしたからである。こうして剣の打ち合いやジュートにおいてこれ以上はないという見物《みもの》が展開され、加えてその際に催された祝宴や饗宴もまた見事なものであった」（一五一四年）。こうして給仕頭の役割はますます重みを増すことになったが、ただしこれを書くのはもはや一介の伝令官でなく、「向こう見ず」をもって知られたフランスの元帥、あのフルーランジュその人である。

IV アンリ二世最期のジュート

この遊戯の衰退を、ある悲劇的な事件が早めた。まことアンリ二世の落命はジュートにもトゥルノワにも、またパ・ダルムにも痛ましい結末をもたらした。この悲劇が持つ意味のあまりの大きさのため、祭典に参列した人びとは事細かな記録を書き残しており、また後につくられた大きな銅版画（『死の儀式』一五七〇年）により、われわれ自身もその現場に立ち合うことができる。問題の競技は一五五九年、カトー＝カンブレジの和約［イタリア戦争を終結させた和約。以下の二つの婚儀はこの和約の裏づけ］後、アンリ二世の妹マルゲリートをサヴォワ公に嫁がせ、娘エリザベートをイングランド王妃メアリー・テューダーと別れて六ヶ月になるスペイン王フェリペ二世に嫁がせる婚儀を機に行われた。

このときの戦いの条件を告げる「書状《カルテル》」が残っている。これは極めて風変わりな、国際政治的な配慮とスポーツ行事案内とが混ざり合った一種の外交文書である。そうした告知様式は当時の慣例としてあり、それによって統治者は臣下に自らの意志を伝えたり、また世論への働きかけをなしたもので、今日ならパ・ダルムの代わりに舞踏会が、また書状の代わりに白書という公文書がその役割を担うところである。「国王の名において。――長く苦しく激しい戦争のなか、各所において激烈なる攻防が繰り返され、人血の流出や数多くの悲惨な出来事を目にしてきたが、神がその恩寵と慈悲と寛容をもって、悲嘆に暮れるこのキリスト教徒に善き確かな和平をもたらし休息を与えんと欲せられるに及び、各自がその喜悦と歓喜と愉悦を全身で表しつつ、上記和平の協定が可能にした婚姻を機に実現される近しい血縁の固めをもって、あらゆる反目と敵意が喜びと十全なる友愛に化すというこの大いなる僥倖を褒め称えかつ祝わんとするは、優れて思慮にかなうべきところなり」——そうしてまずは告知の対象となる婚儀についてははっきりと書き記され、その周知徹底が図られる。次いでその喜びを具体的に表現するものとして、以下のことが諸侯に告げられる——「いと信仰厚き国王陛下、フェララの君主アルフォンソ・デステ［エステ家はイタリアの最も古い貴族の一］、ギーズ公フランソワ・ド・ロレーヌ（メッスを防衛しカレーを陥落させた彼《か》のギーズ公）、またその他の御方々によりパリにてパ・ダルムが催され、規定に則り資格を認められたすべての人びとの挑戦をお受け申す。これは来る六月の一六の日より開始され、以下に示す対戦条項のすべてをやり終えるまでつづけられる——最初の対戦は二重矢来における四度の馬上槍試合、そのうちの一つは貴婦人方のためになされるものなり。次なる対戦は馬上剣試合にて」云々、——パリにて、一五五九年五月二二日。

　アンリ二世がその愛人（ディアーヌ・ド・ポワチエ——〈コノトキ齢六十ニシテ〉）のカラーである白と黒に身を纏い、物語の主人公よろしく颯爽と登場したこの騎士の祭典は、実際には六月の間、ずっとつづけられた。フランス人はいつも通り、そこで彼らの巧みな槍捌きを披露し、この武闘祭に立ち会い自らも対戦したヴィエイユヴィル元帥の回想録には次のように記されている——「六月の一の日、王はトゥルノワにおいて先陣を切られ、見事な腕前でもって馬駆けをなされた。またフランス人はスペイン人相手に馬術における格段の熟達ぶりを見せつけた他、彼らが他のどの武器よりも槍を得意とし、いずこのキリスト教国にある者にも増してそれを巧みに使いこなせることを示した。というのは、百名のフランス人のうち自らの槍を折り砕けない者は四人を数えず、これがスペイン人となると話はまるで逆で、いくたびも槍が手から飛び出してこれを地に落とすといった体たらく。加えて馬駆けが不安定なあまり、落馬せぬかといつも人をはらはらさせた」。

鞍上でぐらつかぬこと、人馬一体となって敵を打ち、鐙《あぶみ》に置いた足を動かさずに衝撃に耐えること――前にも見たとおり、ジュートの馬駆けにおける最大の要点はここにあった。この祭典に先立つ数日前、アンヌ・デュブール［新教徒迫害に抗議した廉で一五五九年に刑死］の裁判に出かけようとするアンリ王を思い止まらせようと、同じヴィエイユヴィルがした進言のなかもその要点が縮約されてあった。各自がそれぞれの仕事に専念すればよろしいと、彼は王にこう説いている――「仮に陛下が神学者や信仰査問官としてお出かけなさるというのなら、あのロレーヌ枢機卿もまたわれわれのところに来て、矢来のなかで馬を駆けさせいかに槍を上手く操るかの術を学ぶ必要がありましょう。そうしていかに槍をうまく折り砕くか、すなわちぐらつかず、膝当てを境界柵にぶつけず、まっすぐに馬を駆けさせるためのあの技量を、です」。

スペイン王室との婚儀につづいてサヴォア公との婚儀となった。バスティーユからそう遠くないトゥルネルにある、旧王館前の聖アントワーヌ街に矢来が設けられ、六月三〇日、アンリ二世は将来の義理の兄弟、エマヌエル＝フィリベールを相手に最初の馬駆けをはじめた。「王は笑いながら対戦相手にこう言われた、膝を強く締められよ、姻戚も友情もお構いなく、貴公をぐらつかせてさしあげるからな……」。そして王はまこと見事な馬駆けをなされ、その槍を一撃で折り砕かれた。サヴォア殿も同様の首尾であったが鞍の前橋を掴み、槍を手落とした上に少々ぐらついた。これが公の馬駆けに対する称讃を少なからしめた」。

王はギーズ侯を相手にしても同様の首尾をもって馬駆けをし、次なる相手があのロルジュ侯モンゴメリー伯爵、宗教的にはユグノーの、「大柄にして強健な若者」であった。この対戦は「王がなすべき最後のもので、なぜなら防禦者は都合三度の馬駆けをし、挑戦者は一度きり、となっていたからである。両者は激烈なぶつかり合いを演じ、双方がそれぞれに槍を見事に折り砕いた」。それで王の出番は終わり、今度はヴィエイユヴィルが「防禦者の一人として、王につづいてやはり三度の馬駆けをする」手筈であった。ここで王は気紛れを起こし、今しがたの対戦で「あわや鐙を踏み外さんばかりにぐらつかされた」と言い募り、雪辱のため再度、同じ敵を相手に追加の馬駆けをしたいと訴えた。改良型の頑丈な甲冑を纏ったジュートの戦士は昔ほど互いに手加減をしないようになっており、この専制君主もロルジュ候モンゴメリーのような大柄で強健な男が相手であっても、何ら気に掛ける風になかった。ヴィエイユヴィルはもうやめるようにと懇願し、先ほどの馬駆けは双方ともに見事な出来映えで、引け目を感じる理由はまったくないと念を押した。我を張りつづける王に対し、ヴィエイユヴィルはこう語りかけた――「陛下、生ける神に誓って申し上げます。もう三晩以上も前から、今日こそ陛下に何か厄介事が起きるのではないかと案じて参りました。この六月の最後の日こそ、陛下にとっては運命の日でございます」。しかし王はこの忠告に耳を貸さず、対戦相手を呼び戻させると、後者は「この上ない不幸のなかでこれに従い、槍を手にした」。

このとき奇妙なことが起こった、あたかも迫りくる破局を辺りに告げ知らせるかのように。というのは「通常は馬駆けがあるたび、またそれがつづいている間は、トランペットや喇叭のすべてが音を限りに絶えずファンファーレを奏で、まさに耳を聾《ろう》さんばかりの大音響のなかにあった」――つまり十二世紀から十三世紀の頃にかけて谷々に木霊《こだま》し、その音で馬も「喜びを露わに」したというあの楽隊音楽が常にあったのである。「ところが二人が矢来のなかに入って馬駆けをはじめるとそれらは直ちにまったく沈黙してしまい、どんな音も響かず、そのことがこれから起こるべき不幸な災難の予兆を、恐怖をもってわれわれに感じさせた。かくして両者は非の打ち所のない馬駆けをし、それぞれの槍を絶妙の巧みさで折り砕いたが、しかし不幸にもロルジュは慣例に従い手のなかに残った槍の残部を手放さぬまま、なおそれを下向きに堅持して馬を走らせると王の頭部に当たって面貌を直撃、跳ね上がった槍が彼の目を射貫いた」。王は馬の頸に倒れ込み、ヴィエイユヴィルの警告を思い起こしてこう呟いた――誰も「己《おの》が運命を逃れたり避けたりはできぬ」。十日の間、王は苦しみ、そうして彼が病に伏す間、サヴォア公との婚儀が涙ながらに執り行われた。折れた槍の断片は脳にまで達し、治癒は到底、不可能であった。「一五五九年の七月の十日目、神はその意志を全うされ、王は息を引き取った」。シャルル六世と同時代を生きた人びとは王たる者がジュートをすることに反対して不吉な予言を残したが、それが的中したのがこの事件であった。これに際して墓銘碑が刻まれ、それは次の一文で終わっている——

〈軍神トテ奪フヲ得ザリシ彼ノ者、軍神ガ似像、コレヲ我ラヨリ奪ヒ去レリ〉

長い歴史を持つこの遊戯は、その始まりも終わりも、戦争と似つかわしいままであった。

第4章

その他の粗暴な遊戯

AUTRES JEUX VIOLENTS

槍的《カンテンヌ》と各種の運動

生命さえ巻き添えにしかねない粗暴な遊戯にフランス人が見せた情熱は、遠い発祥の昔から十七世紀にいたるまで連綿とつづいた。そうした運動遊戯が備えるさまざまな様式、そのさまざまな動きには、決闘や戦争を模倣した痕跡がありありと窺《うかが》える。多くはごく単純な運動にすぎなかったが、しかしそのいずれもが筋肉を強化し、武器の扱いに慣れさせ、戦争への備えをさせるものばかりであった。

ときには完全武装でさえ競い合われた高さや距離の跳び比べ、剣術に角力《すもう》、石投げに槍投げ、あるいは槍的《カンテンヌ》を指しての馬駆けと、最古の文献にも登場するこうした遊戯はそのいずれもがこの上ない人気を人びとの間で博し、饗宴が催される際のお決まりの余興として、あるいは人が集まって何もすることがないときの恰好の娯楽としてあった。十二世紀のこと、パリに学ぶバイユーの教会参事員にヴァスという人がいて、兵士の息子でもあったこの人（父親はヘイスティングスの戦いに従軍）はある祝祭日の昼下がり、仲間たちと野原で愉《たの》しく遊んだ時のことを、さも愉快そうにこう綴っている。

かくて一同、飲みかつ喰らひ
日和もよければ
いつもの習慣とて

気散じへと向ふ
騎士がジュートに興じたるごとく
学徒らは剣術を競い
石を投げ槍を投げ、跳び比べをなしたり

それから二百年もの長い歳月が流れ、フランス王とフォワの伯爵ガストン・フェビュが同席する盛大な祝祭が催された。そのときのある午後にも、同じフランス人が同じ種類の遊戯になお打ち興じる姿が目撃され、その様子を綴った記録は今も残されている。そしてそれを読むとき、あたかもあのヴァスがそこにいてこれを書いたかのような錯覚に襲われるのであるが、もちろん実際はフロアサールの手になるもので、こうして長い時を経てもなお、習俗は昔と変わらぬままであった。「各種の運動遊戯が次々と繰り広げられ、彼らガスコーニュ人とフランス人は角力を取り合い、また石や槍を投げては距離と高さを競い合った。それは王や諸侯が帰途につかれる夜遅くまでつづいた」。

大きな石などの重量物の投げ比べをするときのルールを、昔のフランス人が隣の国々から借りてきたというのはその通りであるが、それでもフランスにあっては早くも十二世紀のころから（あるいはもっと以前のことかも知れない）、すでにその種の運動は大人気を博していた。まこと単純この上ない遊戯であったが、それだけに競技者間の実力差が歴然と分かり、屈強な体力がよしとされた時代に、人びとから歓迎されないわけがなかった。これまた最も高貴な起源を誇る遊戯の一つで、古い時代の円盤投選手の記憶を古代彫刻の傑作が今に伝えているとおりである。この投げ比べ遊びは往時のフランスにおいても盛んに行われ、その際、人はわが身をいたわることなど絶えてしなかった。たとえばあのギヨーム・ル・マレシャルがその好例で、戦いで囚われの身となった彼は警護の者らとともにある日の夕べ、遊戯に打ち興じ合う騎士たちが集う場所に行き会わせ、足を止めている。

野営をせんとする場所に
騎士や従者に下僕ら大勢いて
あまたの遊戯に興じおり
一群の者ありて石を投げ
互いに力を競わんとせり
なかの一人が底力を発揮し
他の者を大きく
二尺ほども引き離したり

二尺とは、かくもの訓練を重ねた者たちの間では驚くべき距離であり、一同、手を打ってこれを讃《たた》えた。新記録だと、当時の言い方で叫ぶ者さえいた。

空前絶後の投げ手ならむ

と、ちょうどそこをル・マレシャルが通りかかり、それを見とがめた騎士の一人が、首を左右に振りながらこう言った――

いや、いま一人いる、その気になれば
この者はさらに遠くへ投げようぞ

戯言《たわごと》を言うなと、誰一人同意する者はいない。今しがた投げた者に「勝る者などいるわけがない」と。ともあれル・マレシャルに申し入れがなされるが当人は固辞するばかり、実は重い傷を負って大量の出血をしたばかりで、中身を刳《く》り抜いて「亜麻布」を忍ばせたパンをある貴婦人が密かに手渡してくれていなければ、恐らく命を落としていたに違いない。それでもフランスのあらゆる聖人の名において懇願され、

この上ない礼が尽くされると

もはや受けずに済ますわけにはいかない。上着を脱いで腕まくりをし、石を手に取る。と、一同の驚くなか、それまでの記録よりもさらに「一尺半」、遠くへ投げた。皆は「驚嘆」の声をあげ、称讃を浴びせて止むことがなかった。ただ、かくもの遠投は彼の命を危うくしかねず、なぜなら傷口がまた大きく開いたからである。彼と同時代を生きた語り部は次のように書いて、躰の酷使がもたらす危険について自分なりの科学を披露している。

優れて丈夫の者
ややもすれば無理を重ね
そうして自らを損なう

ルネサンス期に入ってしかるべき発展を示した剣術《フェンシング》の話はもう少し後に回すことにしよう。その前に槍のことについて述べれば、中世に「槍的《カンテンヌ》」という遊戯があった。これは後に標的が環状のものに替えられるに及んで危険が緩和され、騎士の時代が過ぎてもなお人気を保ったまま、やがてルイ十四世の時代にその最盛期を迎える。

ところでジュートという槍の遊戯ではもともと、細かなフェイントを入れたり、馬を急停止させる必要はなかった。加えて標的はたった一つあるだけで、競技者ははじめからそれに狙いを定め、直角状に強く突きを入れた。要するに槍的《カンテンヌ》もこれとまったく同じ種類の遊戯であり、拍車を掛けながら騎士が木製の標的を狙い打ち、その真芯に槍をぶつけて自身の槍を折り砕くのである。折り砕いた槍は瞬時にこれを投げ捨てて「素知らぬ風」を装い、馬上でぐらつくことなく、そのまま馬駆けをつづける。槍を折り砕けなかったり、また折れた槍を素早く投げ捨てることができないでいると、それに引きずられた騎士は急停止を強いられて落馬を余儀なくされ、そうして加速のついた馬だけが無人で駆けつづけることになる。後にこの《槍的《カンテンヌ》》は比喩的に「狙い打ちにするもの」一般を指し示す言葉として用いられるようになり、たとえばドービニェ［一五五二〜一六三〇、詩人］によれば、山賊たちが自らの悪事の標的とする農民たちを指して「われらが槍的《カンテンヌ》」と呼んでいたとされる。槍的《カンテンヌ》の語源はつまびらかでない。もちろん昔の語源学者も自説を述べており、それによれば槍的《カンテンヌ》の語源はクイントゥス［第五道路の意。そこでローマ軍が槍の訓練をした］にあるとされる。この説に従えば槍的《カンテンヌ》の起源はローマ時代にまで遡ることになり、こうしてトゥルノワと比べれば華やかさにおいて劣るものの、やはりそれと同じくらい高貴にして由緒ある遊戯というわけである（図9）。

図 9　槍的《カンテンヌ》を指して馬駆けする騎士（14世紀初頭）。
『薔薇物語』所収。（国立図書館蔵 Ms. Fr. 2528）

槍的《カンテンヌ》は十二世紀のフランスにおいてよくなされた。

祝祭となれば飲食をなし
そのあと愉しむは
槍的《カンテンヌ》なり（『トリスタン物語』）

これに類した記述はいくつも、古い文献のなかに見出すことができる。ところでこの槍的《カンテンヌ》は、それが若者を槍扱いに慣れさせるための運動から、もっぱら大衆向けの遊戯へと性格を変えたとき、そこに新たに滑稽な要素も加わるようになり、またジュートにおいて時として見られた死の危険、すなわち娯楽が悲劇に急転するあの危険がなくなったということも手伝って、見る側の興味が失われるようになった。そうなると、ジュートでさえ安全すぎると見なしていた往時の騎士の多くは、槍的《カンテンヌ》を指して公然と馬駆けすることを憚《はばか》るようになった。彼らにすればそれは低俗な運動であり、人前で自慢げにやるものでなく、せいぜいが若い頃、少し骨のある運動遊戯に備えるべく、自分一人で隠れて行う鍛錬用の運動でしかなかった。加えてそれは実用一点張りのもので、その意味においても高貴さに欠けた。たとえば武勲詩『エムリ・ド・ナルボンヌ』のなかで、シャルルマーニュが平原の真ん中に槍的《カンテンヌ》を立てさせる場面がある。これから若武者エムリが町を陥落しに行くのだ、大いに喜び愉しまなくてはならぬ、というわけである。皇帝が物語の主人公に命じる、そなたが一番手で馬駆けをせよ、と。

「陛下、喜んで！」と応じつつ

彼にはまた彼の思いがあった
というのはその胸のうちで、密かにこう考えたからだ
わが両親はわれを責むるまいか
無人の楯に立ち向かいしとあっては

生身の騎士が支えるのでない槍的《カンテンヌ》、その空《から》の楯を目がけて馬駆けをする――かようなことは誰か他の者がやればよい！　無言で部下を集結させたエムリ、そのまま異教徒目がけて馬を走らせた。そしてまるで小手調べか予行演習のようなやり方で敵の百人ほどを殺《あや》めると、シャルルマーニュの元に駆け戻った。すると皇帝はこう言った――

「そなたは約束をたがえたり
槍的《カンテンヌ》を一度も打つことなければなり」
「陛下、お許しを」と伯爵
「主イエズスの名において申し上げる
他意はございませぬ、ただ、空の楯を打ちしとあっては
わたくしの名誉にかかわります」

かようなわけで、この遊戯が備えた実用性にもかかわらず、またかなり深刻な（それだけにまた滑稽な）落馬の危険があったにもかかわらず、槍的《カンテンヌ》はよく遊戯一覧などで、子どもがする単純な遊びと一緒に並べ置

かれることになるのである。

槍的《カンテンヌ》あそびに楯あそび
駆けっこに角力に石ぶつけ

年月を経るにともない、槍的《カンテンヌ》にはコミカルな要素が増していく。それはまたそれで当然のことで、なぜなら騎手たちがこの遊戯で観客に見せたのは、単なる板切れ——後にシェークスピアが言うところの「命をもたぬ木偶《でく》人形」——を相手にした戦いに過ぎなかったからである。ただ、ジュートを真似たこの遊戯はわが祖先のような「常に進取の気象に富んだ」人びとの間にあっては、愉しみの材料とされないわけがなかった。というのは、耕作用であれ何であれ馬を所有する者なら誰でも、この比較的穏やかな遊戯に参加することができたし、またとくに殿様相手に腕比べをするわけでもないので、こちらが騎士の身分である必要もなかったからである。そんなわけで平民たちは好んでこの遊戯を行った。もとより領主たちのような見事な馬駆けの技は平民たちに期待できなかったが、馬を駆けさせる彼らが落馬するところを見物して、むしろ領主たちの方が大いに喜び愉しんだ。こうして社会の二つの階層がそれぞれの能力に応じて、互いにスペクタクルを提供しあった。王侯らは好んで平民が繰り広げる滑稽なショーに立会う一方、トゥルノワにおいては自らが、卓抜したスペクタクルを演じて見せたのである。

それればかりか、王侯たちはこのコミカルな遊戯を本気で気に入ってしまい、その実施を領民に強要することさえした。つまりは一種の賦役《ふえき》のようにして、たとえば小作人の結婚といった機会を捉えては、それを義務として課したのである。こうして未来の夫は大勢の人たちが見守るなか、あるいは馬に跨るか、あるいは舟に乗るかした。この舟でする槍的《カンテンヌ》も決して見劣りのしないコメディー劇を見物客に提供したもので、屈強な漕ぎ手がありったけの力を用いて、標的となる盾のついた柱を目指して新郎を全速力で運んだ。そうして本物のジュートのように、ここでも景気づけに音楽が奏でられたが、ただしそれには軍隊用の喇叭や角笛でなく、田舎風のクラリネットやフラジオネットが用いられた。こうした情景はシャンティイ城に保存されるブルゴーニュ公妃の祈祷書のなかに見ることができ、転落を見越してシャツ姿のまま舟に乗った新郎が、槍の操作を誤って敢えなく水没の憂き目に遭う、といった図がそこに描かれている。

この種の義務について定めた古い慣習法には多くのものがあり――

「わが領民（小作民）について定める。これより妻《めと》を娶る領民のことなり。この者たち、馬の背に跨りて柱を打つべし。槍は榛《はん》の木のもの、握り部は拳の太さを持ち、これを折り砕くか、自ら落馬するまで馬駆けをつづける。落馬したる者は一八レ（量の単位）のオート麦を差し出すものとする。これを称して槍的《カンテンヌ》という」（十四世紀の法律）

「当地の領民男子は、当人もしくはその長男が結婚するとき、その都度リル川において、四名の者が川下方向へと漕ぐ舟の上にあって槍で三度、棒杭《くい》を打つものとする」（十五世紀の法律）

「同様にして水上の槍的《カンテンヌ》は、上述の殿御《とのご》（ガシリィ候）に対して新郎たちが負うところの義務なり。また新郎は各自、槍的《カンテンヌ》の槍一本分の費用を候に負うものとする。その槍を、彼は三度の試技において折り砕かなくてはならず、これに失敗したる場合、罰として七スーと六デニエを候に支払うものとする」（十六世紀の法律）。ここにはそれ以前の古いテキストにはなかった、言わば科料《かりょう》のような規定が登場してきている。

王侯たちが催す豪奢を極めた祝祭にあっても、農民の槍的《カンテンヌ》はコミカルな幕間劇《まくあい》として、しばしばプログラムのなかに加えられた。これはイングランドにおいてもフランスにおいてもそうであって、たとえば寵臣レスター侯が女王エリザベスに捧げたケニルワースの有名な祝祭においても、農民たちによる結婚式やら槍的《カンテンヌ》やらトゥルノワやらの出し物に、女王は大いに笑い興じている——「居合わせた一同、たとえ自分の女房が死にそうだと告げられても、笑いをこらえることはできなかったであろう」と、ある現場目撃者は伝えている。

別の槍的《カンテンヌ》では氷の上を、駆けるというよりはむしろ滑った。このように槍的《カンテンヌ》にはいくつもの変種があったが、そのいずれにおいても落馬その他の滑稽なアクシデントによるコミカルな演出があり、笑いへの誘いが見られたのである。

古い起源を誇り、また詰まるところ有用でもあったこの遊戯を貴族が行うに当たっては、落馬をして顰蹙《ひんしゅく》を買ったりすることのないよう、回転する標的が考案された。これがこの槍の競技に新風を吹き込み、ジュートに近い性格のものに仕立て上げたが、それでもそのコミカルな要素は完全には消え去ることがなかった。かくして標的は敵を表わす人型のものに削られ、とくに好まれたのが、騎士にとっての古典的な仇敵《きゅうてき》としてあったサラセン人であった。木製のサーベルを恐ろしげに振り翳《かざ》すこの人形はその急所を正確に狙わないと、強く打った分だけ高速で回転し、件《くだん》のサーベルが騎手の進路上に持っていかれて彼とぶつかり、満場の爆笑を招くこととなる。

十七世紀に入ってもなお、この槍的《カンテンヌ》に打ち興じる人びとの姿がみられた。それはプリュヴィネルが言うように、「相対する二人が矢来のなかでする荒々しい槍折りの業と、木製の輪っかを目がけてする穏やかな馬駆けとの」ちょうど中間に位置する遊戯であった。「槍を折り砕くための急所は頭部にある。とくに眼のすぐ上の、額の部分を狙ってする一撃が最もよい」。この打撃ポイントには目印が施されていて、それについてはクリスピアン・ド・パスの著書に収められ、のちに複製された美しい版画のなかに見ることができる。

徐々に槍的《カンテンヌ》は貴族からも農民からも忘れ去られるようになるが、しかし完全に消滅を見るのは大革命を過ぎてからのことで、たとえばシャトーブリアンは全国三部会が開かれる前夜、父の領地でこの槍的《カンテンヌ》が行われるところを目撃している。「こうして」と彼は『墓の彼方からの回想』のなかで、その身に起きたことすべてを暗示するかのような苦い慨嘆の口調をもってこう書いている――「私は人生のなかの、かなりちぐはぐな場面に身を置いていた。人権宣言を耳にしながら槍的《カンテンヌ》の馬駆けに立ち会ったり、ブルターニュの片田舎の町民義勇兵とフランス防衛隊の双方を同時に目にしたり、あるいは大革命旗とコンブール領の領主旗を同じところで眺めるという……」

II　角力《すもう》

至福の喜びをもたらすトゥルノワやジュートから遠ざけられたままの庶民大衆ではあったが、しかしその彼らも領主たちに勝るとも劣らぬ熱情のなかで、類似の、いくつかの遊戯に耽ることをした。そのうち最も単純にして最も広範に普及し、また最も自然発生的な形でなされた遊戯と言えば、それは槍的《カンテンヌ》でなく、角力《すもう》であった。まさに人間にとってはごく当たり前のような遊戯であり、その人気がまったく衰えてしまうというのは、今日まで絶えてないことであった。面白いばかりか、かつては有用でさえあったこの角力には騎士たちも好んで打ち興じたところで、王たちもその例外ではなかった。そうなると品位の問題が取り沙汰されたが、しかし自分の力を実証して見せること以上に気高く尊敬に値するもの、気品のあるものは、他にないであろうとされた。

王や王太子とて、一旦戦場に出ると躰を張って戦った。当時は人を遠方から殺めたりはせず、鬨《とき》の声を上げたり、兜や楯や甲冑にある紋所を示して敵の注意と攻撃を引きつけながら、混戦に身を投じるのが名誉あることとされ、ために屈強な足腰と腕力を備えるのがよいとされた。そこでは角力の技巧が極めて重要な意味を持ち、それは時に戦争経験の足りなさを補いもしてくれた。フランス人とイングランド人が死を賭しての戦いを、憎しみからでなく名誉心によって繰り広げていた百年戦争では数多くの幕間《まくあい》の時間があったが、一四〇二年のこと、そうした幕間の一つを利用して、「愛する婦人方のために武闘を演じたいと願うイングランド貴族たち」がいた。その意向がサントンジュの代官に伝えられると、「ちょうどパリの、とくにオルレアン公（シャルル六世の弟であの有名なルイ・ド・フランス）の宮廷に居合わせた貴族たちがそれを聞きつけて大いに興味を示し……イングランド人のこの企てに受けて立つべく、出立の」赦しを願い出た。

七名のフランス人が、同数のイングランド人と対決するために指名された。貴婦人方への愛のゆえに戦うのであるから、あくまでも性格上は儀礼的な対戦であったが、しかし戦いそれ自体は真剣かつ峻烈なもので、いずれがいずれを殺めるかも知れぬ危険さえあった。それゆえ人選は慎重になされなくてはならず、たとえ貴婦人がらみではじまった話であるにせよ、当の対戦はもはや公的な性格を帯びるようになった。当時の考え方に倣《なら》い、関係の二国が今まさに戦っている当の理由である名誉というものが、ここでも問題となったのである。フランス側の代表は、バルバザン候、ギヨーム・デュ・シャテル、アルシャムボー・ド・ヴィラール、キャルイ、シャンパーニュ、等々であった。このうちのシャンパーニュ伯については「戦争の経験もなく、かかる大事を任されたこともない」人物であるゆえ大いに疑問視されたが、「伯は世に並ぶ者なき角力家の一人であり、それゆえバルバザン候はオルレアン公にこう進言した――殿下、行かせてあげなされ、伯はひとたび敵を両腕で掴むと角力の技でもって手前に引き寄せ、必ずや見事に打ち倒しましょうぞ」。事の重大さにもかかわらず、その一言でもって公は快諾した。それだけ当時の戦争では、角力の技術が重要な意味をなしたからである。

　こうしてフランス方はバルバザン候に率いられ、「スケール候」が指揮を執るイングランド勢と一戦交えるべく、ギュイエンヌへと出立した。対戦日は五月の十九日と決定。「当日の朝、（フランス勢は）真剣な面持ちでミサに与《あずか》り、熱心に祈りをささげ、各人がキリスト・イエズスの尊い聖体を拝受した」。彼らにすればこの戦いは真剣なものとならざるを得なかった。狂気の発作に見舞われた王［シャルル六世のこと］を頭《かしら》にいただく王国は意気上がらず、したがって結果が持つ意味の重さは相手方よりも、フランス人においての方が勝ったからである。そのことについてバルバザン候は言葉巧みにこう言い含める――いかにわれらが笑み多き民族とはいえ、ここは一旦、それを忘れる時である。また、いかに貴婦人方と近しい間柄にあるわれらとはいえ、いまはそれ以外のことに思いをいたすべき時である、と。「かくして前述のバルバザン候は心をこめた重々しい口調のなか、最善を尽くして徳と名誉を守るよう訓辞した。そしてまたこうも説き聞かせた――この度のものこそ、わが国王が古くからの仇敵イングランドを相手にしてする、真性にして理のある戦いである。それは貴婦人方のためにする戦いでも世評を勝ち取るための戦いでもない。ただただ、敵の企みを粉砕せんがためのものである、と」

　こうしてフランス側が周到な準備をしている間「イングランド勢は何をしていたのか、詳しくは分からない。ただ伝え聞くところでは、彼らは武具をつけさせる間、大いに飲み、かつ食べたという……。いずれもが誇らかで勇猛な大男たちであった」。

「双方の合意で任命された審判」サントンジュの代官が下す合図により、式武官がこう呼ばわった――「各々方、いざいざ、務めを果たされい」

彼らはまず槍で、次いで斧で戦った。随所で激突が見られ、デュ・シャテルが群を抜く大男で力も強いと見て取ったイングランド人は、これに二人がかりで当たった。結果として対戦相手がなくなってしまったアルシャンボー・ド・ヴィラールは、デュ・シャテルならその場を一人で凌ぐだろうと考え、かなり押し込まれていたキャルイの助成へと回り、斧の一撃で兜もろとも敵の頭を打ち砕くと、相手はその場で死に絶えた。それがイングランド側の大将、スケール候ロバートであった。

しかしここでの最大の波瀾は、あのシャンパーニュ伯が戦いのヒーローになったことであった。「評判の通りであった。伯が敵を掴まえてこれを角力の技で地面に投げ伏すと」、相手はたちまち降参した。そして記録作家はそれまでのような大げさな表現は控えながらこう締めくくる――「かくしてイングランド人、一敗地にまみれたり」。王はフランス隊の隊長に褒美として〈更ナル懲ラシメヲ与ヘンガタメ〉という銘の入った剣を授け、これに力を得たバルバザン候は以後も栄光の歩みを積み重ね、最後はデュ・ゲクランと同様、諸王と並んでサン・ドニに葬られることとなった。

今日では一般に、こと角力にかけてはアングロ・サクソンが敵なしであるとされ、また彼の地の拳闘家もあまねく名声を得ている。昔は著名な角力家といえばいずれもケルト族で、たとえばフランスでならブルターニュ人、イングランドでならコーンウオール人という風であった。それゆえフランスでブルターニュ人を打ち負かす角力家がいればそれだけで絶大な讃辞が送られたもので、そういう風にして彼らブルターニュ人は一種伝説的な、比較の尺度としての役割さえ演じたのである。かの有名なラ・シャテヌレについても、その甥であったブラントームがこう書いている――「どんな武器であれ戦い方であれ、彼はフランスのどの貴族よりも強く、かつ巧みであった。そしてこと角力にかけてはブルターニュ人であれ誰であれ、彼にかかって地に投げ倒されない者はなかった。力に加えて、比類のない技巧を備えたからである」。

ノズロワのパ・ダルムでは、参加した騎士の一人が幕間《まくあい》の出し物に自ら角力を企画し、観客の日に供している。この人はブルターニュの貴族で、なるほど彼の国では貴族であれ平民であれ、民族的遊戯とでも言うべきこの角力をよくし、誰もが幼い頃からそれに慣れ親しんだほか、一様に天賦の才をも備えた。当初のプログラムにはなかったこの幕間劇は「幼子殉教者の日《ジュール・デ・ジノサン》」に組み込まれたが、その日はもともと「幼子たちに敬意を払って」何もしない空き日とされていたからである。かくして「一人のブレトン貴族ありて人に告げさせて言うに、午後の二時、かのジュートの場において各自に角力用の胴着を貸し与え、最もよくなしたる者には褒賞としてサテンの胴衣《プールポワン》を授けん」。

この種のスペクタクルには目がなかった貴婦人たちの見守るなか、取り組みは着々と進み、ほかに大勢の人びともこれを観戦した。「前記のブルターニュ貴族は立てつづけに六人の敵を倒した」が、そのあと息が切れてしまって疲労困憊、遂には「ブルゴーニュ伯爵領から来たパリニィという男」に打ち負かされてしまい、結局はその男がサテンの胴衣を手にした。これはもちろん、パリニィが最強の角力家であったということを意味しない。なぜなら彼は元気潑剌《はつらつ》のまま、すでに六番もの取り組みをこなした相手に立ち向かったからである。件《くだん》のブルターニュ人がいつか敗れるのは当然のことで、要するにこの貴族が示しかったのは、対戦相手を幾人迎えてどれほどの時間、持ちこたえられるかにあった。

こうした幕間劇は武闘祭においても頻繁に催された。角力のよき理解者であり、またしばしば自らもよき角力家であった王たちはお抱え力士を雇い、歴代のブルゴーニュ大公もまた、彼らには高額の給金を与えたものであった。フィリップ・ル・ボンに招かれた高名な来客たちも、そうした猛者《もさ》連中と公の場で力比べをしないかと誘われると、どうにも自分を抑えることができなかった。一四六六年のこと、ブルゴーニュ宮廷に賓客として迎えられたロスミタルに随行したチェコの藩主ヤン・ゼーロプスキー候も、二つのジュート戦の合間に、ブルゴーニュ最強の力士と一戦まみえることに同意している。若いシャルル（勇胆《テメレール》）公、ブルゴーニュ公妃、クレーヴ、ゲルドゥル公妃、それに大勢の貴婦人が観戦のために参集した。試合に先立って異国人《とつくにびと》であるヤン候は仕来《しきた》りについて尋ね、これは何かを身につけてか、それとも裸で戦うのかと訊いた。「もちろん着衣でだ！」というのが、この野蛮な質問に対する返答であった。――「わが国では下穿きをつけたまま戦うのが習慣であり、この配慮があればこそ貴婦人や令嬢方も安んじて参観できるというもの。まこと御婦人方は大挙して観戦にこられるほどに」。これにさらに加えて、〈腰帯カラ下デ〉相手を掴んではいけないことも告げられた。

目新しいルールばかりでさぞかし困惑したことであろうが、ヤン候はブルゴーニュ最強の力士を三番つづけて地に這わせ、勝ちをおさめた。それまで無敗を誇ったこの力士は「通常の給金に加えて年に金貨五百枚を頂戴していたが、この三連敗のおかげでそのすべてを失うこととなった」。みなが奇蹟だと叫ぶなか、すぐさま若い大公は勝利者を近くに呼び寄せ、通人らしいその手つきで、彼の腕やら脚やらの筋肉を撫で回した。

さらに第二の取り組み、まだ第三のそれとつづいた。三番目の取り組みに出場したのがロスミタルの秘書官シャシュコで、この訪問旅行の記録者でもあった彼には、実力の似通った相手があてがわれた。彼はその相手を倒し、さらにもう一番挑むが、「しかしこのたびは、まるで憑かれ者から悪魔を追い出しでもするかのような荒々しさでもって地面に投げつけられ申した」。

角力が終わると大公は葡萄酒を振舞った。「公妃様があまりによくお勧めになるのですっかり〈酩酊シテシマヒ〉、宿舎に戻るのにそれはそれは骨を折り申した」。

ブルゴーニュ宮廷のプロのお抱え力士がどの地方の出であったかはさておいて（この点についての情報は

皆無である）、確かに角力に対する情熱は今日にいたるまでの幾世紀間、とくにブルターニュ地方において連綿と燃やされてきた。日曜日の昼下がり、農民たちがそれぞれの村で、それぞれの持てる条件に応じて《武闘祭》を真似た祭りを催した。それはトゥルノワと同じくらいに面白く、ジュートと同じくらいに危険なもので、その波乱万丈の展開は見る者をして手に汗を握らせたものだが、最後はやはり褒賞の授与と、ダンスの宴で終わるのが常であった。もっとも、こちらのダンスは聖フランシスコの教えによくかなったもので、教会前の広場で夕日を浴びつつ楡《にれ》の若木の下で催されたそれは、王侯たちの館から結局は闇を取り去ることのかなわなかったあの松明やシャンデリヤのために、大枚を浪費する必要もなかった。一言で言えば、申し分のない「娯楽《デポール》」がそこにはあったのである。村々の領主たちもしばしばそこを訪れては自らも加わり、実際の技比べのなかで彼らのうちの誰が、あるいは領民たちのなかの誰が、最も頑丈な四肢を備え最も牢乎《ろうこ》さを誇るものかを確かめた。

わが隣国のイングランドにおいても王や領主たちは力士を抱え、この場合もケルト族が一般的であった。ヘンリー八世の大臣として権勢を誇ったトーマス・クロムウェルはコーンウォールから力士を呼び寄せていたが、友人のゴドルフィンがそのうちの最強とされた二人に声を掛けたところ、「両者とも一言の英語も解さなかった」という。このヘンリー八世は《金襴の原《カン・ド・ドラ・ドール》》［一五二〇年、フランソワ一世との会見場］へ向かうに当たり、フランスの力士と対戦させるべく、お抱え力士を同行させた。こちらもあのコーンウォール出身の力士たちで、彼らはめでたく勝利を収めた。が、そこに居合わせたフルーランジュ元帥によれば、これは「フランス王がブルターニュ出身の力士たちを引き連れなかった」ため、とされる。

ヘンリー王自身、身体運動にかけては人後に落ちぬことを自慢した人で、実際、真のイングランド人として「豪腕さと正確さを備えた驚異的な射手」たることを自ら実証したばかりか、それに勝るとも劣らぬ完璧な角力家をもっても自任した。で、王はフランソワ一世の幕舎に引き上げて一緒に酒を酌み交わしていたが、「かくするうちにイングランドの王はフランス王の胴着を掴んでこう言った――わが兄弟殿、角力を一番、取りたいものだ、と。そうして彼が一度二度と技掛けに及ぶと、こちらも優れた角力家であったフランス王は俊敏にそれに応じ、相手を投げ飛ばしてこれを見事に床に転がした」。大柄で広い肩幅が自慢で、どれほど自分の脚がフランス王のそれより均整のとれたものか、かつてヴェニスの大使たちに認めさせたことのあるヘンリー王である。もう一番を所望したが、ちょうど夕食の時間となってそれまでとなり、こうしてイングランド王が相手を投げ倒す機会はお預けとなった。

すでにフランスの角力家たちはそこそこの評判を勝ち得ていたが、こうした挿話は、それをさらに高めずにはおかないものであった。エリザベス女王治下の詩人にして物語作家であったトーマス・ロッジは、その作品『ロザリンド』の場面をフランスに求め、幕間《まくあい》ごとに角力が催されるトゥルノワを、その物語の主要な出来事として設定している。領民を悦ばせて本物の王様のことは忘れさせてしまおうと、それは王位簒奪《さんだつ》者が企画した娯楽であり、臣下たちの間で見られた、まさに激しいスポーツ熱を利用した策略というわけであった。この物語に創案を得たシェークスピアは『お気に召すまま』を書くなかで、そこに「ムッシュ・シャルル」という角力の横綱を登場させている。仮にフランスで角力があまり普及していなかったなら別のところに場面を設定する必要があったはずで、いずれにせよ、それがシバリスやカプアになるというのはあり得ない話であった。

かなり時代が新しくなったこの時期においても、なお名家の男子はいつ何時でも剣を手にできるよう備えをなし、身近に剣がなければ棒で、あるいは拳で闘えるよう準備をなした。ブラントームによると、フランソワ一世の第三子オルレアン公は「俊敏にして勇猛果敢、いつも何かちょっとした悪さをするのが好きな人であった……。王はこの快活さゆえにオルレアン公を深く愛し、また同様の活気ある気質を自分の子どもやフランスの貴族に見出しては喜んだが、しかし思案顔をしたり鈍重であったり無気力であったりする者には見向きもしなかった。真のフランス人とは機敏にして勇猛果敢、快活にして利発でなくてはならぬ、というのが王の持論であったからである」。こうした考えに力を得た若いオルレアン公は誰はばかることなく振る舞い、ほとんど公には文句をつけなかった父王の寛容の限界さえ、ときに踏み超えてしまうこともあった。アンボワーズに滞在中のあるとき、「王もお休みになって全員が退いた後、まだ眼を爛々と輝かせた」公は取り巻きの連中を引き連れ、ちょうど今の時代ならオペラ座あたりに出かけるような軽い気分で遊びに出かけ、ロワール川の橋の上で父王の家来たちと一戦を交えた。重装備に身を固めた家来たちは夜のこととて、この相手が誰か、見分けがつかなかったのである。自分にも他人にも手加減というものをしなかったオルレアン公は、カステルノ候が「自ら先頭に進み出てその主人が受けたはずの一撃を身に受けて落命していなければ」自身が命を落としていたに相違ない。ほかに多くの負傷者を数えた「この騒ぎのことを聞きつけた」王はわが息子を厳しく叱りつけたが、「死んだ者が戻ってくるわけでもなし」ということで、事件のことはすぐに忘れてしまった。ところで、かくも「俊敏にして勇猛果敢」であったその性格は後に、公をしてどのような人物に育て上げたのであろうか？　それは誰にも分からない。というのは、当のオルレアン公は「フェルムチエの僧院でペストの一撃を受け」、齢二十三にしてこの世を去ったからである。

III 教育の問題

上に記したようなことや、またその他の多くの事例が示すように、教育において身体と精神とのバランスをどう図るかは、すでにこの時代から極めて難しい問題としてあった。人はその解決に中世の昔から頭を悩ませてきたところで、その事情は今にいたるも同じである。今日では人間の能力に関してとくに知力が重んじられ、一国の軍事力もその一部は数学問題の解を得ることに依存されるようになった結果、フランスでは十九世紀の全体を通じて、精神が過大に評価される傾向にあった。中世にあってはこの評価のあり方はまるで逆のものであったが、すでにその時代の賢者たちも、両者間に窺えるバランスの欠如そのものには懸念を表明していた。「自然は厳格なる会計士なり」とは、今日の時代にハーバート・スペンサーが喝破したところだが、しかしこの真理そのものには、すでに中世の人びとも気づいていた。ある費目を使いすぎると別の費目を削って辻褄を合わせる自然とは、まこと、こちらの都合を聞いてくれる便利な金貸し屋のようなわけにはいかない、というわけである。

ウスタシュ・デ・シャンが遺した膨大な量の詩作品は、百年戦争時代のフランスの習俗を知るための汲めども尽きせぬ宝庫であり、ここでのテーマに即しても、際《きわ》めつきの情報を提供してくれる。彼によれば、フランスでは体力の追求は極限まで押し進められ、多くの家庭ではすべてのことが身体の用に供され、精神のためのものはほとんど何一つなかったという。若者たちは馬に跨り、ジュートをし、酒を飲んではポーム遊びに興じたりして、まるで《熊でも殺す》かのような生活を送った——

宮廷を駆け回るよりは死に向かって走れ
飲みたければ狂うまで飲むがよい
さらにはジュートやぶつかり遊び
ポーム遊びや激しい乗馬をやるがよい
そして馬にも熊にも耐えることのできぬ
あらゆる種類の行き過ぎを行うがよい
生の苦しさは、ただただ驚くばかりのものなれば

しかしながらとこの聡明なる詩人は言う、何事にも節度があってしかるべきだと。戦場で最も光り輝いた男たちは立派な四肢だけを備えたのでない。ダビデやアレキサンダー、それにシーザーやカール大帝は、

幾多の戦争を仕掛け
世界の王国を征服した

しかしそれでいて学問を軽視することはせず、

彼らは幼少の頃より

ヘブライ語にギリシャ語、ラテン語に哲学を修めた。彼らの勝利は体力だけでなく、その「感性と知性」にも負うところ大であり、学問こそが才知の扉を開いてすべての面で彼らを長じさせ、かくして戦いにおいても――

武器をとれば他を圧倒せり

しかしここに事態は一変する。騎士の卵はごく幼くして運動で疲弊させられ、そのことについて彼《か》の詩人はこう書く――

脆弱なる若者を馬に乗せれば
四肢のあちこちに痛みを訴える始末

これでは身体面でも大した成果は望めない。力ずくで知性を伸ばそうとして却ってこれを危《あや》め、同様に躰を鍛えようとして、時いたるまでにこれを損ねてしまう。かくしてと詩人がつづけて言うに、こうした不幸はもはや修復不能のもので、何かで補いがつくというものでもない。なぜならこの若きジュート家たちは無知蒙昧にして視野狭く、ひとたび障害でも負えば腕はおろか頭もないに等しく、それではもう生きていないも同然だからである。そうこうするうち無産の人びとや農奴らが身を起こして社会の表舞台に踊り出るようになるが、その原因はただ一点、彼らが鋭く才覚を磨き、物事を理解する力を備えるにいたったからである――

農奴も知識を学び
そのお陰で領主の地位を得たり
なぜなら騎士たちが賢《さと》くあることを恥じたがゆえに

反歌

神かけてお願い申す
貴族たるもの、知識を学ばれんことを

何たる戯言《ざれごと》をと、そうした意見を前にして騎士たちは応じた——まこと尻尾を丸めた狐の言いぐさに他ならず、確かにデ・シャン先生は才知に長けていようが、しかしこの羊皮紙の物書きにして偶《たま》さかの兵士、下手くそなジュート家にして凡庸きわまりない狩猟家に、われわれの生死の問題を論じる資格などなく、それについての公正な審判役が務まるわけでもない、と。実際、ジュートをさせても狩りをさせてもデ・シャンはパッとしない存在で、それについては彼自身、苦笑さえ催している。しかし端的に言って、十万行にも及ぼうかという量の詩を書き残し、十四世紀を代表する才人と呼ばれたこの詩人が、その技量の凡庸さにもかかわらず〈軍神マルスニ誘ハレテ〉軍事的な性格の遊戯に身を投じるよう強いられたという事実以上に、当時の社会がどれほど人びとに身体運動を課したものかをよく理解させてくれるものはない。戦争で囚われの身となったり、ドイツやボヘミアに派遣されたりもしたデ・シャンは（というのは当時の大使は好んで詩人のなかから選ばれ、たとえばペトラルカ、ダンテ、ボッカチオ、チョーサー、アラン・シャルチエその他もそうであった）、そのたびに人ばかりか馬をもうんざりさせた人であった。プラハに派遣されたときも、まるで得意でないジュート戦への出場を余儀なくされている。固辞したところで、今日の大使がカドリーユ踊りの輪に加わるのを断るようなもので、誰からも首を傾《かし》げられたことであろう。デ・シャン自らがそう書いている通り、この哀れな「大使兼使者」は後のアンリ二世と同じやり方で、危うく命を落とすところであった――

激しくぶつかり来る槍の
わが眼《まなこ》を指して走る
ずしんと感じる重い衝撃
あやうく眼を逸れにけり

デ・シャンは狩りにも引っぱり出された。この、もう一つの定番の遊戯についても彼はほとんど才能らしきものは持ち合わせず、気がつけばいつも、いてはならない場所にいたものであった。そのたびに鷹匠から罵声を浴びせられ――

退がれ、この悪魔め！
その場より退がれ
そら、鴨を逃がしたり！

審判者としての資格なし、と騎士は言ったに違いない。とても彼の意見に同意はできない、われわれは鉄の時代を生きている、それゆえ鉄のごとくあろうではないか、と。かくして問題は未解決のままに残された。加えてデ・シャンのこの時代、ひとえに身体の教育を支持する者は、またこうも訴えた――この教育の成否は結果から、すなわちそれが生み出した成果から判断して欲しい。そう、すなわちこの教育こそがあのベルトラン・デュ・ゲクランを生んだのだ、と。

それは確かにその通りである。祖国のための戦いに明け暮れたこの高名な元帥はサン・ドニの舗石の下に葬られるまで、身体の教育しか受けたことがなかった。生粋《きっすい》のブレトン人であった彼は、学んで修めることに劣らず重要な意味を持つあの天賦の才に恵まれ、すでに幼少のころから武芸において他に抜きん出るという、早熟な子どもの典型としてあった。彼が書いた署名《サイン》の現物が今日にまで残されていて、たしかに自分の名前ぐらいは書けたようだが、しかし手習いに費やした彼の努力はそれ以上の域を出るものでなかった。何かに長けることそれ自体よりも、自らの能力をどう用いて何をするかにずっと重きを置いた人で、かくして字を書くというのはもちろん、彼が最も不得意としたスポーツであった。彼と同時代を生きた伝記作者のキュヴリエによれば、デュ・ゲクランはすでに八歳か九歳のころから父の館《やかた》があったラ・モット・ブローンの界隈《かいわい》において、同じ年代の少年たちの間では抜きんでた存在であったという。

よくベルトランは野原に出で
四十人乃至五十人の子どもをかき集めては
トゥルノワのごとくに突撃をさせ
これを彼が一人で迎え撃った
あたかも牙をむく狼どもに飛び掛る猟犬のごとくに

その結果が怪我の連続であった。道理を弁えた親が勉強ばかりしている子に少しは控えるよう促すのと同じで、少し度が過ぎると考えた彼の父親も遊びを控えさせるよう試みたが、しかし生来の好みを抑えることはできなかった。少し長じたベルトランが耽るようになったのは、小さな仲間たちと一緒に槍を操り、槍的《カンテンヌ》を指して駆けることで――

槍的《カンテンヌ》を立て、それを目がけてジュートをなせり

角力家の国ブルターニュに生まれた生粋のブルターニュ人ベルトランは、ある日曜日の夕食後、はじめての勝利を村の広場でおさめることになる。当時、彼は伯母の家に寄宿しており、角力の予告を聞きつけた伯母が彼をそこへ行かせないよう、「説教を聴きに」教会の晩課へと連れ出した。否応なく同行を余儀なくされたベルトランだが、しかし聖句を耳にした伯母が目を閉じて内省に耽ると足音を忍ばせて彼女のそばを離れ、いよいよ「説教が始まるや」そっと教会を抜け出した――

かくして広場に赴くと、すでに角力は始まりてあり

まだ十七歳にしかならなかったベルトランであるが、世でかくも貴ばれたあの資質はすでに備えていた。つまりもはや十分「牢乎《ろうこ》」であったわけで――

豪腕にして牢乎、しかも頑丈なる躰つき

大きくて強靱であるのがよき資質であって、小さくて虚弱なのは欠点というか、ほとんど罪悪でさえあった。あのフロアサールも農民たちのことを「陰気で小作りで女々《めめ》しい」と、軽蔑しきった口調で書いている。ベルトランが対峙したのは、それまでの対戦者すべてを打ち破った一人のブレトン人であった――

相手に突進したベルトラン、瞬時にこれを捕まえ

剛、柔、巧と、持てる能力のすべてを駆使してそのブレトン人を地に転がした。確かに相手はそれまでの闘いで疲れていたに違いない。しかしベルトランにしても初陣《ういじん》であり、それまでの王者であった相手の犠牲者をそれ以上増やさなかったのは、やはり人したことと言えた。褒美に「金銀の細工が施されたロザリオ」を手にした彼は満面に笑みを浮かべ、びっこを引きながら家路についた。脚は血だらけ、膝には石ころでこさえた傷があった。

二度目の勝利はずっと大きな反響を呼ぶことになる。彼はそれをレンヌでの有名なジュート（誤ってよくトゥルノワと言われたりする）で挙げた。彼の吟遊《か》詩人が言うには、このとき――

高額の褒賞を呼ばわる声あり

自分にはお呼びのかからなかったベルトランだが勇んでそこへ駆けつけると、その冴《さ》えない馬と貧相な装備を見て、道行く人たちは笑った――

彼ら互いに言い交わすに――
まことこれは騎士の息子なるか
粉屋の馬に跨りくるとは

会場に着くと、彼の縁者を含めて多くの人たちが、きらびやかな甲冑に身を包んでそこにいた。まこと目も眩むばかりの光景で、自分の出で立ちのことを考えると冷や汗の出る思いであったが、もちろんそんなことで怯《ひる》むベルトランではない。むしろその逆であった。というのは、彼は単に強さだけでなく知力にも長け、臨機応変の処し方ができたからである。自分を疑うことなく、将来を確信していた。彼は自らにこう言い聞かせる――

われは手にせん
ロンスヴァルで息絶えしあのロランにも、
またゴヴァン、アーサー、パーシヴァルにも勝る栄誉を

やがてトランペットが鳴り響き、旗が風に靡《なび》くなか、ジュートがはじまった――

レンヌの市場に人びとが溢れ
喇叭や角笛が大音を奏でる
広大なるブルターニュの

ここかしこより駆けつけし騎士どもがジュートに興じる
ブルトン語を交わすブルトン人で満ち溢れたり

見事な騎馬姿で今しがた馬駆けを終えたばかりの従兄弟の一人が矢来から出てきたのを見とがめたベルトラン、しばし二人で話し合い、相手の同意を得る。かくして従兄弟はその装備をベルトランに貸してくれることとなり、かくして物語の一場面のごとく、ここに一人の見知らぬ若武者が颯爽《さっそう》と現れて矢来に登場すると、やはりこれも物語にある通り、向こうから対戦の相手が現れた。ラ・モット・ブローンの野原でベルトランは、ただ漫然と槍的《カンテンヌ》を指して馬駆けをしてきたのではない。槍を下方に下げつつ敵に狙いを定めると――

見事に狙いどおり
鉄の穂先は相手の面貌を捉え

兜を跳ね飛ばされた騎士は馬もろとも、地にもんどり打った。

馬はすでに息絶えた様子
件の騎士もしばし気を失いたれば
「もはやこれまで」と誰かが言い、みなもそう信じたり

敗者を担ぎ上げ、息絶えた馬を「向こうの原にまで運び出す」と、またジュートが続行された。敗れた騎

士は相手の名を知りたがったが、誰一人としてその名を言うことはできなかった。また新たな敵の登場となるが、しかしその兜にある紋章を見て自分の父であることを知ったベルトラン、この対戦を固辞する。「怖気《おじけ》づいたか！」と人びとは叫んだがそうでなく、また別の騎士が矢来に入ると、後にあのプリュヴィネルが王家の生徒に推奨したとおりの、まさに見事な一撃をその頭部に見舞い、相手の兜を剥ぎ取ってしまった。以後もこの調子で、

十五のジュートを戦い、そのうちの多くで槍を折り砕けり

最後に一人のノルマン人騎士がやっとベルトランの頭に槍を当て、十四世紀ごろのジュート用兜にまだ装着されていた面貌を上に跳ね上げることに成功した。こうして若いベルトランは世に認められる。これが彼の二度目の勝利で、三度目のそれはコシュレルにおいて成し遂げられた。

青年たちを対象とした当時の身体教育を悪し様《あざま》に言う批判に対しては、それゆえにこの元帥を例に挙げて反論することが可能であったわけで、まことにそれは完璧なる反証であった。それゆえあのデ・シャンでさえ文句をつけることはできず、このベルトランの死を嘆いて、情愛をこめた次のような詩を書き残している——

栄誉の切り株、勇気の樹木
壮挙を求めし獅子の心根
騎士の華にしてフランスの栄光
人に勝利し土地を征服し

この世に生を受けしなかでもっとも勇敢な人
彼のために誰もが黒衣をつけ
泣くがよい、泣くがよい、この騎士の華を
ああ、武人たちよ、忘れるな
彼こそは諸君の父にして、諸君は彼の子たることを
かくもの武勇を誇ったこのベルトランこそ
心の底から諸君を愛した人であったことを

ベルトラン一人が特異であったわけでない。同僚であった武人やその後継者も、ほとんどが彼と同じ部類の人たちであった。彼同様に早熟で、その才能が長きにわたってフランス中の賛嘆の的となった人びとについてはいくらでもその例を引くことができるが、ここではもう一人の名を挙げるだけに留めておこう。すなわち「フランスの元帥にしてジェノヴァの総督ジャン・ル・マングル閣下、通称ブシコー」その人である。勇猛果敢な司令官にして疲れ知らずの戦士、ロズベックにポーランド、ハンガリーにイタリー、そしてまたトルコと、およそ命を賭する機会のあるところならどこへでも馳せ参じ、また本書でも既にわれわれはサン・タングルヴェールの野戦場で、「がまの穂よりも真っ直ぐに背筋を伸ばし、手には槍を、頸には紋章を」いただいた彼の姿を目撃したところである。

「彼の幼年時代の遊びはどれも武者的な性格の窺われるものばかりで……、自分と同じ年ごろの子どもを集めては、ちょっとした小山のような所の攻め落とし」にかかったり、あるいは逆にブシコーが、そうした子どもたちを相手に「通路《パ》を守った」りした。別の折りにはまさに戦争そのものである遊びを企画し、「子どもらの

頭に鉄頭巾に似せた布覆いをかぶせたり、また騎士団の行進と称しては棒切れに跨らせ、その躰に（鎧代わりに）樹皮を纏わせたりして、互いに陣地の取り合いをさせた」。跳び比べ、槍投げ、石投げをした他、より単純にして古式のものながら今も活発になされる棒遊びにも興じた。ただ一つ、そうしたなかで特異であったのは（これはデュ・ゲクランにも見られなかったことである）、彼はこうした遊戯の渦中にあって、まこと君主然とした風を装ったことである。「どんな遊戯をしていようと、彼が常に主人であった……。そして一旦、君主風の威厳あるスタイルに入ると、たいていは片方の手を腰に押し当てて背筋をまっすぐに伸ばしたまま、他の子どもたちが遊ぶのをじっと眺め、そうして彼らの交わす一撃一撃の善し悪しを断じた。そのとき口数は少なく、いたずらに笑みを浮かべたりすることもなかった」。

これはもうデュ・ゲクランとは別世代の人である。実際、ブシコーは同年代の子どもたちばかりか、その時代をも抜きんでた存在であった。片方の手を腰に押し当てたまま、甲冑の代わりに樹の皮を纏った農民の子らを指揮する彼の姿を思うとき、それは後の、王たちのいや増す権勢が彼らを此岸《しがん》に留め置かせるようになる時代の到来を予感させるし、これがさらに時代を経ると、王たちは前線近くに出て身を危険にさらすことさえしなくなってしまう。もっともブシコー自身は、戦いの現場に身を投じることを願ってやまなかった。十二歳のとき、まだ一度も戦場に行ったことがないのを悔しがって同行させてくれるよう懇願するが、「それを聞きつけた大人たちは笑い転げ、こう囃《はや》したものであった――おお、武人の鏡よ！」。しかし彼の熱意に動かされたブルボン公はその願いに真面目に応え、ちょうど公が王の名代《みょうだい》としてナヴァール王の立て籠もる城を攻略していたノルマンディーへと、ブシコーを引き連れた。身に着けるのはもはや樹の皮でなく、このたびは博物館で見るのと同じの、本物の甲冑であった。「そうして彼に武装の衣裳を施すと微塵も重たげな様子は見せず、むしろその姿があまりにも可愛いらしくて、まるできれいに着飾った女人《にょにん》のようであった」。この攻略戦では

「フランスの高名な元帥、ベルトラン・ド・クラカン閣下」（デュ・ゲクラン）をはじめとする多くの高官たちの脇に控えて、彼はよく自分の義務を果たした。それは彼の少年時代の最も輝かしいひとときであったが、同時にあっという間の出来事でもあって、「家に戻ると少年ブシコーの歓喜はたちまちにしぼんでしまう。というのは、既に一人前の武人になったつもりが、こう言われて愕然とさせられたからである——さてさて勇猛なる戦士殿よ、学校にお戻りあれ、と。こうして彼は再び学校に押し込められてしまった」。

ブシコーの伝記作家にすれば彼が学校で学んだことなど、彼自身が身体鍛錬から会得したものに比べれば何ほどの意味も持たなかったようで、こうして伝記中の二つの章が、騎士道教育や戦闘鍛錬によって彼のなかに育《はぐく》まれた正真正銘の騎士としての才能の記述に当てられている。「挑戦をモットーに掲げたブシコーは自らの躰を戦闘向けに仕立て上げようと」あらゆることに挑んで何一つなおざりにせず、たとえ歩行であってもそうであった。「かくして完全武装のまま馬に飛び乗ったり、息の切れるほど長い距離を走ったり歩いたりして、そうした状態に自らを慣らそうとした……。かと思えば長時間、大鉞《おおまさかり》や大槌《おおづち》を振り回しつづけることもあった」。かようにして「この時代、彼ほどの勇猛ぶりを示した貴人というのは他に例を見なかった。鉄頭巾以外のありとある種類の武具をすべて身につけたままでも瞬時の身のこなしができたし、ダンスを踊るときも鉄の鎖帷子を纏ったままであった……。同様に、完全武装のまま鐙《あぶみ》に足をかけずに馬を駆けさせたり……、あるいは疾走する馬の鞍の前橋を片手で握り、もう一方の手は馬の耳あたりに伸ばしてたてがみを掴んで、そのようにしてこちらの馬からそちらの馬へと、両の腕だけで乗り移ることをした……。また、高い壁に立てかけた長い梯子の裏側を、鎖帷子を纏ったまま足は用いずに一段一段、両の手を同時に跳ね上げ跳ね上げしながら上まで登った……。これらはすべて、本当にあったことばかりである」。

最後に、この時代の教育にかかわる全体図を完成させるべく、ブシコー伝の第八章は「誠実心《アムール》」について語っている。そしてこの面でも他のすべてにおけると同様、ブシコーが騎士としての本分を果たして謬《あやま》るところがなかったと、そう伝記作家が見ていることをわれわれは知るわけである。「誠実心《アムール》の持ち主が忽《ゆるが》せにできぬことを行うのに、また人の心がそうせよと強く命じることを行うのに、騎士が躊躇することがあったであろうか？　答えはもちろん否である……。それが真実たることの証拠は、昔を生きた勇猛なる人びとの逸話を読めばいくつも見いだせるであろう。ランスロやトリスタンや、その他大勢の人びとにあっては、この誠実心《アムール》こそがその人間を磨いて名をなさしめたことがよく分かるであろう。今を生きるフランス人とて同じことで、オトン・ド・グランソン閣下やド・サンセール元帥等々、それに今後も長く語り継がれるであろう高潔な人士が数多くいて、彼らを勇猛かつ高潔にさせたのも、この誠実心《アムール》への奉仕にこそ他ならなかった。嗚呼、誠実心《アムール》こそは高貴なるものにして、それをよく用い得る者はたとえ謬《あやま》ることがあっても悪し様に言われることがない。たしかにそれを正しく用い得ぬ者は不幸であるが、しかしそれとても誠実心《アムール》の罪ではない。なぜならそれは本性として善きものであるがゆえに」

第5章 狩猟

LA CHASSE

I　狩猟と戦争、狩猟の法

恰好の暇つぶしであった公私の戦争や十字軍遠征、あるいはトゥルノワやジュートがないときでも、なお貴族たちは動物を相手に戦争をしかけ、愉しみに耽ることができた。まことと狩猟は彼らに、その求めてやまなかった悦楽——野外での生活、粗暴な運動、武器の使用——を約束してくれるものとしてあった。フランスほど多くの狩猟家や狩猟書を生み出した国は他になく、この領域においても、われわれの祖先や書物は、大いに権威を発揮してきたところである。

先住のガリア族は素晴らしい犬を飼っていた。古代社会でとても人気のあったこの犬は、ユリウス・カエサルの記すところでは〈ウリュス〉と呼ばれ、とても攻撃的にして危険であったあの野生の牛さえ倒したという。そうしてこの犬がことごとく退治してしまったのでフランスには一頭の野牛も残ってはおらず、わずかに大洪水前の地層に、化石として見出されるのみである。フランク族の先人も狩猟には大いに熱中したもので、その古法典である短いサリカ法にさえ、この娯楽について触れた条項をいくつも見出すことができる。またカール大帝のスポーツ的資質（水泳、乗馬等々）を称讃するなかでエジナール［大帝の伝記作者］はこう書いている——「帝は乗馬と狩猟に熱を上げた。これは帝に流れる血がそうさせたものに他ならず、なぜならこの世のどこを探しても、この領域においてフランク王国に比肩し得る国は他に見あたらないからである」。

トゥルノワやジュートと同様、狩猟は人びとの情熱をかき立て、と同時に、義務の感覚を麻痺させた。教会当局から繰り返し出される禁止令などものかは、修道僧や修道院長、それに司教までもがそれに熱を上げる始末で、そういう彼らは揶揄《やゆ》や戯歌《ざれうた》の対象とされたり非難を浴びせられたりしたが、それでも乱行のおさまる気配は一向になかった。人を誘惑する悪魔にもいろいろあるが、とりわけ狩猟の悪魔は最も執念深いものの一つ、というわけであった。

さらにまた狩猟はトゥルノワやジュートと並んで、往時における最大の娯楽であった戦争に付随して愉しまれる活動としてあり、ルネサンスを過ぎてもなお、戦争と狩猟は常に対をなすものとしてあった。イングランドを征服したノルマンディー公ウイリアムがとった最初の措置も狩猟法の発布であり、それがあまりに厳格な内容のものであったので、彼を迎えた領民たちは驚いてしまった。そのうちの一人で公の肖像画を描いたある画家は、「公はほとんど慈父のごとくに大鹿たちを愛《め》でられた」と書いている。もちろん、大鹿を殺す愉しみを後に取っておくためにであり、父親は父親でも、わが子を貪《むさぼ》り食うサトゥルヌス的なそれであった。

この狩猟は戦争とほぼ同時進行の形で展開され、行軍の合間を縫ってもそれはなされた。聖ルイ王の部隊もこの娯楽を心行くまで愉しんだもので、彼らはガゼル［アフリカ・西アジア産小型かもしか］やライオンといった未知で危険な動物さえ好んで獲物とし、「わが部隊の戦士たちはのろ鹿によく似た、ガゼルという名の獰猛な野獣を仕留めた」とジョワンヴィルが書いている。彼らは極めて興味深いやり方でライオンを仕留めたが、これはアルナール・ド・スナンガン侯の伝授したところと言われる。侯はノルウェーで建造した船で彼《か》の地から帰還し、カイザリアの前に設けられた聖ルイの野営地に合流したのだが、北国にまつわる逸話やら彼自身の創作話やら、またその語り口やらのせいで、すっかり野営地の人気者となった。侯によれば夜というものがない北国では、夏に好んでライオン狩りがなされた。「ド・スナンガン侯と仲間たちはライオン狩りに熱を上げ」とジョワンヴィルが書いている、「相当の危険を冒した末にそのうちの幾頭かを捕獲した。まずは馬に拍車をかけてこれを全速で駆けさせながらライオンに矢を射る。するとライオンは射手たち目がけて走りだし、そうして彼らに近づいていよいよ襲い掛かろうとするその刹那《せつな》、使い古した布の切れ端を投げ落とすのである。ライオンは急停止してその上に乗っかると、布切れを人間だと思って噛み破いて呑み込もうとする。そうして布地を引き裂こうとしている間、再び矢を放つと、ライオンは布を放り出してまた彼らに襲い掛かる。すぐさまもう一枚の布を落としてライオンに噛みつかせ、これを繰り返しながら止《とど》めの矢を射る、というわけである」。

戦場に赴《おもむ》く王たちは兵士の軍団に加えて、猟犬の一隊をも供に引き連れた。たとえばエドワード三世はフランスに攻め入ったとき、「屈強な猟犬を番《つがい》で六十組、それと同数のグレイハウンド」、そして言うまでもなく「鳥の世話をする騎馬の鷹匠《たかじょう》三十名」を同行させている。王たちは漁具一式を運ぶ従僕たちをも引き連れたものので、「これによっていつも、とりわけ四旬節《カレーム》〔肉食が禁じられる〕に入っても安んじていることができた」――もちろんフロアサールが言うとおり、これはあくまでも貴族の間での話であって、一般庶民は四旬節であろうがなかろうが「手に入るもの」なら何でも食べた。彼らには救済よりも、食うことの方が大切だったからである。

それから一世紀が過ぎ、また二世紀が過ぎても、こうした習慣は変わらなかった。フルーランジュが書くところでは、ルイ十二世が戦場に向かったときも、その「五十頭の猟犬」に別れを告げることはしなかった。またアンリ四世の猟犬隊といえばそれまで人が見たうちの最も見事なものの一つとされるが、こちらも王の遠征に付き従った。アンシャン・レジームの時代が終わるまで、実際はほとんど適用もされなかったが廃止もされなかったある規則があって、その存在自体がヨーロッパの公法で認められた一つの慣習の、執拗なまでの存続を証明するところとなっている。つまりそれによれば王というのは、狩猟をしながら戦争を行うものとなっているのである――「王室つきの鷹狩り隊だけは、戦時にあっても国王の移動に随行する。軍の指揮を執るフォルジェ候は道中もしくは戦陣にあって王からの命令を受け、それにしたがい毎日、朝と夕べに、国王の馬車の扉口から鷹を翔《と》ばす。戦時には王がとどまる隊列の先頭においてこれを翔ばす。それゆえフォルジェ候は国王の出陣に先立ち、鷹匠および鷹匠の命令を執行する係官らの身分証をあらかじめ外務大臣に手渡し、彼らの通行証を敵軍の将軍より得さしめる。こうして軍の警護が厳しい場所にあっても、王の鳥たちを自由に翔ばせることができたのである」。

原則から言えば、狩猟の愉しみは王や貴族など、土地の所有者だけに限られるものであった。しかし実際はこれと大きくかけ離れ、たとえば広い範囲にわたって間断なく行われた密猟があり、これは取り締まることがむずかしく、その根絶は到底、望むべくもなかった。それだけでなく、多くの地方では土地所有者ばかりか王さえも、あるいは金銭と引き替えに、あるいは賦役の見返りとして、狩猟の権利を他の者に認めることをした。そのため違法な狩猟を阻止する目的で中世に公布された多くの勅令には、狩猟を許可された町民や平民など、さまざまな種類の人たちが並べ記されている。一三二一年には、アンジェ周辺に住む非貴族の土地所有者を対象に、アンジェとル・マンの伯爵らが賦課金の支払いを条件に狩猟権の移譲を認め、これについては王も追認している。一三九六年にはシャルル六世が勅令をもって改めてその確認を行い、それによると「非貴族、耕作人、その他」にあっては「狩猟の権利が認められているか、もしくは狩猟地または当該権利の所有者たる貴族その他の者の同意を得ているか」、あるいは当該人が「自己の財産や年金で生計を立てる町民」であるかする以外は、狩猟を行ってはならないとされた。このほかに十八世紀まで、「太古の昔から誰もが狩りを自由にできる地方がフランスに」はあった。

一つの地域に暮らす住民全部が、新たに狩猟の機会を手にすることもあった。というのは、増えすぎた動物が王領の麦を青いうちから食べてしまい、そのため地方三部会が定期的に申し立てた苦情を前に、王は古くからある禁漁区を狭くしたり、新規のものを廃止したりしたからである。一三五五年と一三五六年の勅令、あるいは一四一三年のカボシエン大勅令、等々がそれで、そこには「何人も罰金なしに当該地で狩りを行い、獲物を持ち帰ることができる」と記されている。加えて、狼や狐、穴熊や川獺《かわうそ》を対象とした猟は、四季を通じて、誰にでも可能であった。それは周辺の土地にも利益をもたらすもので、住民に対して推奨されたばかりか、時に義務として強制されることもあった。

狩猟の法令を遵守させるのに、罰金や、その他の「応分の措置」をもって臨まれた（一三九六年）。しかし違反の容易さ、誘惑の絶大さ、そして刑の軽さが密猟を蔓延《はびこ》らせることとなり、結果として刑罰の強化が図られるようになる。十六世紀と十七世紀の一時期、それはまこと恐ろしいまでのものとなり、たとえばフランソワ一世の時代では再犯が三度を数えると「即刻ガリー船送り」となり、矯正不能の者は「極刑」にさえ処された。アンリ三世の時代といえばこの上なく社会秩序が壊乱した時代で、そのことは狩猟をめぐる当時の社会事情からも窺い知ることができる。誰もが狩りをしながら一人として罰せられず、まさにやりたい放題の状態で、「貴族でない平民の者、教会関係者や法律家、商人、職人、工芸家らは、己が身分も職分も忘れて火縄銃や小銃や拳銃、それに弩《おおゆみ》を手にして」犬や白イタチや網を用いる狩りを行い、「大きな物音を響かせては獲物たちを右往左往させながら、前述した火縄銃を持って人が待ちかまえる場所にまでこれを追い込んだ」。そのようにして時には鳩まで殺《あや》めてしまうような有り様で、「ある時間帯に聞こえるのは火縄銃の音だけ」といったような情景は、少し前の時代までは考えられもしないことであった。こうしてまたぞろ古い禁止令が復活され、罰は絞首刑にまで及んだ。違法な狩猟に対する死刑は何度か、その後の勅令においてもなお定められることがあったが、ルイ十四世の時代になってやっと廃止される。禁猟区を指定する勅令も農村にとっては疫病《やくびょう》神《がみ》そのものであったが、それでも時を隔てて、なお新たに公布されつづけた。そうした弊害を緩和しようと一七七六年一月、大蔵大臣のテュルゴが影響力を発揮してある政令が出されたことがあった。これについて当時の人はこう記している――「周知のとおり、国の行財政を取り仕切ったごく短い期間に、テュルゴ氏はこの悪弊に改革の手を加えようと試みた。しかし革命のため氏は辞職を余儀なくされ、その意図したところは実現するまでにいたらなかった。テュルゴ氏が農村救済のために手がけたことを、氏のように人間味溢れる別の大臣が将来、やり遂げてくれるよう祈念して止まない」。後にこの救済は成し遂げられる。しかしそれをやったのは新大臣でなく、重要さにおいてずっと勝る別の新たな革命、すなわち一七八九年のフランス大革命であった。

II　先人による古典的な狩猟

古来より遍《あまね》く慣れ親しまれてきた狩猟は数ある遊戯や娯楽のなかで、最も多くの文献を誇るという栄誉に浴してきた。かくしてその過去は無限の広がりを持つが、しかしその未来はと言うと、こちらの方はあまり芳《かんば》しくない。動物を殺すことはなくならないであろうが、しかしそれを殺《あや》めて愉しむという行為は、いつの日か終りを告げるかも知れない。ともあれ、ある碩学《せきがく》が狩猟本についての目録作成を思い立ち、近い時代のものだけに限ってそのリストを作成したところ、七百五十もの文献からなる八折版ができあがったほどであった。偉大な娯楽にはどこかしら重厚さが窺《うかが》えるもので、狩猟もまさにそうした娯楽の一つであり、それを取り扱った書物にはごく当初のものから、哲学書や文法書が備えるのと同じ種類の威厳が感じ取られた。狩猟家のお供をする動物には馬や犬のほか、上空もしくは低空を翔《か》ける多種多様の鷹がいて、それらに関してはどんな些細なことも疎《おろそ》かにはされず、こうして狩猟や鷹狩りに一家言を持つ師匠たちは動物の病気はもちろん、排泄物のことまで実に事細かな気配りを示し、仮にこれが人間相手の仕事であったなら、到底耐えられないことであったと思わせる。

秀逸な細密画を備えるそうした書物の多くが中世のわがフランスにおいて編《あ》まれ、長期にわたってヨーロッパの全土で好評を博した。ルネサンス期に入ると、それらの多くは活版印刷された最初の書籍リスト中に名を連ね、それだけ人びとの間で需要の高かったことをよく物語っている。聖書、古典文学、狩猟書、それに物語文学が、この種の光栄に浴した書物の四大ジャンルであった。フランスでは早くも十三世紀から「鹿狩り」をテーマとした詩の本が著され、十四世紀になると数ある書物のなかでも、フォアの伯爵にしてフロアサールの庇護者であったガストン・フェビュの、あの大著が世に出る。この他にも『規範の神《ロワ・モデュス》と理性の女神《レンヌ・ラティオ》、快楽と不幸について語るの書』と題する、各種資料からの情報を集大成した大編纂書があり、本書もすでにそこから、いくつかの教えを引用してきたところである。

この偉大なテーマを前にしては理性の女神《レンヌ・ラティオ》自らその口を開き、騎馬でする狩猟や、その他のあらゆる狩猟について人びとの間に知を開き、正しい原理を打ち立てようとする。騎馬でする犬追いの猟は最も高貴にして贅沢なもので、庶民には到底、できるものでなかった。落馬や負傷など、ちょっとした危険がいつも待ちかまえていて、それゆえにこそこの世の富める人たちにとっては最良の「気晴らし《デポール》」、まこと申し分のない娯楽としてあった。

その彼らに理性の女神《レンヌ・ラティオ》は貴重な助言を惜しみなく授ける。たとえば彼女の本のなかに、革紐につないで犬を引き連れる従僕《じゅうぼく》が、一定の規則にしたがい適当なときに犬たちを解き放つ場面が出てくる。そうして解き放った犬のあとを、狩人の一行が馬をギャロップで駆けさせ、ラッパを吹き鳴らしながら、窪地を越え藪を抜けして追っていく。あるいは「犬に追わせて兎を獲る仕方」や、犬を用いて猪や狼や狐を捕獲する方法なども紹介され、それらは瀟洒《しょうしゃ》な挿画からもよく理解できる仕組みになっている。とくに狐狩りはこのころからすぐれてイングランド的なスポーツになったと言われるが、実はこうして、わがフランスの祖先も好んで親しんだ娯楽の一つなのであった。さらに規範の神《ロワ・モデュス》と理性の女神《レンヌ・ラティオ》は入念に狩猟の原理原則を解き明かしながら、一つの章全体を「犬に追わせて網なしで狐を獲る法」に割いている。狐が放たれるや犬がその跡を追い、さらにその後ろを狩人たちが馬のギャロップで付き従う。このとき意を用いるのは二つだけ、すなわち犬を見失わないようにすること、彼らを鼓舞するため適時に喇叭を吹き鳴らすこと、とされる（図10）。

別の数章では弓でする狩りがテーマとされるが、弓が銃に取って代わられたことを除けば、今日目にするものと何ら変るところがない。住民がごく僅かで未開墾地の多かったフランスには今よりもずっと多くの動物が自由奔放に生きていて、狩人はいくらでも獲物に近づくことができた。多くの場合、動物たちは逃げることさえせず、じっとしているところを狙い打ちにすることができた。

今ではすっかり廃《すた》れてしまったが、中世の時代から殊に人気のあったものに、大きな網目のネット（これを網罠《トワル》と称した）を使用する狩りがあった。このネットを藪と藪の間に張るのである。鹿や、またとくに《黒い獣》（猪のこと）がその開口部へ走り込み、ネットに絡まってもがくところを猪槍《いのししやり》の一撃でとどめを刺した。フィレンツェに保存されるフランドルの極めて美麗なタペストリーが、この狩りで起きた出来事の一部始終をわれわれに見せてくれる——疾走する猪、追い詰められる猪、網にかかってもがくところを猪槍の一突きで仕

図10　16世紀の狐猟。ガストン・フェビュ『狩猟書』（16世紀初頭）所収。
（国立図書館蔵　Ms. Fr. 619）

留められる猪。かと思えば、網に突進してこれをもぎ取り、それが邪魔になってもがき逃げる猪もいる。「網罠《トワル》」の使用はルネサンス期に入っても衰えるどころか、ますます盛んとなり、それ以降もなおつづけられる。「国王は」と、ルイ十二世についてフルーランジュがこう書いている、「網罠隊《あみわなたい》と称する狩猟隊を所有する。月百スーで雇われた網罠隊長が率いる百名の歩兵からなり、網罠を仕掛けることがその唯一の任務である。彼ら歩兵たちは大猪槍を携え、王自らが戦地に赴くときもこれに付き従った」。

追い立て猟というのもよくなされた。これは狩猟者側の骨折りをさらに一段と軽減するもので、長期にわたって根強い人気を博した。というのも、あらゆる種類の娯楽《スポーツ》があってよく、得られる愉しみも場面に即して多様なものがあってよい、とされたからである。すこぶる精彩に富んだクラナッハの二枚の絵がマドリードの美術館に収められていて、そこには一五四四年、大勢の貴婦人や領主たちとともに鹿狩りをするシャルル五世の姿が描かれている。王が陣を張る茂みに向け、獲物の大群が追い立てられる。すると従者が今日言うところの《装填手《そうてんしゅ》》となり、弩《おおゆみ》を主人たちに、とくにこうした鋼鉄製の弓を強く引き絞れない貴婦人方に差し出す。それを肩に押し当てた狩人たちは狙いを定め、土塊《つちくれ》や水を浴びせられ追い立てられてきた鹿の大群に向けて、ごくごく近い射程から矢を放つのである。

旧時代も終りに近づくと、王の狩り場ではしばしば、森の奥深くに優雅な東屋《あずまや》が建てられるようになる。諸侯や貴婦人らはそこで大いに談笑しながら獲物がやって来るのを待ち受け、それに向けて弩を放った（後にこれは小銃に取って代わられる）。古来よりなされてきた遊戯とは言え、ことここにいたっては、ほとんどサロン的な雰囲気の遊びと化してしまった。今もすたれることのない殺戮のはじまりであり、こうなるともはやスポーツでなく、一種の道楽にすぎない。リボン飾りや絹の衣裳に身を飾って躰を休めたままでするこうした狩りは、十六世紀を通じて盛んになされた。イングランドのエリザベス女王もこれに熱を上げた一人で、自らの猟牧地でだま鹿を自分で射たり、随行の貴婦人方にも射させることをした。シェークスピアは『恋の骨折り損』のなかで、フランス王女の慰みのためにとこうした狩り用のあずまやを一つ、ナヴァールの渓谷に設けている。

というわけで、件《くだん》の規範《ロワ・モデュス》の神と理性《レンヌ・ラティオ》の女神はなおも人びとに教えを説きつづける。彼らが理を諭《さと》すのはそれが役目だからであり、こうして「王がする遊びに欠かせぬ《黒い獣》用の茂みを如何に育て、如何に刈り込むかの方法」（これには藪に捕らわれた猪の絵が添えられている）や、また森や野に住む栗鼠《りす》その他の小動物を捕えるための装置や罠のこしらえ方について説かれる。あるいは鷹についてはその多様な品種や病気、また犬については狩る獲物――青鷺《あおさぎ》か鴨か、あるいはその他の鳥か――に応じてどの犬種を同行させるべきかの、それこそ詳細にわたる無数の情報が書き綴られている。

フォアの伯爵にしてベアルンの領主であったガストン・フェビュは、プロイセンの異端者相手に戦い、農民反乱隊《ジャックリー》をモーの城壁下で粉砕した人である。恰幅《かっぷく》がよく声にも威厳があり、芸術の庇護者として美と音楽を愛《め》でた他、武勲については虚実にかかわらずこれを讃美した。そしてあらゆる方面において成功を収めた優雅で勇猛な貴公子として、この人もまた狩猟をテーマとする一冊を著したのである。彼こそは世に言う「大領主」の一大典型であり、その話しぶりは華麗にして眼差しは自信に満ちあふれていた。慇懃《いんぎん》ではあったが怯《きょう》懦《だ》でなく、信仰厚かったががちがちの信心家ではなかった。また詩に耳を傾けるときの彼は忍耐力を発揮し、たとえばオルテスにある彼の館で年代作家のフロアサールは、三万句にも及ぶ彼の『メリアドール』を読み聞かせている。しかしこのフェビュも、ひとたび自分の利益が危殆《きたい》に瀕していることを告げられるやあらゆる自制心を失くしてしまい、「その眼は恋に落ちたかのように怪しい輝き」を増し、「幾度も主祷文を」唱えたとフロアサールは書いている。「動物のなかでは犬を最も好んだ」フェビュは六百頭もの猟犬を所有し、まさにハーレムのスルタンよろしく、それらを愛でた。犬たちが奏でる咆哮《ほうこう》は彼をなごませて眠りに誘ったが、同じ町に暮らす住民すべての安眠を妨げた。反面、自分の長子を可愛がったことは絶えてなく、むしろこれを牢に閉じこめてしまい、そこで《鬱病》を患った息子はそのまま餓死することを願うと、それを聞き入れたガストン・フェビュ、これを手打ちにしてその手間を省いてやっている。

この華麗にして恐るべき領主が、一冊の狩猟書を著したのである。「万物の創り主なる神と、あらゆる聖人聖女の御名と栄光において」と彼はその冒頭に書く、「……神の恩寵によりフェビュ、フォアの伯爵、ベアルンの領主と称されるわたくしガストンは、とくに三つのことに四六時中、心を奪われている。まずは戦争、次いで恋愛、そしてもう一つが狩猟である」。といって、この三つのことすべてについて語るつもりはなく、なぜなら戦争に関しては「自分よりずっとふさわしい騎士がいくらでもいるし」（これは当時における常套句で、たとえばルネ王を参照）、また恋愛についてもずっと恵まれた恋人たちが他に数多くいて、そうした偉大なテーマについて語るのはそちらに任せてしかるべきだからである。こうしてフェビュとしては狩猟について語るにとどめ――「まずは草を食む穏和な動物、すなわち高貴さにおいて最も勝る動物からはじめよう。となると、最初にくるのは鹿と、その習性である」。こうして彼は幾種類もの動物について考察を加え、以下、熊とその習性、山猫とその習性、川獺《かわうそ》とその習性とつづく。各章ごとに一枚ずつ絵が添えられ、狩りの現場で「それぞれの習性」に応じていろんなポーズを取る動物の姿が描かれている。

犬に関する話題はもちろん延々とつづき、彼らのさまざまな喜びや欲求についての、あるいは彼らの身繕《みづくろ》いについての論考が披露される。たとえば「犬たちに運動をさせるのに」よい方法と悪い方法があり、挿画には跳びはねる犬の群れが描かれていて、犬たちが心から愉しんでそうするのは、それが正しい原則に沿ったものだからとされる。犬舎に必要なものとして「麦藁で覆った短い棒が六本、これを敷き藁のない場所に立てる。

すると犬がそこにやってきて……」棒のところですることをフェビュは大層明快に説明している。彼らの身繕いに関する世話も不可欠なものの一つで、そのために用いられる大きな歯をした、黄楊《つげ》の櫛が挿画に描かれている。博物館にあるいろんなカタログを見ると、この種の櫛は昔の時代の婦人たちが用いたものとされるが、彼の本では犬専用のものとされている。狩りにあっては、犬たちに心地よい音楽と、彼らの気持ちを鼓舞するための掛け声が必要とされ、フェビュは「声のかけ方や喇叭の吹き方」について解説を加える。さまざまな種類の狩りの仕方、鹿の糞の注意深い観察法（この観察をするブラックハウンドと狩猟係を描いた図が添えられている）、狐の追い方、兎の射方（麦畑で弩を構えた射手が兎に矢を放つ絵がある）の説明があり、「さまざまな動物を対象とした垣のこしらえ方」では、変種の網（もしくは網罠）を設えた獲物ごとの「垣の作り方」が紹介されている。

　フェビュの書にはたいそうな権威が認められ、あらゆる専門家がそれを参照した。十六世紀には数多くの異本が出され、有名な版元であったアントワーヌ・ヴェラールも原本にある細密画から着想を得た木版画入りの版を幾冊も刊行し、そのうちの一冊でフランス王国の紋章が入った犢皮紙《とくひし》製のものが、コペンハーゲンにある王立図書館の稀覯書《きこうしょ》棚に納まっている。

III 犬追い猟と鷹狩り

昔の貴族たちの目からすれば、犬も鷹も彼らと同様、侵すべからざる特権的な存在としてあった。両者ともども各種の法律によって保護され、どこにいても離ればなれになるということはなかった。歴史に名を残す重大事件を描いた細密画のなかにも、必ずそのどこかに犬が姿を見せ、教会や裁判所や、また王が主宰する高等法院での厳粛な会議においても、舗石の真ん中に寝そべる犬の姿を見ることができる。貴族だけでなく王たちも、居城の大広間で食事を取るときは食卓の下に犬たちを侍《はべ》らせた。彼らは吠えたり喧嘩したり骨を奪い合ったりして、それをおとなしくさせるのが給仕係の仕事であったが、いつもうまくいくとは限らなかった。こうした習慣はその後も長くつづき、中世を経てルネサンス期まで命脈を保った。『ヴェローナの二紳士』のなかでシェークスピアはそうした情景の一つを、とてもコミカルながら驚くほど写実的な場面のなかで取り上げている。犬たちが立てる喧噪に負けじと、桟敷に陣取る楽師たちが力強く応える。そのように力を尽くして他の音を掻き消そうとしてさらに喧騒を倍加し、そこになお登場人物の台詞がかぶさるという次第である。居室の内部を描いた象牙彫りや黄楊《つげ》彫刻あるいは絵画を見れば、昔の騎士がどれほどの愛情を鳥たちに注いだものかがよく理解できる。彼らは鳥を居間に置いただけでなく、愛情が昂じると寝室にまで招じ入れた。十三世紀のフランス人画家が描いた絵にチェスに興じる男女をモチーフとしたものがあり、画面の二人はいずれもが脇に犬を侍らせ、なおその上に男の方は片手でチェスの駒を進めながら、もう一方の腕に鷹を止まらせている。

十四世紀のフランスのある象牙彫刻にはジュートを見物する貴婦人の姿が描かれていて、彼女は傍《そば》にお気に入りを二つ、すなわち贔屓《ひいき》の騎士と最愛の鷹を侍らせている。

猛禽類《もうきんるい》との間で結んだこの親密な関係の訳は、つまりはそうする必要があったから、ということに他ならない。鷹は主人をよく知れば知るほど忠実に働いてくれる。生まれつき気むずかしくて扱いにくい鷹は、放擲《ほうてき》と配慮と仁慈と愛撫の微妙な混交をもってはじめて手懐《てなず》けることが可能で、それと生活を同じくしない限り、心を通わすことはできない。こうしてわが先人たちはいつも鳥たちと一緒にいて、絶えず言葉をかけながら背中を撫でたりして、あらゆる種類の配慮を惜しみなく費やした。社交の場に出ても怯《おび》えたりしないよう、敢えて鳥たちを人や騒音で溢れる場所に連れ出した。口頭弁論が戦わされる裁判所に同席させたり騒々しい街頭へと連れ出したり、あるいは教会での荘厳な礼拝儀式に立ち会わせたりもした。十四世紀に『パリの家政学』を書いたある町人《ブルジョワ》は、ハイタカを「毛布にくるんで人の群れや教会のなかを、またいろんな集会場や街路のなかを」連れ歩くほか、「夜も昼もできるだけ長い時間つづけて、腕に止まらせたままでいる」よう勧めている。そのようにして鳥とあまりに近しい関係を結ぶようになった人の多くは、永遠の眠りについたあとも彼らを腕に止まらせたままでいることを願い、自分の墓にそうした図柄を描かせたりしている。

鷹をうまく育てることは往時における最重要の技術であった。とくにその技術はフランスにおいて高度なまでに磨かれ、この国で馴養された鷹は外国からも引っ張りだこであった。数多くの書物が立てつづけに出版され、猛禽類の性格を和らげる断食の方法についてあれこれ論じたり、彼らの病気のことを長々と記したりしている。こうした技術は、当の鷹が巣のなかで雛のまま捕えられたか、あるいは生け垣で捕えられたかによって違ってくる。前者の場合、馴養はそう難しくないが、そうしてごく幼いうちに捕獲された鳥は通常、積極さや大胆さに掛ける嫌いがある。それらは「巣立ち前《ニエ》」の鷹と呼ばれ、フランス語の「ニエ」という付加形容詞が今日持つ意味［愚図な］はこのことに由来する。そしてもう一方の場合、鷹は当初、主人たちにこの上ない辛酸をなめさせ、鳥が自由の剥奪を苦痛と感じる間は、彼らをしてほとんど「絶望的」な気分に浸らせた。こちらの鳥も、後に日常語に転じる言葉で呼び称され、すなわち「巣立ち後《アガール》」の［凶暴な］鷹がそれである。

鷹の脚には銅製の環で「武装」が施された。環には鈴がつけられ、そのお陰で鳥が藪中に消えても、これを追尾することが可能となる。この脚環にさらに輪っかがつけられ、そこに繋索《けいさく》用の紐を固定し、必要に応じてこれを主人の杖や腕に繋《つな》いでおく。鷹を止まらせる鷹匠の左腕には部厚い革でできた手袋があり、それでもって鷹の爪の強烈な締めつけから指を保護した。また鷹匠の右手には鳩の両翼でつくった「媒鳥《おとり》」があり、鷹を手元に戻したいとき、これを打ち振った。戻ってくる習慣や戻りたいとする欲求を植えつけるために、いつも「餌《パ》」はこの二つの翼の間で取るよう習慣づけた。極めて美麗なつくりの鷹用の頭巾には通例、色彩豊かな鳥の冠毛やリボンの房飾りが施され、これで鷹の頭部を覆っておき、飛翔の際にはずされた。以上が大空を高く舞う鳥（これが本来言うところの鷹で、高貴な鷹《フォコン・ジョンティ》、大隼《ファウコン・ジェルフォ》、神聖な鷹《フォコン・サクル》などなど、多くの種類がある）についての概要である。低空を翔ぶ鳥（オオタカ、コチョウゲンボウ、ハイタカ）の捕獲は比較的容易で、また頭巾や媒鳥などに頼る必要もそれほどない。こちらは性格的にさほどやっかいでなく、また町民の身分でもこれを飼うことが許され、彼らはずっと実利的な目的において、すなわち食用にする獲物を獲るために鳥を用いることが多かった。

鷹の馴養はまこと忍耐との戦いで――
学ぶはよし、されど教えるは耐え難きことなりさらに、たとえ馴養をしても鷹は「尊大で気まぐれで扱いにくい鳥」であり、根っからの鷹嫌いに言わせると、それは狩りの間、主人に桁はずれの忍耐を要求する――

飛び立つにも立ち戻るにも時があり
頃合い通りと行かぬのがむしろ世の常
鳥の気まぐれな性格は風まかせ
かくして哀れな鷹匠は頭をかきむしり
媒鳥を打ち振るひて叫ぶばかり

もっとも、それは遊びというものにつきものの、ハプニングの一つであるに過ぎない。何かのスポーツに熱を上げる者にすれば、むしろそうした椿事《ちんじ》の出来こそがまたとない魅力としてあるわけで、部外の素人が何を言おうと頓着する必要はない。かつてはそうした熱烈な愛好家が、町民の間にも（彼らには大鷹が許されていた）、上流階級にも数多くいた。『パリの家政学』では夫が妻に行儀作法や家政の切り盛りに加えて、ハイタカその他の低空を翔ぶ鳥の、馴養の仕方を伝授している。それこそがきちんとした家庭における不可欠の知識というわけで、鳥との会話の交わし方やよく眠ったかどうかの見分け方、あるいは「糞」をよく観察し、その色によって丸薬か水浴びか強壮剤のいずれが適当かを判断する方法を知らなくてはならない。このような教えが驚くばかりの精緻さのなかで体系立てて提示されるのであるが、なおそれにつづけてこの博識の著者がする解説は、あのガストン・フェビュでさえ触れず仕舞いに終わった別の範疇の狩り、すなわち蚤取りにまで及んでいる。それによれば蚤取りには六つのやり方があるといい、その各々について事細かな説明がなされるに及んでは、長期にわたるこの分野の経験の奥深さを見ないわけにはいかない。

十五世紀、十六世紀、そして十七世紀と、鷹狩りを扱う書物は増加の一途を辿り、その著者には、ギヨーム・タルディフ、ジャン・デ・フランシエール、シャルル・ダルキュッシア、C・ド・モレー、その他大勢の人びとがいる。パリ大学の碩学教授にして数多くの文法書や修辞学書の著者、さらには国王シャルル八世の「朗読係」までつとめたタルディフは、厳粛な学問にうかがわれるあの重厚さを備えた大冊を著して、鷹狩りに関する諸原理を体系的に解説している。そこには病気とその治療、水浴、下剤、強壮剤などについての話題が無尽蔵にあって、まこと鷹狩りの世界におけるディアフォアリュス大先生「モリエール『病は気から』に登場する医者」、といったところである。その診断は微に入り細にわたり、たとえば「鳥が鼻孔から水を垂らすとき、眼に雲霞《うんか》のごとき涙を浮かべるとき、あるいは夕べに両の眼を交互に閉じ、次いで二つとも閉じてこれを羽先で覆いながら眠るかのようにするとき」、それは脳が風邪に冒された徴候だとされる。

稀代《きだい》の明君も暗君も、あるいは壮健この上ない王も虚弱な王も、ごくわずかな例外を除いて、こと狩猟に関してはみな同じ意見の持ち主であった。プレシィ・レ・トゥール城の暴君「ルイ十一世。政敵を同城に幽閉して拷問にかけたとされる」から女たらし王《ヴェール・ギャラン》「アンリ四世」にいたるまで、また彼ら以前の王も以後の王もひっくるめて、この娯楽に熱を上げない者は一人もいなかった。ルイ十一世についてはコミンヌがこう書いている――「あらゆる娯楽のなかで王がとくに愛でられたのは季節ごとの狩りと鳥（鷹狩りのこと）であったが、それとても、犬を相手にしたときの愉しまれ様の比ではなかった。ご婦人方について言えば、少なくとも私がお側にいる間は決して手をお出しになるようなことはなかった。というのも、ちょうど私が城に着いたとき王子をなくされてその盛大な葬儀があったところで、そのとき王は私を眼前に置いて神に懇願し、以後は決して自分の后以外、婦人には手を触れないとお誓いになったからである。ふつう、こうした誓いは教会からの厳命があってはじめて守られるものだが、命じさえすればいくらでもご婦人を調達できたお方であってみれば、かかる約束をきちんと守るのは並大抵のことでなかったと思われる。たしかにお后様はよいお方ではあったが、一緒にいてとくに愉しいというお人でもなかったので、それはなおのことと言える。そして王が愛でられた狩りについて言えば、そこから得られる愉楽とほぼ等しいだけの骨折りを、この王は敢えて惜しむことをしなかった。なぜなら相当の無茶を重ねたからで、王が追いかけた鹿の数は幾知れず、朝はとてつもなく早起きをし、時にはとんでもない遠出をした。どんな悪天候でもやめるということをせず、そうして帰途につくときはいつもへとへとに疲れ、決まって誰かに腹を立てていた。というのは、この王の常として、その案内人に心地よい思いをさせることなど、絶えてなかったからである」。こうして彼は自らの政治と同じく、狩りの方も強引に行った。雨に濡れるのも厭わず、「村人の家」はおろかどこででも寝泊りしたが、しかしひとたび自らの利害に関わる悪い知らせが伝えられると即座に中断した。「というのは、夏になるとブルゴーニュ公シャルルとの間で、決まって何らかの悶着が持ち上がったからである」。俊敏極まりない獲物や剛胆この上ない戦士たちは、こうした恐ろしいまでの人物を相手に、戦いを強いられたというわけである。

ルネッサンス期に入ってもこうした狩猟熱は衰えるどころか、ますます高まりを見せた。狩猟隊や鷹匠や猟犬を大量に抱え込んだ王は、この娯楽の管理に当たらせるために高級官職をたくさん設けて惜しみなく資金を注ぎ込み、そのため今風に言えば、独自の予算を持つ専門官庁が一つ、でき上ったようなものであった。フランソワ一世が自分の狩猟に十五万エキュを出費すれば、さらにその十倍もの金額を、他のことにはあれほど倹約をもって臨んだアンリ四世が注ぎ込み、これは軍隊一つが買える値段だ！と、財務顧問のスリィをして嘆かせたものであった。虚弱なフランソワ二世や病弱であったシャルル九世も、狩猟が自らに招いた過労のせいで死期を早めた。彼らがする猟の有り様を目撃した外国の大使たちは、狩猟の熱がフランス人の「血をたぎらせている」と書いている。枢機卿ルイ・ド・ギーズは枢機卿というその肩書きのまま、ギーズ家の他の面々と同じ熱意のなかで狩猟にいそしんだ。あるいは晩年になってもずっと狩りをしつづけた人にモンモランシー元帥がいて、彼はシャンティイーの森で《黒い獣》を追いながら、それまでの波瀾に満ちた日々のことを息子フランソワに語り聞かせたあと、こう結んでいる――「わしは齢の割にはまだまだ元気だ。だがおまえも分かるように、年寄りの健康というのは冬場の天候と同じで、これで安心というわけにはいかぬ。まだまだわしにはワインがうまいし、それについてはかなりの蓄えを持っておる」。死ぬまで狩猟家であった元帥であるが、かつて彼を称えて美麗のメダルが彫られたことがあった。そこには勝利を機に集結した陸海の二軍が彫られ、ことほどさように、彼は戦士のまま生涯を終えた人であった。六十四歳にしてドルーの戦いに勝利し、齢七十四にしてサン・ドニの戦いで没した。

このような熱情を前にして、一つ間違えばエラスムスのような人でも狩猟家となる可能性は大いにあったが、しかしそこはやはり懐疑論者、その皮肉に満ちた『痴愚神礼讃』のなかで肩をすくめながら、こうした熱狂者に苦言を呈することを忘れてはいない。エラスムスは言う――牛の解体なら平民がやってもよいが、しかし野生の獣をばらす役目は貴族でなくてはならぬというわけで、「ご当人は脱帽して膝まずき、これ以外の刃物ではまかりならぬという特別製の包丁をふり翳《かざ》し、一定《いちじょう》の仕来り通りに型のごとくいろいろな仕草をし、儀式に則って所定の部分を切り取る」。傍らで見守る人たちは「もう千回以上も」その種の儀式を見ているはずなのに改めて感動した様子で、口もきかず、その獣肉を味わうだけで「自分もちょっぴり貴族になったような気分でいる」。筋金入りの狩猟家ともなると「飼い犬の糞」を嗅いだだけでうっとりとするといい、まさにそれが彼らの「肉桂《キンナム》」［香辛料］というわけであった。獣を見つけるとそのあとをつけ、どこまでも追っていく。それ以外の真面目なことはする気もする暇もなく、［そうして獣みたいな生き方をしているのに］当人は〈王侯ノヤウナ生活ヲ送ツテイル〉つもりでいる、と。

といって、昔のジュートの騎士がデ・シャンに耳を貸さなかったのと同様、狩猟家たちもエラスムスの言うことなど、どこ吹く風であった。「尻尾を丸めた狐がまた一匹!」というわけで、なおも自分たちの遊びをやりつづけた。そこには徒《かち》や馬で同行する貴婦人たちが一枚噛むようになったので、なおのこと熱が入った。狩りのなかで婦人たちは鷹を腕に止まらせたり、女性向きにつくられた小型の弩《おおゆみ》を操った。そうした弩は今日の博物館に大量におさめられており、装飾用に螺鈿《らでん》や象牙が埋め込まれたエレガントなこの武器には勇士や恋人たちの彫刻が施され、その図柄を見るだけであらゆる神話や狩りの技術、あるいは物語に登場する英雄たちの話が分かる仕掛けになっている。

十六世紀には鹿や狐を追う狩猟隊の大行列が目立つようになり、これには羽根飾りをつけた大柄の帽子や絹製の衣装で着飾った美しい貴婦人方も付き従った。婦人たちはカトリーヌ・ド・メディシスの例に倣《なら》って、すでに今風の馬の乗り方をするようになっていた。「カトリーヌ・ド・メディシスは馬乗りが大変にうまくて勇敢でもあり」とブラントームが書いている、「好んで馬上の人となった。男乗りで馬に跨った最初の婦人がこの人で、それがまた横座り用の板《ブランシェット》に両足を置いた横乗り姿よりはよほど美しく、映《は》えて見えたものであった」。彼女は死ぬ間際まで馬上にあり、速駆けを好んで脚や頭に傷を拵《こしら》えても、何ら動じるところがなかった。いつも貴婦人や令嬢からなる一隊を従え、その彼女たちもまた見事な乗馬ぶりを披露し、見ていて惚れ惚れするほどであった。「美しく羽根を飾った帽子は婦人たちの優雅さをさらに引き立てたが、風にひらひら舞うその羽根飾りは、愛もしくは戦いを求めるしるしでもあった」

IV 犬《けん》鷹《よう》論争

馬は常に尊ばれてあったが、そのことは犬や鷹についても同様で、これには世のエラスムスたちが束になってかかっても、なすすべがなかった。狩猟家たちはエラスムスのような批評家が呈する苦言には一致団結して対抗したものだが、そうこうするうち、やがて彼ら自身の間で遊びを並び比べる論争が起こり、ここに仲間割れが生じることとなる。鷹狩りと犬追い猟の、果たしていずれが優れたものであるか？　なるほど、これは忽《ゆるが》せにできない大問題である。加えて元来が論争好きの人たちである、それからというもの、ジュートのように激しい論戦がはじまり、鷹と犬の優位性に関する凡百の論考や擁護論、それに詩までが物されるようになった。とくに詩のうちのいくつかは本職の詩人たちの手になるもので、その価値は高く評価できる。というのは、そこでは実場面を忠実になぞった情景がふんだんに描かれ、かつてのフランス人が狩りにあるところを、まるでその現場に立ち会いでもするかのようにわれわれに示してくれるからである。

十六世紀のロンサール風の詩人たちが、詩のなかで犬を称えている。こういう犬を所有する狩猟家は果報者に相違ないと——

吹きさらしのなかを
猟犬は主家へと獲物を持ち帰る

労苦を厭わぬ勤勉な調達人
思慮深き行動家にして忠実なる料理人
その鼻に誤りなく、曳く力は強し
その決意は不動にして、物腰は見るからに快し

犬によく仕えられ、また火縄銃を日常的に用いはじめた狩猟家であったが（ただし火縄銃は同世紀末の一時期、禁止された）、彼らにとって唯一よろしくなかったのは、そうこうするうちに兎の数が減少を見たことであった。戦地帰りの戦士たちは自分の土地に戻るまで、この新種の捕獲道具のことは知らなかった。まさに――

卑怯者めが、かよわき動物に火縄銃とは

遠くから殺めることをよしとしない、いまや消滅して久しい過去の時代の価値観のなごりが、この時代にあってもなお狩猟家の間では見られたのである。ただの野兎とはいえ、それを火縄銃で撃つのは正義にもとる、やはり犬に追わせて捕えるのが正しいやり方で、それもグレイハウンドのようなとてつもなく足の速い犬であってはならない。そのようにして兎にも逃げおうせるチャンスを与えるべきで、そうであってこそ対等のゲームとなる。かくして兎は逃げるがそれは奴の問題、奴の仕事なのだ。たしかにこれには兎の命がかかっているが、それはトゥルノワを戦った往時の騎士とて同じことである。シャルル五世よりもなお厳格であったスコットランドのジェームズ六世（イングランドでは同名の一世）は直ちにフランス語に翻訳されたある本のなかで、

動物を遠くから殺めることを自らの息子に禁じている。彼が認めるのは「獣猟犬を用いてする狩りで、これを余は貴公子にふさわしい高貴なものと見なす。獣を相手に弓や弩を引き、それで彼らを殺めることのないように。それは夜、闇に紛れてこっそり猟を行う輩どものする仕業であるから。またグレイハウンドを用いる狩りも、高貴さにおいて劣るように思われる」。

分別に満ちた様子の鳥猟犬《ギーニュ・モット》［獲物の方位を知らせる犬、ポインター］、それに獣猟犬と、総じて犬はますます大きな栄誉に浴し、叙事詩にも姿を現すようになる――

なぜならあらゆる動物のなかで
犬ほど人の役に立つものはない
砦を、庭園を、屋敷を守り
誤りないその鼻で美味なる馳走を、王侯たちの食卓に献上する
死ぬまでの友、狡賢い狼の恐るべき敵
臆病な盗賊を震え上がらせる怜悧の狩猟家

こう書くのは、「その博識の著『聖週間』をもって」《フランスのルクレチウス》と渾名《あだな》されたデュ・バルタスである。一方、雄弁さにかけては散文作家も負けてはおらず、ジャック・デュ・フイユー（この人もガストン・フェビュの愛読者であった）は『獣猟犬の起源と血統』について調べ、フランスの王たちと同様、これもトロイアからやってきた高貴な動物であると結論づけている。まこと高貴なものはなんでもかでも、そこからやってくるというわけである……。そしてデュ・フイユーはこう書いている――「第一世代のフランス獣猟

犬がどこからきたものか、わたしは古代人や現代人の言説を注意深く研究した」。その結果、各種の年代記から分かったことだが、「ぞっとするほど凄惨であった大トロイアの破壊のあと、アイネイアス〔トロイアの王子〕は息子のアスカニウスとともにイタリアに上陸、アスカニウスはシルヴィウスという名の男子をもうけ、その子どものブルトゥスはこよなく狩猟を愛した」。しかし不幸にしてこのブルトゥスは獲物と間違えて父親を殺めてしまう。悲嘆に暮れたブルトゥスは狩りへの情熱はそのままに国を捨て、息子のトゥルヌスとともに《多くの獣猟犬》を引き連れてフランスへと向かい（一枚の木版画に、大勢の犬を乗せた彼の船が描かれている－図11）、「当時、ギャティンヌ」と呼ばれた森、すなわち後にロンサールの詩がその名を不朽のものとするあの森において、再び狩りをはじめたという。デュ・フイユーは犬種についても調べをすすめ、白、灰、黒とあるうちの、黒の犬は「アルデンヌにあるサン・テュベール大修道院」の産であるとする。また雌の猟犬については、双子座と水瓶座の季節に交尾をさせるよう推奨する。「なぜならこの季節に仕込まれた仔犬は狂犬病にかからず、また雌よりも雄の生まれる確率が高いから」。彼は犬たちに最も心地よいとされる音楽を聴かせ、さらに次のような好ましい掛け声を施す――「ウップ！　ウップ！」あるいは「トラン！　トラン！　トラン！」あるいはまた「イル・ヴァ・ラ〔獲物はあそこだ〕」、シアン〔犬よ〕、イル・ヴァ・ラ、アー！　イル・ヴァ・ラ、アー！　イル・ヴァ・ラ、アー！　アー！　アー！」

たいした犬の扱われようであるが、鷹の方も負けてはいない。こちらを用いた狩りも犬のそれに劣らず、たいそうな敬意が払われた。《王家の鷹匠》の第一号として知られ、《後世の大鷹匠たちの祖》という称号を聖王ルイから授かったジャン・ド・ボーヌは、早くも一二五〇年から一二五八年までの間、王子たちの宮廷にある鷹の馴養所にあってその職務をこなしている通りである。最も権威の認められる狩猟書ではいつも相当のページが鷹に割かれ、それらには古いものもあれば新しいものもあり、韻文で書かれたものや散文のもの、それ

図11　トロイア原産の犬種をフランスに引き連れるブルトゥス。
『ジャック・デュ・フイユーの犬追い猟』(1561年）所収。

に実用書以外に寓意的な書もあった。寓意的な書とは鷹の習性について述べながら実は人間に道徳を説くという内容のもので、鷹にすればまさに身に余る光栄、といったところであろう。

十五世紀に入ると犬鷹《けんよう》論争はいよいよ激しさを増し、その内容はギヨーム・クレタンの魅力ある書『犬と鳥の娯楽をめぐる両婦人の論争』に集大成されている。この本の面白さは登場する婦人たちがただ単に一般論を披瀝するのでなく、彼女らが馴染《なじ》みとするシーンに即して、具体的な形で話を進めているところにある。「鷹派の婦人」が言う――なんて痛快なことでしょう、水辺に分け入った鷹匠たちがガマの穂を一斉に揺らし、そうして獲物たちを飛び立たせるところを眺めるというのは。そして目を高く上にあげると、獲物とその仇敵が青空の彼方に消えていく――

長い間、じっと上を見上げていることもよくある
あまりに高くて、彼らがどうなっているのか分からないから
そして歌ったり笑ったり、遊んだりふざけ合ったりしていると
気づかないうちに突然
二つが一つの塊になって地上に舞い降りてくる

鷹は「清廉《せいれん》にして高貴」な鳥であり――

その点、犬などとは比較にもならない
人びとは王侯も平民も

　この鳥たちをその家に備えている

それに比べると犬というのは不潔で臭いもひどく、汚物にまみれて暮らしている。汚物にですって！　と、今度は「犬派の婦人」が反撃する番である。何ということをおっしゃる、あなた方は主人のベッドで眠る犬たちをご覧になったことはないのか、と。

　すべての方々に申し上げる
　祝祭の日も労働の日もスパニエルやグレイハウンドが
　ベッドに寝そべるところをご覧にならなかったものかと
　このグレイハウンドも犬に相違なく、まさか否定はなさりますまい

そうして水辺でする鷹狩りに対し、こちらは犬追い猟の情景をぶつける。この猟も序盤から活気に満ちて会話もなごやかに弾み、佳境に入れば騎馬槍試合や合戦もかくやというほどの波瀾の連続となる。ブラックハウンドを引き連れた狩猟隊が探索を開始して「鹿の休息地」を見つけると、殿様のもとに駆けつけて「注進《ラポール》」に及ぶ（今日と同じで、用いられる言葉も同じ）。すると主人は招待客と合流するべく、狩りの集結地《アソンブレ》へと向かう。

　いざ、終結地に赴かん
　そこには会食者が大勢寄り集い

旺盛な食欲を見せながら
清らかな青草の上に座している
貴婦人や令嬢たちもいて
青草に腰を下ろしたり寝そべったり
殿方らも彼女らの傍に侍り
緑の李《すもも》やすぐりを差し出す
彼女らの感激、如何ばかりか、神のみぞ知り給う！
お喋りは妊婦たちのように弾み
話を交わしたければ男でも追い立てられることなし

無数の絵画やタペストリーがモチーフとしてきたところの、すぐれて古典的な狩りの情景ではある。馬上にある人、全速力で狩り場に向かう人、吹き鳴らされる喇叭、さらに槍合戦での突撃を思わせるあの陽気な喧噪がそこに加わり――

そうして拍車がかけられるや
まるで槍試合のようなギャロップがはじまる
喇叭と人の声とがあまりにも騒々しく
神が打ち鳴らす雷さえ打ち消すほどの勢い
そこを駆け抜ける犬！　行き惑う鹿ども

これは以前に、どこかで見たことのある光景である。というのは、三百年も前に書かれたギヨーム・ル・マレシャル伝にあるのとまったく同じ情景が、ここでも綴られているからである。といって、これを書いた詩人があの騎士のことを知っている由もない。「網罠」を用いる猪猟も、負けず劣らず人びとを興奮に陥れたもので――

唸り、吠えながら、獰猛な獣が駆けてくる
猪槍を構えて待ち受ける狩猟隊
狩人、獣の群れ、それに犬たちによる絶後の騒乱

かくして犬派の婦人の興奮は極みにまで達し、神が森をおつくりになった理由はただ一つ、狩りのためにほかならないとまで言ってのける始末で――

どんなに考えを尽くしても私には思えない
鹿や猪をただ住まわせておくために
神が森をおつくりになったとは

ロンサールの考えはこうではなかった。彼も実際の戦争を経験した人だが、むしろ目にすることを望んだのは緑深いギャティーヌの森で殺される「孤高の鹿や軽快な鈍鹿《のろしか》」でなく、平和に草を食《は》んでいる彼らの姿であった。しかしわれらが告発婦人には容赦というものがなく、鹿の死を前にして「悦びに打ち震える」。これ

にはさすがの論敵も弱々しく応じるばかりで、行司役を買って出たタンカルヴィル伯爵も、ついには犬派に軍配を上げる。

伯爵の決定にはそれなりの重みがあったが、しかしこの犬鷹論争を完全に終わらせるにはなおいたらなかった。後の数世紀を通じて犬鷹論争は幾度も再燃し、それがそのまま、狩猟や鷹狩りを取り扱う書物にも影響を及ぼすこととなる。いずれの側に立つのであれ、その著者は年を追うごとに声を荒げ、反対意見を封殺しながら自説を押し通すことに専念した。やがては神の名さえ口にされるようになり、たとえば悪魔との永遠の戦いにおいて創造主は狩人と鷹匠の、いずれの立場をもって振舞うことをなされたかが論じられ、もちろん立場を異にすれば、その結論も正反対のものとなった。ある熱狂的な狩猟家はその著書を次のような祈祷と信仰告白でもって締めくくり、それをもって自著が限りなく教化的なものであることを自讃している――「おお、神よ、(預言者イザヤの言にあるとおり)狩猟の開祖であらせられる御身は、悪魔と悪霊を打ち破るべく天から地に降臨なされるに当たって狩猟隊をお引き連れあそばし、かようにして御身に約された狩猟をさらに容易なものとして愉しまれるべく、齢三十にして四旬節の荒野へと聖霊によって導かれることをお望みになった。そしてその地で、あれほど御し難かった悪魔どもを追撃し、これを攻め立て打ち破って地獄へと追いやり、永遠にそこへお閉じ込めになった。かようにして主よ、御身はわたくしに、砂漠を愛せよとの教えを賜ったのである」。これを書いたジャン・ド・リニヴィルは、神の恩寵を受けた狩猟家に約されるところの永遠の命を信じて疑わない。彼によればその永遠の命は「誠実なる真の狩猟家」に対しては決して拒まれることがないもので、まこと人間の一途《いちず》な情熱には度外れな一面が窺えるというものである。

これほど激しく熱情を吐露《とろ》されると鷹狩り派の形勢はいささか不利となるが、それでも押されっぱなしでいるということはなかった。鷹狩りの研究と実践に生涯を捧げたシャルル・ダルキュッシアは晩年、その堂々たる著『鷹狩り』の改版を、ルイ十三世に献じている。鷹狩りに関する広範な経験と深い愛情をもつ彼は、誰もが容易であると考える問題こそが、本当は極めて難解なものであることを知り抜いていた。そうした問題を扱うなかで誤りを犯さないでいることがいかに難しいかを、また彼がしたような丹念な研究がどれほど人から感謝されてしかるべきものかを、よく弁《わきま》えていた。そのゆえに彼は自らの長所を率直に認め、誇りをもってその序文に次の四行詩を挿入する――

墓場まで
批判と悪口は止むことがない
しかし蝋を持ちきたることができぬ者に
炎の芯を断ち切ることができようか

次いで彼は王に向かって語りかけ、鷹狩りこそが「高潔な魂」にふさわしく、鳥を崇拝する王の心根に熱い称讃を送る。ここで彼が言う鳥への崇拝とはまさに字句どおりのもので、「たとえ王が鳥たちを溺愛することがあっても、あるいは屋敷に住まう天使のごとくにそれを扱うことがあっても、決して驚くことがあってはならない。なぜなら神の天使が邪悪で下劣で不浄な悪霊を追い払うのと同じに、陛下の鳥たちは、不気味にして死臭をふりまく悪魔どもの鳥を追撃し、これを打ち落とすからである。創造主の居場所にまで辿り着ける翼を備えた天使たちは、玉座のまわりで賛美歌を、絶えずやさしい旋律でうたっている。さすれば見えるであろう、王の部屋にも鳥たちが無数にいて、そのうちのあるものは常に心地よくさえずり、また別のあるものは鷹匠たちの腕に止まって、今や遅しと出番を待ちかまえているのが……」

こうした雄弁な取りなしにもかかわらず、結局のところ勝ちをおさめたのは犬派の方であった。おつきの鷹匠たちが束になってどう頑張っても、王たちの好みは犬追い猟に傾くばかりで、何ものもその勢いを止めることはできなかった。一六〇三年にアンリ四世はイングランドのジェームス一世のもとに狩猟官を派遣しているが、それと時を同じくして一通の書簡をも書き送り、そのなかで政治にかかわる謀略や陰謀を摘発した話を、狩猟の話に並び添えて書き記している――「謹んで申し上げる」とアンリ四世は書く、「わが王国の士官にして上級評定官なる者一名、すでにそちらに派遣したる今、当方の最も優秀なる狩猟官の一人にして最も忠実なる家臣、すなわち親衛隊のヴィトリー大尉を、貴殿のもとに送るべきときと思量いたす。この者には二つの任務を命じてあり、まずは神のご加護により、貴殿をねらって企てられし陰謀をめでたく蕾のうちに見つけ出し、これを刈り取ったることへの祝賀を申し上げ祝意を伝えること……、そして第二に、当方が慣《なら》いとする狩猟の仕方を貴殿のお目にかけ、また貴殿のやり方を学んでこれを当方に持ち帰ることとなり。かくのごとくして、まずは第一の用向きをもって、われらの間に不可分の連合関係が打ち立てられるものと思考する次第。さらに加えて請い願うは、第二の使命を介して、われらが持てる狩猟技のすべてを持ち寄って授け合い、この技術についての完璧なる実践の体系を打ち立てんとすることとなり。それを心より愉しんで行うことから爾後の余生を通じて満足と繁栄を手にし、そしてこの慣いをわれらの共通の子孫に伝えるべくわれら自身が模範を示し、そのようにして彼らに完璧なる友愛の悦びを得させせんと欲するものなり」。

このアンリ四世は息子である未来のルイ十三世について、またこんなことを語ったとも伝えられる――彼がまだよちよち歩きだったころ、獲物を猟犬たちに分け与える血生臭《ちなまぐさ》い儀式に連れて行ったところ、「奇妙なまでの落ち着きのなかでその殺戮」の様子を眺めた。すでに馬に跨ることのできたこの王子は小さくておとなしい婦人《アクネー》用の馬を駆り、鹿を追うこともした。ある夕べ、フォンテーヌブローの館で父王と食卓についたとき、王子は睡魔に襲われて居眠りをしかけた。「これ、眠るでないぞ」と父親が言い、さらにこうつづけた、「でないともう、狩りには連れて行ってやらんぞ」。こうした言いつけをルイ十三世は実によく守った。ただし守ったのはその類のものだけで、のちにリシュリュー卿が彼に代わって王国を統治する間、彼が統《す》べ治めたのは自分の鷹と犬だけであった。

ダルキュッシアは「フランスとナヴァルの王ルイ十三世」Louys treisième, roy de France et de Navarreというこの王の名前と肩書きから、「鷹狩の神と評されし稀代の王」Roy très rare, estimé dieu de la fauconnerieというアナグラムを物している。しかしやがてその神も死を迎えると、鳥への崇拝熱は急速に冷めていく。所詮は火器の普及を前に、鷹狩りの技術がいつまでも生き延びられるはずはなかった。次のルイ十四世は従来からあった「鷹狩り」の幾種類かを廃止したが、それでも烏猟、青鷺《あおさぎ》猟、鴨猟、兎猟、山鶉《やまうずら》猟といった王室猟のほとんどは、そのままに存続させた。大鷹匠といった官職や、このスポーツにかかわる無数の職種もそのまま残したが、と言って自分の好みからそうしたのでなく、むしろ王室の威光や伝統に配慮しての措置であった。ともあれそうした職種は閑職となり、鷹が用いられる機会もますます減っていく。そうなると、たまに鳥を翔ばしても不首尾なままで、こうして王や王子たちはますますその好みを犬追い猟や弓の猟に傾けることとなった。

かくして鷹は不興をこうむり、もう誰もそれを天使になぞらえたりはしなくなった。逆に「過《あや》たない鼻」を持つ犬が重んじられ、彼らはその地位を今日まで保ちつづけることになる。かくしてトロイアにその起源を発し、アイネイアスの孫たちの手でフランスまで連れこられた犬たちの末裔は、ギャティンヌの森や古い杜の名残のなかを駆けめぐり、彼らを称えるサン・テュベールのミサに今なおあずかりつづけている——

「イル・ヴァ・ラ、シアン、イル・ヴァ・ラ、アー！」

第6章

ポーム、スール、クロス、およびその派生遊戯

PAUME, SOULE, CROSSE ET LEURS DÉRIVÉS

I 野外での遊戯

かつてのトゥルノワやジュートの戦士、狩猟家、それにフランスの一般大衆はみな、座るというよりは立ったまま、屋根の下でというよりは家の外で暮らした。われわれの先人たちが屋内で過ごした時間は今よりもずっと短く、なぜなら通常、そこでは何もすることがなかったからである。今日の人間の多くは人生の八割方を覆いのあるなかで過ごし、そして死んでいく。屋根とはわれわれにとってかくも貴重なもので、そこを離れるときは田舎の人でさえ傘と呼ばれるあの頭覆い、もしくは移動式の屋根を持ち歩く。これを昔の人が見たなら、さぞかし驚いたことであろう。

学問の趣味が広がり、印刷技術が書物を通俗化させた文芸復興の時代に、ニコラ・ラパンという人が、戦争と戦争の合間にフランスの「田園紳士」が送った生活様式のことを書き綴っている。この人はある種ホラチウス的な意味での〈至福者《ベアテュス・イレ》〉であり、世の中の喧噪や諍《いさか》いから遠く離れて田舎に住み、平和のうちに暮らした果報者であった――

彼の住まいのたたずまいは
さして豪華なものでなく……
広くもないその田畠は

住まいの垣根に接してあり……
近隣には一人とて
貴公子も大名も見えず
ただ村の長《おさ》があるのみ

彼は軍人ではなかったが、まだ武器なしで生きられる時代でもなく――

居間には護身の用に
甲冑と槍と
ミラノの火縄銃が置かれてあり

彼にも戦争の経験はある。それはまともな紳士なら誰でも持っているはずの記憶で、たとえ今では

閑談の折に口にする
話題に過ぎないとしても、この乱世にあって必要とあれば、いつでもまた、武器を取るだけの備えはあった――

一旦急あれば

友のため身内のため
鞍に跨ることを恐れず

彼は狩りをする。それが彼の主たる娯楽であり、その目的のために用いる動物のリストは次のとおりである。彼が飼うのは、

……厩《うまや》に三頭の馬
狩猟犬が六頭、グレイハウンドが二頭
スパニエル犬が六頭、それに食卓の用には
オオタカと、聞き分けのよいハヤブサ

彼は上空よりも低空でする鷹狩りを好んだ、その方が少ない費用で多くの獲物が得られるから。白イタチ［兎狩り用に用いる］、兎を捕まえる捕獲網、山鶉《やまうずら》用の罠も持っていて、

毎日使うことはしないが
友らの来訪が近づくと
それを用いて焼き串の種を手に入れる

そのようにして客人を暖かくもてなしたのである。彼は乳牛や葡萄の具合、苗床《なえどこ》や木の間伐の様子を見て回

った。狼の退治もし、これはまこと危険な動物であったので、村人からは感謝された。水鳥を「火縄銃で」仕留め、疲れたら眠りをとる。それも戸外の、ちょっとした小川のほとりで。こうした活動リストの最後尾に位置するものながら、この理想的な田園紳士にも書物を手にするということがあった。もちろんそれは最後の最後にくる娯楽で、さすがに冬ともなると、そうした穏やかな活動をして時を過ごさぬわけにはいかなかったようだ。それゆえ霜月［三月］になると時たま、

暖かい衣服にくるまり
手頃な良書を手に取れば
人の歩むべき徳の良道が
そこに綴られてある

かくして申し分のない、幸せな日々が過ぎて行く。そうしてこの詩人はこう諭《さと》す——フランスの田園に生きる紳士諸君、自らの境遇に満足せよ。宮殿の生活など懐かしむな。野に生きよ、逞《たくま》しい躰と爽快なる精神をもって、と。

あなたが婦人の傍らにいて
踊ったり求愛したりするのでなければ
夜となく昼となく
哀れな魂を悩ませる

あの情火や倦怠を感じることもない

同じように毎朝
髪を巻き毛にしたり
吐く息の香をよくしたり
日ごとにビロードだのサテンだのと
着替えに気遣う苦労もせずにすむ

あなたのシャツにひだをつけ
そこにいつも手をやったり
あるいはヴェニスの貴族を真似て
またはローマの騎士を真似て
その衣裳を繕《つくろ》う必要もない

それゆえ紳士諸君よ
他人の不幸や
この世の惨めな抗争から離れ
健やかに愉快に野に生きよ
百年を生きよ

こうした野外の生活を送ったのはすべて貴族たち、それも無骨な貴族たちであった。彼らが親しんだ遊戯のほとんどは野外でするもので、たしかに賽子《さいころ》遊びや歌留多《かるた》遊びといった例外もあったが、それとても細密画や象牙彫りに見るように、卓台はたいてい屋外の木の下に運び出され、外気のなかで遊ばれたものであった。

ラパンが描いたのは田園紳士の生活であったが、別にフランス農民の生活を季節ごとに綴り記した人に、ノエル・デュ・ファイユがいる。デュ・ファイユの記述は一五四七年のものに限られるが、書かれた内容そのものは、この年以前にも以後にも当てはまることで、たとえば次の二つの情景など、その典型である——「田舎に舞い戻った私は時折り……散策に出かけた。ある祝祭の日に知人を尋ねて近くの村々に出向くと、若い者らが弓遊び、角力、輪投げ、その他諸々の遊戯に興じているところに出くわした。傍らの大きな樫の木の根元には見物役の老人が大勢いて、帽子をちょっと目深にかぶって寝そべったり胡座《あぐら》をくんだりしながら、若者が見せる技量の良し悪しを断じたり、自分の若いころの記憶を思い起こしたりして、移り気な若者たちが戯れ合うさまを見守るという特異な悦びに浸っていた」。人びとはダンスにも興じた。ダンスとはいえ、その激しい動きはまさに一つの身体運動にほかならなかった。「夕食を終えると村びとの一人、たとえばペーテルとかいう男が上着の下からルベック〔小型弦楽器〕やシャリュモー〔クラリネットに似た管楽器〕を取り出して見事な腕前で旋律を奏でると、その音色の美しさに惹かれて人びとはまた否応なくダンスをはじめるのであった。若者らに手本を示そうと……老人たちは二度三度とターンの試技を重ねるが、それほど足は機敏に動かない……。すると若者たちはここぞと激しいテンポで跳ね回り、彼らの義務を全《まっと》うするのであった」。幾世代も変わらぬ光景であって、それをどこの時代のものとしてもよい。ルソーの時代もかくあり、フロアサールの時代もかくあった。

そのフロアサールは『愛のスピネッタ』で、少年時代にした遊戯の果てしないリストを綴っている——

十二歳までの子らがする
様々な遊戯に心奪われ
飽きることなし

彼の場合も屋外での遊戯が中心であった。いずれもが少年時代のブシコーを彷彿させるものばかりで、そのうちのいくつかは今なおフランスの村々で人気を保っている。あらゆる時代の子どもたちと同様、彼も仲間と取っ組み合いをしたもので、服を破いて家路についたのも、これまた時代にかかわりなく共通したことであった――

休む間もなく
仲間を目がけて挑みかかる
荒々しい動きの中で
負かしたり負かされり
家に戻るころには
服は破れてずたずたの有り様

ずっと穏やかな遊びもあって、彼らは、
風に舞わせる

鳥の羽根を

あるいは蝶蝶をとったり――

隊列遊びと称する

別の遊びを愉しんだ

大抵は頭巾を兜に見立て

前へ前へと行進した

またこんな遊びもあった、

棒遊びや子羊遊び

ボール遊びに退却ゲーム

壁遊びや跳び比べ

それに兎追い

こうした遊戯の多くは十二歳を過ぎた人たちの間でも根強い人気を博した。本書で引き合いに出した往時の騎士たちも、そのほとんどが「高く跳ぶ」能力を遺憾なく発揮したもので、そうした特技については伝記作者も忘れずに書き留めている。かのトリスタンもマーク王の宮廷で見事な跳躍技を披露し、とくに「ガリア跳び」を見事にやってのけ、大方の賞讃を勝ち取っている。こうした運動遊戯のいくつかは情熱を込めて生涯を通じて行われ（われわれの祖先が中庸さで評判をとるということはなかった）、とりわけ、ポーム、プロート、エトゥフ、ブール、バル、あるいはバロンといった名前で呼ばれたボール遊びがそうであった。人びとから最も愛されたそうした遊戯が、剣で打ち合う遊びのあとになされた。いずれにあっても力と業が要求され、しかも野外においてなされるのである。人気を博さないわけがなかった。

ボールのような物体を投げたり追いかけたり、止めたり打ち返したりするのは、実際にやってみて最も面白く、また最も容易に思いつかれもする基本の遊びである。その規則や遊び方は無限の変化に富み、最も未開の部族から最も文明化の進んだ民族にまで、その種の遊戯が見出すことができる。こうした遊びを現代人は公園などでするが、アメリカ大陸の先住民は彼《か》の地の大草原《サヴァンナ》で、またホメロスのヒーローたちは清冽《せいれつ》な川のほとりでそれを行っている。

ペタンク、石蹴り《バレ》、九柱戯も、この種の娯楽の一部をなすものであった。それらの起源は遙か遠くの昔にまで遡り、いくつもの世紀を経てわれわれの時代にまで伝えられた。それらの博する人気が加熱気味だと、再三にわたって中世では断じられ、機会を捉えて王たちが禁令を発したことはすでに見たとおりだが、それでも息の根を止められることはなかった。こうして村々の広場では今なお、日曜日のたびに九柱戯のピンが置き並べられる。またリヨン地方ではじまったペタンク選手の「勝ち抜き戦《トゥルノワ》」は今日、かつてないまでにその有名を馳せている。

飛翔体を向こうへ送る（またそれを送り返す）という遊びは、過去の幾世紀を通じて無数のものに枝分かれをし、毎日のように新種が生みだされてきた。現時点において最も人気を博する球戯の多くは今世紀に入ってはじめて今様のルールを獲得したが、しかしそのいずれもが古い起源を持つもので、もしそう望むなら、ちょうど言葉の変遷を過去に遡って最古の語源にまで辿り着けるように、こちらもそれぞれの系譜を明らかにすることができる。こうして現在ある球戯はその種類や形がどのようなものであれ、すべてが大きな二つのグループのいずれかに位置づけることができる。すなわち対象となる物体が、あるいは選手の手または足でもって向こうに送られるか、あるいはその際、棒、スティック、木槌《マイエ》、篦状のバット《バットワール》、バスクの袋状ラケット《チストラ》、篩《ふる》い網、ラケットといった道具が用いられるか、である。そのうちのいくつかは時間の経過とともに緩やかな変容を遂げながら所属のカテゴリーを変え、そうして多様な種類に彩られる球戯の歴史に、また新たな一章を書き加えることとなった。別のものは原初の形を保ったまま今日まで無傷で生き残り、遠い昔と同様、たとえば棒切れ一本と先端を削った木片さえあれば、それを遊ぶことができる。

　そのすべてについて論究するには幾冊もの本が必要となるほどで、それは到底、不可能なことである。ここではわが先人たちが好んで行った球戯のうち、最も輝かしい歴史を誇るものについて、その概要を示すだけで十分であろう。

II ポーム

ある特定の遊びについて一冊の本をなした人は、決まってその遊びを「遊戯のなかの王者」と呼ぶ。それはそれでまた当然なことで、誰もが自分好みの聖人を持っていておかしくはない。しかし後代の者が公平な目で見る限り、非軍事的な性格の遊戯のうち、かつてのフランスにおいて最も王者にふさわしい地位を占めたのは、やはりジュー・ド・ポームであった。時代の別なくフランスではそれが行われてきたようで、最も古い文献のなかにも、ポーム、プロート、あるいはボンドといった球戯に関する記述が見られ、それらがすでに遠い昔から人気を博してきたことをよく伝えている。パリ市に保管される一二九二年の租税目録によれば、ボールを製造するボール商《ポーミエ》は当時十三軒を数え、相当量のボール取引があったことがうかがい知れる。目録にはさらにヴァレ・ポーミエ、すなわち「下請けもしくは見習いのボール商」が二軒載っている。同じ時代、パリには「書物商およびその販売商」すなわち書肆《しょし》が八軒しかなく、またインクの商いをしたのは一人だけ、しかもその人は女性であったので、目録にはアンクリエールと女性形で記されている。

類型表現に対する嗜好がフランス中に広がりを見せた時代以降、詩人たちは好んで人を運命に弄《もてあそ》ばれる「玩具」に喩《たと》えたもので、これが中世になると人間は「毬《まり》」になぞらえられ、哀れむことをされた。ポーム遊びの毬よろしく受けては打ち返され、また向こうに送られるという風に、いいように弄ばれるというわけである。ある十三世紀の詩人の目には寄せては返す波でもって、海が「ボール遊び《ボンド》」をしているように映った、

そして海はしばしば、その尽きせぬ波をもって
私を毬《ボンド》のごとくに弄び
こちらへと、またあちらへと放り投げた

ボール遊戯は人びとの心を奪って熱狂に陥れ、そのため王は禁令をもってこれに当たるのが適当と判断したほどだが、臣下の方はそれを余計なものとみなし、結局のところ何の効果も得られなかった。すでに見たように、シャルル五世はポーム遊びを時間の浪費と見なし、これを禁止している。一三九七年一月二十二日付のパリ司法長官による命令書には、「勤労日に手職人もしくは無産の者が家庭や職場を離れて連れ立って出かけ、ポーム遊びやブール遊び」、またさらに別の種類の遊びに時間と金銭を浪費したことが書かれてある。この命令書は日曜日以外にする遊戯を厳禁し、勤労日においてそれをした者には投獄および裁量による罰金刑を科し、その罰金の四分の一は密告者に与えるとしている。教会関係者も球戯の誘惑には勝てず、一四八五年にサンスの公会議は彼らがポームを、とくに「シャツ姿で公衆の面前にて」行うことを禁じている。この球戯は、そのルールや試合の手順、それに「打ち方」や得点計算とともにフランスからイングランドに伝えられたのであるが、それがもたらす不都合についてもやはりフランスと同様のものを、ロンドンを治めたプランタジネット朝は目にすることになる。そしてこちらも同じく定期的に、また同じ動機に基づいて、それを禁止することを迫られている。

中世ではこの球戯は野外で遊ばれた。これがいわゆるロング・ポームで、今日なおフランスの農村において、あるいはサン・カンタン、ペロンヌ、モンディディエ、ソワッソン、コンピエーニュ、ヴァレンシエンヌ、パリといった、少なからぬ数の都市において行われている。とくにパリでは一八五三年までシャンゼリゼ通り

の一角に、ロング・ポームの専用コートが実在した。今は取り壊されて産業博物館が建っているが、件《くだん》のロング・ポーム場はリュクサンブール公園に移され、今日も盛んにゲームが行われている。
この球戯では俊敏さと素早い判断、それにあらゆる種類の身のこなしが要求されるが、それでいてこれといった大掛かりな道具を必要としない。それゆえフランス全土でいつのときも、たとえ戦争の渦中にあっても、野卑な農民から国王にいたるまで、あらゆる階層の人びとがこの球戯に耽った。この痛快な娯楽を王は自らに禁じ得なかったばかりか、健康に配慮して少し控え目にするということもできなかった。一三一六年のこと、ヴァンセンヌの森に喧嘩王ルイ十世がいて——

王は
その得意とする遊戯
すなわちポームを遊びたり

喧嘩王の名にふさわしく、王はこの上ない激しさのなかでプレーをし、そのあと地下蔵《カーヴ》に入って一休みすると、水をごくごくと飲み干した——

大量の水を飲みし王を悪寒が襲ふ

高熱を発した王は横になることを強いられ

　　ついに羽根と羽毛を失ひたり

別の言葉で言えば、つまりは絶命したのである。しかしこの事例は何ほどの教訓ともならず、それは彼の臣下よりも、彼の後継者において一層言えることであった。居城の乾《ひ》上がった壕《はり》で、都市の街路で、公園の通りで、村の広場で、旅籠《はたご》の庭で、ルーヴル宮の庭で、それは繰り広げられた。かの勇猛な喧嘩王は仇敵オフモン候の捕虜になったときも、この球戯をしている最中であった。モンルレが伝えるところによれば、オフモン候は「百二十名ほどの戦士を引き連れ……喧嘩王が総大将として控えるボーヴェの町に駆け入った。聖マルタンの旗印を掲げた旅籠の庭で、王がポームをしているちょうどそのときに」。オフモン候が一気に乗り込んだのは「密偵の知らせで、王が彼《か》の球戯に耽っていることを承知していたからである」。武器もなく無防備のまま、喧嘩王は敵の手から逃れようと「馬の飼葉藁の下」に身を隠すが、すぐに見つかって捕らえられた。しかし国にとって幸いなことに、直ちに身代金と交換された（一四三六年）。

　フランス製のボールはヨーロッパ中に有名を馳せ、機会あるごとに外国からも求められた。後にヘンリー五世となるハル王子に、フランス王太子が「パリのテニスボール」を送りつける話をシェークスピアが書いている「『ヘンリー五世』」。これは挑発と愚弄《ぐろう》の意味からそうされたのであるが、しかし通常の場合でも、外国の王侯たちはことあるごとにフランスの友人を捕まえては、ボールを持参してくれるよう頼んでいる。たとえば一三八六年にあるフランス貴族の率いる一隊が海路伝いに武器と従者と馬をともない、「祖国の父」と呼ばれるカスティリア王フアン一世をブルゴスに訪ねたことがあった。そしてイングランド人とジュアン一世「ファン一世を破ったポルトガル王」が大遠征軍を送る準備をしているとの遺憾な知らせをカスティリア王に告げると、王はそれを聞きながら考え深げな様子であったが、やがて「敬愛するフランスの騎士たちよ」と切り出して彼らの訪問に謝意を表しつつ、ロベール・ド・ブラックモンとその兄弟のジャンに向かってこう語りかけた。「先年、貴殿らがわがもとを訪ねし折り、余は貴殿らに再びこの地に戻ることあらば、余と貴殿らとの間でポームの一戦を戦うべく、パリのボールを持参してくれるようお願いしたところだ。だがしかし、兜と甲冑を持ってきてくれるよう頼んだ方がよかったのかも知れぬ。ここにいたってはそちらの方が、よほど使い出があるというものであろう」

これに応えてブラックモン侯が言うに、「陛下、私どもはそのいずれをも持参してきております。と申しますのも、四六時中ポームばかり、あるいは戦《いくさ》ばかりしているわけにも参りませぬから」

戦争か和平か、あるいは生か死の問題を悲劇的に捉えるのは不名誉なことであった。その思いがブラックモンをして、たとえ明日、彼が死すべき運命にあるとしても、ボールの持参をやめさせることはなかった。遅かれ早かれ敵は現れる、せめてそれまではと、騎士の一行は臨時の娯楽を自らに許し、「サン・ジャックの巡礼」にコンポステラへと出立した。このとき武器や武具の一切を携えたことが幸いした。なぜならフロアサールが記すように、そこで彼らは恐ろしい難事に遭遇したからである。

ルイ十一世の主たる関心は狩猟にあったが、それでもポーム遊戯者やボール商《ポーミエ》の利益を図るために、またこの分野でフランスが博していた名声を維持するために、ボール製造にまつわる規制を設けている。たとえば王は一四八〇年六月二十四日「ガティノワのラ・モット・デグリにて、ルーエン市のボール製造業者ポーミエ」を対象とした勅令を発している。ルーエンの組合親方衆が王に上奏したところでは、「この仕事が骨の折れる割に実入りが少ないのは、従前、誰もが自由にこの職業に参入できたからである」とされる。良心を欠く業者は「ボールに石灰や磨き粉や、その他のふさわしくない異物を入れ、それを使った人の多くが手や腕を傷つけたり、骨折したりした」。というのは、人びとはこの遊戯を生半可なやり方でなく、技巧以上に腕力に物を言わせてやったからである。こうしてルイ十一世はこと細かな規則を設けて監視体制を確立し、なおかつ次のような命令を下した――「当該職の親方はすべて、良質の革と毛とからなる質のよい毬《エトゥフ》を製造するものとする。磨き粉、白亜、金属の削り屑、石灰、皮屑、大鋸屑《おがくず》、灰、苔、土を用いてはならない」。これに違反のあった場合は罰金が科され、粗悪の毬《エトゥフ》はすべて没収の上、「何人も被害を被ることのないよう、裁断した上で焼却される」。

ルイ十一世が言う良質の毛とは獣毛のことである。彼の勅令は一定の効果をもたらしたようで、なぜなら次の世紀になってスペインのビベスが、フランスのボールには「スペイン製のように布屑でなく〈犬ノ毛《ビリ・カニ》〉が詰められている」と書いているからである。この方式はイングランドでも踏襲され、シェークスピア劇『から騒ぎ《マッチ・アド》』に出てくる髭をめぐる軽口がそのあたりの事情をよく物語っている。若くてハンサムに見せようとベネディックが剃らせた顎髭について、クローディオがこう言うのである――「もうとっくにテニス・ボールに詰められてるさ」。

ルイ十一世の息子であるシャルル八世も父王と同じくこの遊戯を愛し、自分でするばかりか、人がするのを見ても愉しんだ。彼が死んだのもこの球戯がらみのことで、コミンヌによれば一四九八年の枝の主日の前日、アンボワーズにいたシャルル八世は「王妃アンヌ・ド・ブルターニュの部屋を出たあと……城の溝でポームに興じる者らを見物しに行こうと彼女を誘い、一緒に回廊へと向かった」。当時は王宮においても回廊や通路は乱雑なまま整備もされず、「その入口は壊れたままであった。扉口に思いっきり頭をぶつけた王は……そのあと広間にいる遊戯者たちを見渡し、誰彼となく話を交えた」。しかしこのとき彼が発した言葉は実に重々しい内容のもので、とりわけ「これで微罪も死に値する大罪も犯さずに済むことであろう、と言ったかと思うと、そのまま仰向けにどうと倒れた」。同じ回廊にあった藁蒲団に王を寝かせたが、そのまま息を引き取った。

この球戯が本質的な変容を被《こうむ》り、その決定的な性格を獲得するのは、この時代のことである。まず、それまでのように素手でボールを打つことはなくなった。激しくボールを打つときの衝撃は相当なもので、きちんとしたボールでないと筋肉を痛めたり内出血を起したり、またルイ十一世が確認したように、砂や金属屑を入れたボールであれば手首を骨折することもあった。実際、どんな場所であっても、その地の形状や障害物の性格に応じて異なるルールに従いながら、人びとは力一杯プレーをした。こちらでは打ったボールが教会の屋根にまで上がったり、あちらでは「思いっきり毬《ブロート》を打つもので、幾度も壁を越えて向こう側に飛び出した」。

右の引用部はエチエンヌ・パスキエからのものだが、その彼はポーム遊戯が経た変容について、ある熱烈な老ポーム愛好家を証人に立てて語らせている。この変容は段階的に進み、老愛好家が言うには彼がまだ若かったころ、つまりその記憶は晩年のシャルル八世の時代にまで遡るのだが、この「球戯は今とはまったく別ものであった。というのは、当時は手だけでそれを遊んだからである。……そのうち素手でプレーする者のなかに痛みを和らげようと、二重に編んだ手袋を用いるのが現れた。以後、抜け目のない輩は相手よりも優位に立とうと手袋に針金や腸線《ガット》を入れたりして、それでもってより正確に打つばかりか痛みも少なくてすむようになり、やがてこれが大方の採用するところとなった。最終的に、そこから今日見るところのラケットが考案されることとなり、あの手袋をめぐる突飛な開発競争も、ここに漸くその終わりを告げた」。

十六世紀に入るとラケットが主流になる。もちろんボールを手で打つ人は依然としていたが、そうした「素手でする遊戯者は珍しい」と、パリから戻ったあるスペイン人が友人に語っている。

「それじゃあ、彼らはどんな風にボールを打つというんだ？　大きなボールのときのように拳でするのかい？」

「そうじゃない、ラケットでだよ」

この対話を書いているビベスはこの特異な発明品について詳細に述べ、併せてプレーの仕方や得点の数え方についても記している。「十五、三十、四十五、あるいは互角《ア・ドゥ》のときはアンテグレッシオ［アドバンテージ］

と数える。ボールは「ヴォレーもしくはワンバウンドで打ち、ツーバウンドするとアウトになる」云々。

ラケットの形状や造りについてはいろんな試行錯誤があった。円形であったり矩形であったり、弦が網状に張られたり、また羊皮紙が用いられることもあった。羊皮紙の使用はとくにロング・ポームにおいて好まれたところで(ただし長つづきはしなかった)、この種のものはバットワールと呼ばれた。この「バットワール」を十八世紀の百科事典で引くと、「ポーム用語。長い柄を備え、その先の部分は円形もしくは矩形をなし、そこに羊皮紙がきつく張られた用具。ロング・ポームでボールを打つのに用いられる」とある。この遊戯は盛んに行われたため、羊皮紙の消費には驚くべきものがあった。新品の羊皮紙はとても高価であったので、ラケット商は使い古しのものを利用した。かくして貴重な手書き写本が思いがけない用に供されることとなり、たとえばコロミエがこう書いている――「これはシャプラン氏から聞いた話だが、彼の友人の一人に、バットワールを手にロング・ポームをよくする文筆業の男がいた。彼のバットワールには、今は手に入らないティトゥス・リヴィウス［ローマの歴史家］の数十巻本にあった羊皮紙が張られてあった。この羊皮紙写本はある薬剤師が手放したものだといい、彼は件《くだん》の歴史家の羊皮紙写本を幾冊か、フォントヴローの尼僧から遺産として譲り受けたが、価値が分からないままバットワールの製造業者に売り払ってしまったということだ」。

次いで、これになお重要さにおいて勝る変革が登場する。ずっと以前から着想はあったがなかなか普及を見なかったもので、それが十六世紀に入って驚異的な成功を収めることとなった。ルネサンスを迎えると、かの喧嘩王が旅籠の中庭で、またシャルル八世がアンボワーズ城の壕で、あるいは村人たちが教会の周りや野原の真っ直中で耽ったこの球戯は、絶え間ない戦争に疲弊しつつも上品で洗練された風俗の見本たらんと自任していた社会の目からすれば、少々過激にすぎる遊戯のように見えた。そういうわけでフランスのいたるところで、この球戯に供せられる場所の多くに仕切りが設けられるようになり、かつてトゥルノワの競技場にぐるりと矢来が張り巡らされたように、壁で囲われることとなった。そのお陰でボールが内壁に当たって跳ね返ってくることから（すなわち跳ね返り遊戯《ジュー・ア・ブリコル》）、ゲームの興味はいや増すこととなった。あるいはまたそのために、第二期のトゥルノワにおけると同様、これによって婦人たちの見物も可能となった。当初、二つのコートは綱で仕切られ、その綱から、地面までは届かない長さの総飾《ふさかざ》りが吊るされた。そのためボールが綱の上を通過した、いやしなかったという種類の諍《いさか》いが絶えず、これがネットの開発へとつながり、諍いにも終止符が打たれた。こうした一連の工夫の総仕上げとなったのが遊戯場の上に覆いを設けることで、これによって何時でも何処でも、晴れても降っても遊べるようになった（図12）。これが「ショート・ポーム」であり、それ用につくられた建物は一様にトリポと称された。跳ねるを意味する古いフランス語の動詞トリペからの派生語である。

なんと彼らは踊《バレ》り、跳《トリペ》ね、飛び上がる《サイイ》ことか

もう一つの形態の遊戯「ロング・ポーム」はなおも生き長らえるが、その性格はずっと地味で、庶民的なものであった。

矩形のポーム場の出現は何にでも使える屋根つきの空間を提供し、フランスでは国民の体力向上の見地からだけでなく、予期せぬことながら文芸の世界にも大きな貢献をなした。というのはフランスの田舎から大都会にいたるまで、それが劇場として利用されたからである。『滑稽物語』［ポール・スカロン作］であれモリエールの作品であれ、旅回りの一座はどこへ行けばその上演が可能だということをよく弁えていて、そのために巡業の頻度を倍加することができた。多くのポーム用施設が演劇芸術への嗜好をフランスに広める貢献をなしたもので、そのようにしてこの球戯は文芸界に対し、羊皮紙バットワールが与えた損害の埋め合わせを、利息つ

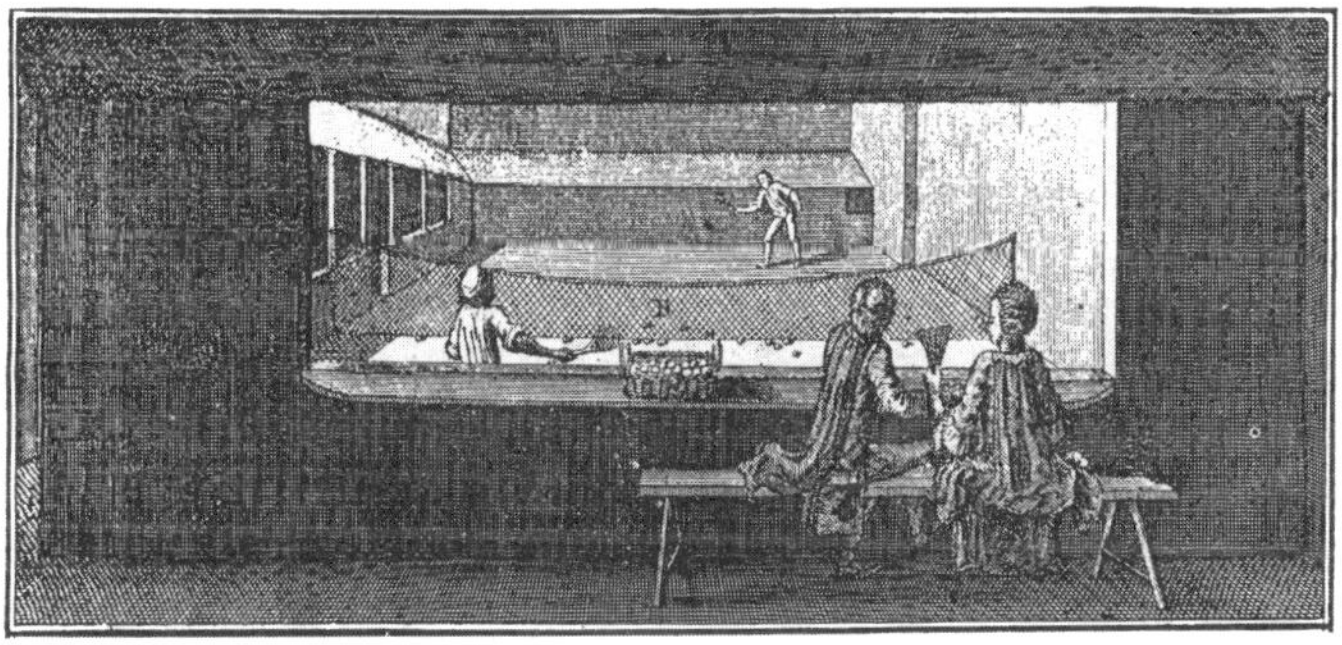

図12　ジュー・ド・ポーム場の内部。ガルソー作（1767年）。

きで行ったというわけである。そうした習慣が高じて生じた唯一の不都合は、人びとの頭のなかで演劇とジュー・ド・ポームとがごた混ぜになってしまい、ずっと後になっても前者の建物をつくるに当たって、後者の様式を遺《のこ》してしまったことである。たとえば十八世紀にメルシエが憤慨の声を上げたのも、彼の時代に建てられた舞台にジュー・ド・ポーム場の「貴重な」名残を見てのことである。十六世紀以降、イタリアならヴィチェンツァやサッビネータの劇場、またイングランドならサウスウォークにある一連の劇場という風に、どこでも半円形の舞台が主流となったが、フランスだけは例外で、それは一つの球戯がこの国で博した驚異的な人気の、予期せぬ結果というわけであった。

「比類なきド・コルネイユ氏の『ニコメード』」を演じるマドモワゼル・ド・レトワルからも、また『ル・バルブイエの嫉妬』を演出するジャン＝バプチスト・ポクラン〔モリエールのこと〕からもポーム場使用の予約が入らないときは――と言っても、それは通例の使用時間数全体から見ればごく短い一瞬に過ぎなかったが――ゲームが立てつづけに行われ、禁令があったにもかかわらず、誰もがこの球戯を愉しんだ。外国人もそれぞれの国でこの遊戯に耽ったが、フランスにおける熱中ぶりはほかのどの国をも凌ぐもので、そこを旅したイングランドのダリントンもイタリアのリッポマーノも、またスペインのビベスも、フランスで見た特異な出来事としてそのことを回想記に記している。

十六世紀と十七世紀にフランスで建てられたポーム場の数は膨大なものに上る。それを備えない居城は一つだになく、十ばかりを備えない都市もまたなかった。鄙《ひな》びた村にさえポーム場があり、この点に関する旅行者の意見はすべて一致を見ている。ビベスは目にした珍しい光景のことをこう書いて、スペインの同胞たちに告げ知らせている――

「**ボルジア**　フランスではもうゲームを外ですることはないのですか?」

「**シンティア**　他の町のことは分からないけど、パリのことならよく知っています。あそこではもう屋外でゲームをすることはありません。それに個人持ちのコートがたくさんあって、とくにサン・ジャック街、サン・マルセル通り、サン・ジェルマン通りがそうです。そこではフェルトのズック靴でプレーをしていますわ」

「**ボルジア**　こちらじゃズック靴は役に立ちませんね」

「**シンティア**　そうよね、こんなに石ころだらけの道の上ではね。でもフランス人やベルギーなら平らで滑らかに舗装された、仕切り付きのコートでプレーをしていますから」

一五九六年、ローマ教皇特使に随行してパリを訪れたフランチェスコ・グレゴリー・ディエルニは、この町には「美しく整備されたジュー・ド・ポーム場が二五〇箇所あり、聞くところによればそれらは先の戦争まで七千もの人間を養っていたという」と書いている（すなわち庭師、ポーム師範、試合後プレーヤーのマッサージも受け持つ得点記録係、それにボールやラケットを製造する業者、等々）。ヴェニスの大使であったリッポマーノは、この町のどこに出かけてもポーム場を目にしたと言い、全体で千八百箇所という途方もない数字を挙げている。彼はこう書く――「ポーム関係の出費だけで一日当たり千エキュにも上る。フランス人はこの遊戯を大層好み、驚くほど優雅にまた軽快にそれをやってのける」。アンリ四世の時代にフランスに滞在した裕福な学校教師ロバート・ダリントン卿も、驚きの声を上げたうちの一人であった。彼が言うには、フランスでは「どのキリスト教国」よりも盛んにポームがなされ、国中がポーム場だらけで、その数は教会よりも多い。フランス人は「ラケットを手にして」生まれ、女性も子どももそれをする。手職人でさえ禁令を無視して行う始末で、そうして一週間の稼ぎを一日でふいにしてしまう。そしてダリントンはどれほどの数のポーム遊戯者がフランスにいるものかを同胞に理解させるために、この国でポームに耽る人は、イングランドの酔っぱらいの数を上回るほどだと書いている。

ここでダリントンはお世辞を言っているのではない。話はまったく逆である。彼がフランスのことで目を向けるのはすべてこれ非難に値する側面だけであって、フランス人について彼が描く横顔にしても、かつて例を見ぬまでに辛辣な内容のものである。彼はフランスを自国よりもスポーツ的であると、否むしろ、度が過ぎたスポーツ国であると見なしている。ほかの人はフランスを指して身体運動を軽視していると非難したり、無為に流れ過ぎると言って咎《とが》め立てしたりするのだが、これがダリントンにあっては運動のし過ぎだと詰《なじ》るのである。もちろん、それは今日となっては賛辞に値する非難ではあるが……。ともあれ、彼によればフランス人は粗暴な運動を好み、時間の観念などまるでなく、気温のこともまったく気にかけない。分別ある人なら家のなかで静かにしているに違いない酷暑のなかを、フランス人はただ外出するだけに終わらず、ポームさえやりだす始末。そのせいで喉は乾き、飢えも募って暴飲暴食を招き、こうした幾多の行き過ぎが重なって、この国で見られる数知れない不幸が招かれる。スポーツのやり過ぎがもたらす不測の事態というわけだが、このダリントンの穏やかでない結論が科学的な裏づけを欠いたことはせめてもの幸いであった。

そのダリントンは最後に遺憾の念を込めて、この運動遊戯への情熱が伝染性を持つことを見ている。スポーツの分野でフランスは先導役を果たし、隣国がそれを真似《まね》る。イングランドはこれほど酷《ひど》い行過ぎを経験しなかったが、それでもダリントンによればフランスから「馬鹿げた習慣を山ほど」持ち込んだとされる。もっともマーイだけは別のようで、他のものより粗暴さにおいて劣るという理由から唯一、このスポーツだけはフランスからきちんと導入されるべきであったとダリントンは書いている。

ダリントンと意見を同じくするどころか、そもそも彼の主張そのものを知らなかったフランス人は（というのは当時のフランスで英語は通じなかったし、彼の書が翻訳の栄に浴するのは一八九二年まで待たなければならなかったからである）恥じ入るどころか、ポームにおける自分たちの優越性を誇りにさえ思った。パスキエ、フォーシェ、アンリ・エチエンヌといった、司法官や学者や賢者も一般庶民と変わらぬ熱情ぶりを示し、上は国王から下は手職人にいたるまでがそうであった。会計監査院長であったフォーシェはポームについて、「私のこよなく愛した遊戯、周りのどの国の民よりもフランス人にこよなく親しまれた遊戯」と書いている。そして文献学者のアンリ・エチエンヌは、「私は遊戯の筆頭にポーム遊びを挙げる。ほかのどの国民にも増してフランス人が没頭する遊戯であり、このパリの町に膨大な数のトリポがあることがその何よりの証拠である。それに熱中するのはそれだけの理由があるからで、より上手く巧みになることのほか、有用だけでなくそれが高潔にして清廉な運動でもあるからだ」と述べている。

　ポームは躰のために最善の運動とされたが、精神の占める位置が決して小さくなかった時代に、そちらの方面にも有益だとされた。たとえば次の言葉はルイ太陽王の威光輝く一六六八年のものである――「運動遊戯は正しく行われるとき体幹と四肢を温め、無駄で余分な体液を発散させてこれを追い払い、生来の能力を強化するとともに精神を明るく愉快にさせる。かくして良質の運動を選んでそれを上手く活用できる人は、その身体の健康においても精神の活性化においても多大の利益にあずかる」。

　『高貴にして高潔なるジュー・ド・ポームについての規則書』（初版は一五九二年にまで遡る）によると、興奮した遊戯者が発する忌《い》まわしい呪詛《じゅそ》の言葉が、この遊戯にまつわる最大の支障とされていたことが分かる。これは重大な過ちであって、遊戯においても戦争においても慎むべきこととされた。――「力の限りにポームをして遊ぶことを欲する諸君は、それによって心身ともに爽快となるべく、呪詛を口にしたり神の名を冒涜《ぼうとく》することがあってはならない。ゲームに先立ちラケットを回転させて」どちらがサービスをするかを決め、判定に疑義があれば補助員か記録係か、あるいはむしろ周りで観戦する人たちに質《ただ》すのがよい。彼らはすべて審判としての能力を備えた人たちばかりで、なぜならこの時代、誰もがこの遊戯をよくしたからである。

賞品つきの公開試合、すなわち《優勝大会《シャンピオナ》》も組織された。これは三日間通して行われ、誰にも参加が許された。ポームの師範は「賞品獲得を目指して奮闘した勝利者に」花冠、手袋一組、それに本命の賞品として銀製のボールもしくはラケットを授与した。選手はかつてのトゥルノワ戦士と同様、事前に各種の誓約をしなければならず、その内容はこの平和的な戦いの重要度に応じて変化したが、そのうちもっとも遵守が難しいとされたのが呪詛の自粛で、これに違反のあった者には罰金が科された――「当該賞品の獲得を欲する者は何人も、神の名を罵《ののし》りこれを冒涜しないという条件のもとで出場することができる。これに違反があるとき、一回ごとに五スーの罰金を科す」。

外来の出場者に対して「防衛権者《デファンダン》」がこれを迎え撃ち、彼らは往時のルニョー・ド・ロワイエやブシコーあるいはサン・ピイといったトゥルノワの戦士と同様、三日の間、朝から晩までずっと試合場に詰めていなければならなかった。そうして朝の八時から試合に入って夜の七時までそこを離れることはできず、その間、許しを得て「シャツの着替えをしたり、午後一時になって一時間だけ昼食をとる」ことができた。

この球戯からは多くの用語が借用され、日常の言語に取り入れられた（たとえば球を投げ返す、球を受け止める、球はそちら側にある、勝負は互角《ア・ドゥ》だ）。そのこと自体、この遊戯がロング・ポームとショート・ポームの二形態においてフランスで博した人気を、よく物語っている。あるいはシャルル・ドルレアンのような詩人やパスカルといった思想家たちがポームを比喩の材料に用いたり、また王は定期的に勅令を発することで、ポーム場通いが町民や手職人にもたらす、時間と金銭の双方にかかわる浪費についての懸念を表明してきた。またこれとは逆に、この遊戯の重要性を認めた勅令も出され、試合に臨んで交わされる債務契約の適法なることを確認したり、この遊戯にかかわる各種職種の保護を宣言したりもしている。「フランソワ一世の一五二七年十一月九日付国王親書には、ジュー・ド・ポームをする者のうち勝利を獲得した側は、労役によって得たるものとして相応の対価を受ける、とある」。

この球戯は高貴《ロワイヤル》なと形容されたが、それは決して理由のないことでなかった。カペー、ヴァロワ、それにブルボンの各王朝は代々、その王座とともにこの遊戯への愛着をも後継者に伝えることをしてきたからである。フランソワ一世はポームに長《た》けた人で、その息子のアンリ二世もほぼ同じぐらいの腕前を誇り、こちらはルーヴル宮に壮大なポーム場を築かせている。「王は実に見事な手並みでポームをなさった。そして王妃や妹君、それに貴婦人方が観戦にくるのを大いに喜ばれた。婦人方はそこへしばしばやってきて、みながするように高所に設けられた窓から覗いて、あれこれ批評をし合ったものである」とブラントームが書いている。ヴェニスの大使であったジオヴァンニ・ミチエリは一五六一年に、「ちょっとの疲労にも長い休息を要した」シャルル九世であるが、この王もまた「ジュー・ド・ポームと乗馬に情熱を燃やした」と書いている。理想の騎士と称されたヌムール公（ジャック・ド・サヴォワ）は宮廷においても戦地にあっても光り輝き、戦争でも恋愛の世界でも他に抜きん出た人であったが、なおその上にたいそうな研鑽と鍛錬を長年にわたって自ら積み重ね、ジュー・ド・ポームの卓越した遊戯者たる名声を手に入れようとした。何をやらせても器用な人で、「見事な武器を手にして……実に巧みに、また優雅に戦った。ポームの腕前も大したもので、ヌムール公のバックハンドと、人はよく噂をし合ったものであった。ボールを手で扱ってよし足で扱ってよしで、跳躍も馬の曲乗りもダンスもよくこなし」、そのようにしてすべての才能を総動員して貴婦人方の心をつかみ取った。ブラントームは「ヌムール公をこよなく愛した社交界の美女」二人を知っていると言い、「晩課の祈りを半分だけで済ませ、王の館の中庭でポームや大玉遊びに興じる公を見に出かけるその二人を幾度となく見かけた」と書いている。もっとも、誰よりもヌムール公の栄光を称えたのは、この二人のいずれでもなかった。それは公とは直接の面識がなかったラファイエット夫人で、その不朽の名作『クレーヴの奥方』の主人公に、彼女はこのヌムール公を選んでいる。

歴代王のなかで最も「頭脳明晰」、狩り、政治、恋愛、戦争、遊戯と、何でも巧みにこなしたアンリ四世は、いつもポーム場に身を置くことをした。王としてパリ入城を果たしたその「次の日」も、スフェールのポーム場にいる王の姿が見られた。レトワルの記録によると、一五九四年九月十五日にパリ入りをした王は「満面に笑みを浮かべ……ずっと帽子を手に持ったまま、窓から顔を見せる婦人や令嬢たちに挨拶を送った」「十六日（金）食事後、スフェールのポーム場にあって、終日ポーム」「二十四日（土）スフェールのポーム場にてポーム。シャツ一枚の姿で、しかもその背中は破れたまま。股引の裾は薄汚れ、まるで犬の足のようだと人びとは言い合った」

一〇月二十七日「王はこの日、ポームで四百エキュを稼ぐ。中央の綱の下に置かれた金貨を記録係に拾わせて帽子に治めると、大声でこう言い放った──これは余のものである。誰も手出しは無用。財務卿にだって渡しはせんからな」

一五九七年、最重要の事件が勃発を見るなか、「王はポーム場にありてポームを遊んで時を過ごす。件《くだん》のスフェールにおいてなり」。ちょうどそこへ貴婦人方が彼の見物にやってきて、あの「モンソー夫人」すなわちガブリエル・デトレーもそのうちの一人であった。「しかし警戒怠りない陛下はその場で命令を下し、次月のアミアン攻囲に当たって必要とされる命令事項を事細かに伝えた。やがてその月がくると遊戯と恋愛は一時お預けにし、自ら現地に赴いて王としての、また司令官および兵士としての職責を同時に果たし」、そうしてスペイン人からその町を奪還した。

ルイ十四世は正規の資格を持つボール・ラケット商を抱えた。その王子たちにはポーム指導の師範がつき、彼らは「王のラケット持ち」の役割をもこなした。こうした王宮の官職は次の世紀までつづき、ポーム師範は

「王にラケットを差し出す」栄誉に浴したほか「千二百リーヴルの年金を得て、王がゲームをするたびに毎回、五十リーヴルを主任執事から受け取った」。このポーム師範を六名の記録係が補佐し、王のゲームがあるたび、各自に十フランが支給された。

ポームに向けられる讃辞は止まるところを知らず、それもいろんな場において囁かれた。『トレヴー辞典』［イエズス会『フランス・ラテン汎用辞典』一七〇四年初版］には、ポームは「清廉な運動にして法律もこれを是認せり。そこで生じた係争は裁判所にて裁かれる」とある。政府公刊書として十八世紀に出版された大冊の『工芸明細目録』には、ポームは「工芸目録に名を連ねるを許される唯一の遊戯である。王立科学院がその解説をしており、それによればポーム自体が一つの工芸に該当し、独自の技術を駆使して格別の用具と産品を生み出している。すなわちラケット及びボールの製造がそれである。一六一〇年に親方組合を結成、その名をポーム師範・ラケット商・エトゥフ・プロート・ボール商共同組合と称す」とある。

しかしこうした賛辞や称讃が飛び交うちょうどその最盛期において、この遊戯は衰退への道を辿る。それはルイ十四世の時代にはじまり、この王もポームに興じることはあったがさほどの情熱は見せず、それが宮廷人の熱意に水を差した。それでも王は好試合には興味を示し、王子たちを引き連れてフォンテーヌブローのポーム場まで出向いては「大選手たちを観戦した。ジュルダンは準決勝のゲームを長時間戦った末にこれを征し、次いで最強の決勝戦でも勝ちを収めた」（ダンジョーの日記）。このジュルダンは有名な選手で、王子を相手にゲームをしたりサーブを打ったりして八百リーヴルの年金を得ていた。彼に劣らず名を馳せたのがあの風変わりなリヴァロル侯爵で、ネルヴィンドの戦いで大砲に片足を吹き飛ばされたこの人は木製の義足をつけたまま、最強の敵を幾度も打ち破った――「まったくもって弱虫どもばかりだ。私が片足を金庫に預けてあることも知らんのだろう」。そう日記に記しながらダンジョーは、「彼は義足ながらポーム界での最強の一人となった」とつづけている。

しかしこのジュルダンにせよリヴァロルにせよ、誰も気づかないうちにはじまったこの衰退の動きを前に、何をすることもできなかった。次の世紀に王立アカデミーがどれほど熱弁をふるおうと、衰退が加速化した今、もはやなす術もなかった。この王立アカデミーが豪華な図版入りで掲げたボールとラケット商の工芸に関する解説文は、かつてあれほど肩入れをしたこの遊戯に対する、まさに熱烈な讃歌であった。それによると、ポームは「人生においてかくも求められる強壮な健康と敏捷さの獲得を」若者に可能にし、「そうであるからこそ乗馬技術の修得のために専用の施設がつくられたのと同様、この遊戯のためだけに供される建物が設けられたのである。かくして王はヴェルサイユ、フォンテーヌブロー、サン・ジェルマン、コンピエーニュにあるどの館にもそれぞれ一つずつ、ジュー・ド・ポーム場を所有し、またオルレアン公はヴィレール・コットレに、コンデ公はシャンティイにそれを持つのである」。ヴェルサイユのポーム場は手つかずのまま今も保存され、往時の記憶を彷彿とさせてくれる。王立アカデミーはさらにつづけて、軍事的な見地からしたこの遊戯の重要性についても述べる――「歩兵連隊にとってのポーム術は、騎士にとっての馬術に喩えることができる。ポーム術を修得した将校と兵士は、通常の運動や武術しか経験したことのない者よりも遙かに有利な位置に立つ。なぜなら後者では躰を一方向にしか動かさないのに対し、前者ではもっぱら両腕の鍛錬が中心になるものの、躰を折り曲げたり跳んだり駆けたりすることが強いられ、それが躰を柔軟にし、言わばあらゆる局面に適した身のこなしを可能にしてくれるからである」。

が、何をしても無駄であった。一六五七年にオランダの大使はパリでなお百十四のトリポを数えたが、それも一七八〇年には十件に減り、一八三九年にはただの一件、マザラン通りにあるものだけとなって、これも同年に消滅を見た。別の一つがその跡を継ぎ、それからはトゥイルリーの庭園に常時、一つないし二つが存続してきた。もちろん運動への機運が復活を見た今日、わが首都にもう少し多くのポーム場があることは確かである。

このジュー・ド・ポームは修正を施された上（発祥はフランスだが修正は隣のイングランド人に負うもので、この点、われわれは彼らに謝意を表さなくてはならない）、再びフランスにおいて大人気を博することとなる。芝生でのポームを意味するローン・テニスがそれで、屋内でのショート・ポームと野外でのロング・ポームの中間的存在をなすこのスポーツは、平らな土地であればどこでも行うことが可能である。これまた素晴らしい遊戯で、かつて科学アカデミーが四肢の「鍛錬」に関してポームを称えた讃辞はそのままローン・テニスに贈られてよく、ただ一点、ショート・ポームほど人生の晩年までつづけられないことだけが短所と言えば言えた。このスポーツはフランスで時々、お嬢さん向きのゲームだとか新形式の暇つぶしだとか言われるが、そうした手厳しい批評はあまりこのスポーツを経験したことのない人が口にするものであって、あのリヴァロル侯爵でさえ、この新遊戯においてはもはや赫々たる成績は収められないことであろう。

ローン・テニスの驚異的な飛躍は一八七四年からはじまったことに過ぎない。その年にウイングフィールド少佐が彼の「新案」スポーツの特許状をロンドンで獲得し、ギリシャ語を復元した「スファイリスティク」という優雅な名前をそれに冠した。

ローン・テニスという名前そのものはフランスでは長い間知られなかったが、このスポーツがフランスの血を引くことにはもはや議論の余地がない。それは明らかにわがジュー・ド・ポームの落とし子であり、ウイングフィールド大佐も特許状を申請するに当たってこう書いている――「かつてのジュー・ド・ポームをプレーするために改良された新式の移動式コート」。彼が用いる用語や技法はすべてその起源を想起させるものばかりで、たとえばフランス式に十五、三十、ジュース（「互角《ア・ドゥー》」を意味するフランス語の崩れた形）、それに

「ゲーム・アドバンテージ」と数えることがそれで、この計算方式についてはわが先人たちが天文学のなかにその起源を見出しているところでもある。加えてサービスの決め方もフランス式で、たとえば王立科学アカデミーのポーム解説には「空中にラケットを投げ上げて」表《ドロワ》か裏《ヌー》かを言うとあり、これはローン・テニスの「ラフ」と「スムース」に対応している。さらにはテニスtennisという呼び名それ自体もフランス語に起源を発し、これは当初tenetzと綴られた。すなわちサーバーが呼びかける「それ！《トゥネ》Tenez!」の掛け声であり、対話でエラスムスやコルディエが口にする《さあ！《アクシーペ》　それ！《エクシーペ》》と同じ種類のものである。

それゆえ最も健康的にして場所取らず、どこでも簡単にできるこの遊戯の、大いなる繁栄と成功を祈ろうではないか。人びとが胸を張ってこのスポーツに専心できるのは、それが何にも増して健全かつ有意義なものであるからで、この理由さえあればもはや充分であろう。その出自からして無縁のものというわけでなく、これについては厳格なるわがフランスの伝統主義者たちも、そうそう目くじらを立てるわけにはいかないであろう。

III　スール

「このとき観衆が目にしたのは、入り乱れての押し合いに全力を傾注する人間の塊だけであった。外側に位置する人たちは何とかその集塊のなかに潜り込もうと、必死の形相《ぎょうそう》を呈している……。この押し合いへし合いは終ることとなく繰り返され、それが件《くだん》の人間の塊に、奇怪この上ない動きを取らせた。左に行ったと思えばまた右に動き、あるいは集塊がゆっくり自転をはじめることも頻繁に見られ、まるで千の頭と足をもつ摩訶不思議な生き物のようであった。時折り、その頭の一つが下へと潜り込み、視界から消え去る。戦士の一人が倒れ込んだのであるが、その彼を踏みつけにしたまま、なおも戦いはつづけられた。騒乱が往《ゆ》き去ったあと、彼は血の気の引いた顔をして立ち上がる。ときに傷を負い、血さえ流しながら。」

これは一八五五年に書かれた文章である。とすれば、きっと、誰かのイングランド旅行記から引用した、彼《か》の地のフットボール戦の混戦《スクリメージ》シーンを活写したものだと思う人がいるかも知れない。ところがさにあらず、これはイングランドともフットボールとも、またスクリメージとも関係がない。最も栄光ある歴史を誇るフランスの遊戯の一つであり、聖ルイ王の時代にもルイ若王〔ルイ七世〕の時代にも行われ、かつ今日のフットボールの起源と原型をなしたところのものである。すなわちスール、シュール、あるいはショルという名前の遊戯がそれで、フランスでは古来より遍《あまね》く行われ、たとえば一一四七年にある領主が教会との間で交わした寄贈証書のなかにも、自らが浴すべき各種の特典と並んで、一定金額の支払いと「特大のスール用ボール七つ」の贈与が明記されているところである。

もともとスールとは球《プール》もしくは毬《バロン》のことで、それは地方によって木製であったり、革製であったりした。革製のものはなかに干し草や麩《ふすま》や苔が詰められ、また空気で膨らまされることもあった。それを拳や足をつかって勢いよく跳ね飛ばすのであるが、ときには先の曲がった棒《スティック》が用いられることもあった。ただしこうなるともはや別の種類の遊びと言うほかなく、それについてはもう少し後で取り上げることにする。多くの地方では足が主要な推進源とされ、そのためにたとえばヴァローニュをはじめとするいくつかの地方では、この遊戯はサバト［古靴を意味する古語］と呼び称された。名詞シュールに対応する動詞にシューレがある。ルイ十四世時代にこの遊戯を見たというデュ・カンジュはそのラテン語辞書にクホラーレと記し、〈足ニテ毬ヲ蹴リ進メル〉意なり、としている。

もちろん古来よりこの遊戯にもルールらしきものはあったが、今日のものと比べるとごく大ざっぱで、何より「洗練さ」を欠いた。しかし根本のところは同じで、相対する二軍がそれぞれ攻撃もしくは防御をするゴールまたは陣地を一つずつ持ち、素早く駆けながら足で蹴ったり拳で打ったりしながら、とにかくあらゆる手段を用いてボールを相手陣地のなかに運び込むか、あるいは敵側のゴールを通過させた。陣地またはゴールのつくりは地方ごとに大きく異なるが、同じ地方のなかでは通常、同じ種類のものが用いられた。というのは、古くから伝わる古典的な遊戯であるため、伝統を重んじるのがよいとされたからである。こうして、城壁、野原の境界、教会の門、地面に描かれた線がゴールに用いられたり、あるいはよく見られたケースに沼地があって、そこにスールを「沈め《ノワイエ》」たりこれを阻止したり、ということになる。この場合、泥沼のなかでの取っ組み合い、泥まみれの姿、泥地への落下が興をいや増した。

われわれが今日理解するところのゴールも古くから知られた。ここに示すフランスの銅版画は関連の図のなかでは最古のもので、こうした指摘は過去にまだなされたことがないように思うが、二本の柱と横棒からなる今日的形状をしたゴールがそこに見える（図13－描かれる角度が少々拙《まず》くはあるが）。

各種の禁令をものともせず、ジュー・ド・ポームに職人や町民も耽ることをなしたが、しかしこの球戯は、どちらかといえば貴族向けの遊戯であった。そしてスールも貴族だけでなく、聖職者や王たちによっても遊ばれたが、この方はどちらかというと庶民の遊戯であった。教区対教区、独身者対既婚者といった形でその試合が行われ、ある地方の全体を祭りの気分に浸す、ちょっとしたトゥルノワ戦のようなものであった。試合後の夕べには酒を酌《く》み交わし、ダンスが踊られた。遊戯者だけでなく、村中から見物に集まった人たちにとっても愉しい一日で、鑿《のみ》や土塊《つちくれ》相手に仕事をする単調さを補ってくれる、ずっと以前から心待ちにされた日の一つであった。もっともよく試合の行われた日が「カレスモー」もしくは「カレーム・プレナン」、すなわち告解の火曜日《マルディ・グラ》で、ときには教区の守護聖人の日や復活祭、あるいはクリスマスにさえ行われることさえあった。任意の試合日が決められることもあったが、これはごく稀であった。

この遊戯はいかにも粗暴で、今日以上に怪我が絶えなかった。十四世紀に大量の「赦免状」が公布され、それは球を打つところを誤って仲間の頭に大怪我を負わせてしまった遊戯者に許しを与えるためのもので、当時の試合がいかに激しい性格のものであったかをよく物語っている。

この球戯は広く普及を見てパリのような大都会においても行なわれ、一二九三年のある文献によれば聖ウスタッシュ教会の前でも試合があったという。いくつかの都市では聖職者もこの遊戯に熱を上げ、たとえばオーセールでは新入の教会参事会員はボール一つを仲間に差し出すものとされ、そこでの試合は信仰心とスポーツ精神とが入り交じった、なんとも奇妙な様相を呈した。〈復活祭ノ犠牲《イケニヘ》ヲ讃ヘヨ〉の朗唱によって試合がはじまり、教会参事員の全員が踊るロンドで終わりとなった。こうした習慣ができ上がったのもずいぶん古いこ

図13　球戯と標的弓（16世紀）。中央にサッカーのゴール様のもの、
両端に弓の標的板が見える。（版画保管局蔵 Ea. 79）

とで、すでに一三九六年四月十八日付の規則書〈ピラ遊戯ニ関スル命令〉に、この遊戯にまつわる規則が記されている。この命令に言うピラとはかなりの大きさを持つボールのことで、先輩会員のそれを大きさで上回ったと言っては、新しい教会参事員が自慢をしたものであった。やがてこの大きさ競争に歯止めをかける必要が感じ取られ、一四一二年のある命令書がボールの大きさに制限を加え、片手で掴《つか》めるほどのものでなければならないと定めている。このボール提供の習慣は十六世紀までつづいた。

われわれの文学、またとくに演劇にはこの球戯を暗示するものが多く、それだけスールが博した人気というものをよく示している。そうした例は十三世紀から見られはじめ、たとえば次に示すのはその一例である——

ロバン　何てことだ、この前のボール遊びのことなど、もう思い出したくもない。
マリオン　ねえ、ロバン、言ってちょうだい。あなた、ボール遊びをやったのね？　あんなこと、もう止めにして欲しいわ！　ねえ、ロバン、もう少し食べない？
ロバン　いや。

もう少し新しい時代の演劇では場面は地獄、ユダの死のシーンで、悪魔とその子どもが彼の魂をボールにして、足で蹴ったり手で打ち合ったりしている——

アスタロート　ルシファーよ……　この魂に用が済んだら、そう言って返してくれないか。ぼくらも少し、それで愉しみたいというものだから。
ルシファー　さあ、わしのかわいい悪魔たち、わしの幼い教え子たちよ、汚い堆肥の上に寝そべってばかりいないで、少しはボール遊びでもしたらどうだ。

ベルック　それじゃあ、ぼくが最初に蹴るよ。だってそうする権利があるんだから。

フェルガルス　それはまたどうして？

ベリック　ぼくが持ってきたんだから、それも大急ぎでね。

アスタロート　よし、悪魔ども、そいつにかかれ！

フェルガルス　かかれ！　そら、いよいよゲームのはじまりだ。

この球戯の人気を物語る日常レベルでの証拠にも、もちろん事欠かない。国王が発した数々の禁令がそれで、たとえば長身王フィリップ五世による一三一九年の禁止令、「球戯《ソル》」を全面禁止したシャルル五世の一三六九年〈球遊ビ〉禁令がある。それでもボール遊びは連綿と生きつづけ、十六世紀、十七世紀、十八世紀にその花を開かせる。とくにこの最後の世紀はスポーツの衰退期であったにもかかわらず、一七八一年に高等法院は命令を発してフィリップ五世の古い禁令を改めて復活させ、「クリスマスの日もしくは別の日に革製のボールを投げること、またいかなる理由があれボールを追い回すために人が寄り集うこと」を禁止し、違反者には「罰金五〇ルーヴルを科す」としている。

ルネサンス時代には例の《田園紳士》がいて、そのうちの一人であるニコラ・ラパンは自らの幸せな日々を魅力一杯に書き綴っているが、彼ら上流階級の人間も、召使いや村の農民たちと一緒になってスールのゲームに加わることを厭《いと》わなかった。またグーベルヴィルとメスニル・オ・ヴァルの領主にノルマン人のジル・ピコがいて、この田園紳士もスール・ゲームのことを幾度も日記に書いており、とくにそれはこの田園紳士が言うところの、最重要事件の一つに数えられてもいる。例を挙げると——

「一五五四年一月十四日（日）――夜の十一時、フランソワ・ドワナールに頼んでブリルヴァストの従兄弟とテイルの大尉宅に手紙を持たせ、明日の聖モールの日に行うシュールに加勢を送ってくれるよう依頼す。フランソへは祝儀《しゅうぎ》として一スーを手渡す」

「十五日（月）聖モールの日――まだ床から起き出さないうちにヴァローニュからキヌヴィル、グルー、オズヴィルが我が家に到着。いずれも屈強なる兵士なり。一緒に朝食を済ませたあとサン・モールに向かうと、カントピィ、シモネ、モワッソン、ラジョリ、ゴーチエ・ビレット、その他大勢がいた。着いたのがちょうどミサの最中で、導師のロベール・ポテ師……がボールを投げ入れると、午後の一時ごろまで熱戦がつづいた。ボールをブレットヴィルまで持ち込み、そこでグラシアン・キャバールが捕球して勝利を得る。」

そのあと帰途につくが、カントピィだけは友人宅に投宿した。というのは、浜辺に打ち込まれたボールを捕えんと「海に飛び込み、ずぶ濡れになった」からである。

この種の回想記を読むと、クリスマスの日もその翌日も、変わらずスールがなされたことが分かる。グーベルヴィルの領主は試合に臨んで手加減というものをせず、そのためズボンを「膝から腿の辺りまで」破かれもしている。また遊戯が白熱するあまり、傷を負ったり瘤《こぶ》をこさえたりする者も続出し、たとえばこの日記の執筆者自身、一五五五年のクリスマスの夕べにそうした災難に遭っている――「この日、ベルジェ農園でのスールの折り、こちらに向かって駆けてきたカントピィが拳《こぶし》で私の右胸辺りを激しく突いた。声も出なくなる有り様で、這々《ほうほう》の体《てい》で自宅まで連れ帰ってもらった。家に着くと意識は朦朧《もうろう》、半時ほどは何も見えず、そのため寝所で横になることを余儀なくされた」。翌日は「ひどい痛みのため」動けず、その次の日も同じであった。ついに二十八日になって快方へと向かい、躰も動くようになってミサに参加、仕事にも復帰した。

それゆえ低い身分の人たちだけがこの遊戯をしたのでなく、それについてなお別の証拠が必要とあれば、フランソワ一世時代の提督フィリップ・ド・シャボという錚々《そうそう》たる人物の紋章と銘句が、この球戯に因《ちな》んだものであるという事実を挙げることができる。仮にこの遊戯が取るに足らぬ暇つぶしに過ぎなかったら、そもそもこうしたことはあり得ないはずであろう。ゲネールのコレクションにそのシャボの紋章が収められていて、その下方の部分に、ボール遊びに興じる恋人二人の図が見て取れる。ボールは四枚の獣皮を縫い合わせて空気で膨らませた大きな革製のもので、二人の恋人は拳と足を用い、とくに男の方は足を上方に持ち上げている。銘句は〈衝撃ノ度ニ立チ上ガレ〉というもので、シャボの紆余曲折に満ちた波瀾万丈の生涯をよく物語っている。

さらに今一つの証拠を挙げることにするが、恐らくはこれが決定的なものとなろう。アンリ二世の時代に、パリのプレ・オ・クレールの芝生地で持たれた試合の記録が今に残っていて、そこに登場する二人の主人公が、これまたいずれ劣らぬ名士たちなのである。そのうちの一人についてはこう書かれてある——「その優雅さと艶《つや》やかさは誰をも心地よい気分に浸らせた。立ち居姿は端正にして威厳に溢れ、かつ雄々しかった。力が漲《みなぎ》って均整のとれた四肢、その高貴にして寛容かつ見事なまでのフランス的な顔立。亜麻色に光る髭、栗色の髪、高い鼻、穏やかで威厳の籠った眼差し、晴々とした額。しかしそのいずれにも増してこの人物には、魅力に溢れる打ち解けたその話しぶりがあった」。実はこれは詩人ロンサールのことで、もう一人は誰あろう、国王アンリ二世その人である。人びとは二軍に別れ、今日と同様、密集のなかにあっても容易に敵味方の見分けがつくよう、別々の仕着せを身に纏った。「実のところ、王は傍らにロンサールが控えるのでない限り、試合に参加することはなかった。プレ・オ・クレールは王の好みの場所の一つで、しばしばそこでボール遊戯を愉しんだが、若者を逞《たくま》しく鍛えるのに最良のこの運動を、決してロンサール抜きで行うことはしなかった。王の軍団は白の揃いの服を纏い、ド・ラヴァル氏を大将とする敵軍は赤い服を身に着けた。ロンサールは王の軍に加わってよく戦い、彼の働きで勝利を手にしたと、よく陛下は声高に叫んだものであった」

　この遊戯をイングランドがフランスから借用したのか、あるいはその逆であるのか、いずれについても確たる証拠は何もない。ただ、可能性としては前者の仮説の方に分があり、なぜなら中世イングランドにおける遊びや娯楽や気晴らしのほとんどすべてが、ノルマンディー地方かアンジェー地方に起源を持つものだからである。足を用いる球戯には英国的な特徴や特性がうかがえるとする意見もあるが、それはごく最近になってからのことに過ぎない。この遊戯は古来よりラテン系の国で人気のあったもので、たしかにアングロ・サクソンの国でもそうであったが、しかしラテン国について言えば、どこかの一国においてだけ、というのではなかった。イタリア人もこの球戯には熱意をもって臨み、その際、わが国はもちろん、他の多くの国におけると同様、足を用いることをした。高名なパドヴァの医師メルクリアリスもこう書いている――「この遊戯の名前は足に由来し……わが同胞は足でもってそれを遊ぶ」。実際、イタリアではこの遊戯をカルチョ〔蹴ること〕、ボール遊びをする人をカルチャンテ〔蹴る人〕と呼んだ。

　いずれにせよ、この遊戯は海峡を隔てたわが隣人たちの間にあっても、フランスにおいて辿ったのとほぼ同じ運命を辿ることになる。すなわち人びとを同様の興奮に陥れ、十四世紀には同種の禁令を王権当局が発し、また同じように町の通りを人で溢れさせることになるのだが、しかし総じてイングランドではフランスよりもずっと寛大に扱われた。この国でもやはりボールは手と足で扱われ、たとえばグロスター大聖堂の聖職者用祈祷席にある隠し椅子《ミゼリコルド》には十四世紀末の作である彫り物があって、手と足を等しく用いて動かしている様子がそこに描かれている（図14）。フランスと同様、彼の地の詩人たちもよくこの遊戯を引き合いに出し、たとえばホックリーヴはある女性について「フットボール様の形をした魅力ある躰」と書いている。奇妙な理想美だと人は言うかも知れない。が、実はこれは、あのモネ夫人〔クロード・モネ『瞑想　長椅子のモネ夫人』〕のことを言

図14　ボール遊戯に興じるイングランドの男女（14世紀末）。
グロスター大聖堂の聖職者用ミゼリコルドにある彫刻。

ったものである。

　フランスと同様、この遊戯はイングランドでも聖職者を魅了した。もちろん、最近のある時期までこの遊戯は完全に大衆的なものとしてあり、そうした性格はフランスにおける以上に、イングランドにおいてこそ際だっていた。ルネサンス期に入ると、上流青年のよき師傅たちはこの遊戯を生徒たちに勧めなくなる。あらゆる身体運動の確固たる支持者であった文人外交官トーマス・エリオット卿についてはすでに本書でも触れたとうりで、彼によれば運動は身体と精神ばかりか、気骨ある性格の形成にも不可欠なものとしてあった。しかしその彼にしてもフットボールだけは例外で、あの『為政者論《ガヴァナー》』においても、この遊戯には「獣的な激昂と過激な暴力」をしか見ていない。またシェークスピアの『リヤ王』ではケントが家令を嘲《あざけ》って、「哀れな蹴鞠《けまり》野郎」と呼んでいる。

　この球戯をめぐっては珍しいことに、ピューリタンたちも王室側の人間も、見解をともにした。スタッブスは『悪弊の解剖』〔副題『ピューリタンによる劇場攻撃』〕のなかでフットボールを、安息日にさえ行われる「悪魔的娯楽」の一つで「友好的どころか人をも殺める血生臭い遊戯」と詰《なじ》っている。敵の鼻に石をぶつけてへし折るような真似はやめろとこの悲観論者が言えば、とんでもない、そんなことはこの遊戯とはまるで関係ないことだと遊戯愛好家が反論する。するとスタッブスはなおも舌鋒《ぜっぽう》激しくこう言い募る――いやいや、愚の骨頂にほかならぬ、脚を折られたり目をつぶされたりで碌《ろく》なことはないし、そこを無傷で切り抜ける者など一人としておらず、しかもそうした悪を招いた最たる張本人が王様に祭り上げられてしまうという仕儀である、と。ともかくも、これがスタッブスの意見であった。

　次の世紀になってもフットボールは芳《かんば》しい評判を、英国の上流界で得ることがなかった。イングランド王ジェームズ一世は息子ヘンリーのために教育論をしたため、短いながらも有名なこの論文のなかで、駆けっこ、跳躍、角力、乗馬、ポーム、剣術、その他の運動を、「玄人《くろうと》になるまでやれとは言はぬが」王子が極めるべきものとして熱心に勧めている。しかしそこからフットボールは除外され、これについては、躰を鍛えるよりも不具になる可能性の方が高いとしている。

こうした手厳しい意見も、この頃からその効果を減じはじめる。そしてスチュアート朝の時代になると、ともかくもこの遊戯は下層階級の人びとにとり、至福の喜びを与えるものとして常にありつづけた。十七世紀のロンドンを訪れた旅行者は街路で猛々《たけだけ》しく展開されるこの遊戯に幾度も辟易《へきえき》させられ、その名所見物を台無しにされている。「無礼極まりない争乱」と彼らは日記に書き、この遊戯への怒りをぶちまけている。

フランスでもそんな風にこの球戯が行われたことは、警察の命令書や、文人がする揶揄《やゆ》を介して知ることができる。ルニャールの『離婚』では、いじめを受ける嫁をかばってコルニションがこう叫ぶ——「殿方たちよ、一人の女が（亭主から）鉄拳をもらったり、かっとなって蹴飛ばされてボール球のように扱われるのを、平気で見ておられるのですか？」。ただ、フランスの場合はこの遊戯は主に田舎においてなされたので、かつてアンリ二世とロンサールが示した模範を、ルイ十四世とラシーヌが見ならったという話はついぞ聞かれなかった。またルイ十四世時代の農民すべてがラ・ブリュイエールの書くように、いつも「腹黒くて鉛色に日焼けした獰猛《どうもう》な動物」であったわけでもない。たとえばセヴィニエ夫人がアリエやロワール地方の片田舎でブーレが踊られるのを見たときのように、なかには軽快で溌剌《はつらつ》とした若者たちもいて、彼らは「あなたより、よほど音感がしっかりしています」と夫人は娘に語りかけている——「あの牧場やきれいな茂みのなかで、リニョン〔ロワールに注ぐ川、ここでは一七世紀オノレ・ドゥルフェ作の牧人劇をいう〕に出てくる羊飼いの、その末裔に当たる恋人たちが踊る姿を見るのは、本当に快いことです」。その彼らがまた時折り、粗野にして熱狂的な球戯《ショール》の遊戯者ともなったわけで、それについては同じルイ十四世時代の末期に、デュ・カンジュが実際にその眼で見たこととしてこう書いている――「シュール、すなわち各人が激しく足で蹴り出すボール遊戯の一種」で「いまも各地の田舎で農民たちが行っているもの」。

次の世紀になるとカンブリィが、ブルターニュ地方で大人気を博した「蹴球《スール》」のことを書いている――「麩《ふすま》を詰めたボールを村の領主もしくは名士が群衆に向かって投げ入れると、四方の郡からやってきた者どもがそれを奪い合う……。時にはスールを追い求めて海にまで飛び込み、そのまま溺れて死ぬ者もいた。私が子どものころ（カンブリィは一七四九年の生まれ）、スールを捕まえようと跳び上がって換気口から地下倉まで落下し、脚の骨を折った人を見たことがある。たしかに体力と勇気は養われたようだが、繰り返して言うが、いかにも危険極まりない遊戯であった」。

スールはあの大革命をも生き延びた。怪我人や死亡者が続出して警察から定期的に禁止されたが、そのたびに息を吹き返した。絵筆と鉛筆を手にブエとペランが十九世紀の『アルモリックでのブルターニュ人の生活』を描いたときも、ブルターニュ地方の民族的スポーツの一つと称されたこの球戯を省略するようなことはしていない。銅板画の一枚には試合開始のシーンが描かれ、教会の門前で今まさにスールが、二軍の間に投げ入れられるところである（図15）。別の一枚には密集《スクリメージ》の様子が描かれ、よく訓練の行き届いたチームは恐れる風もなく、人の奔流《ほんりゅう》のなかを突き進んでいく。そして本文には次のように生き生きと、波瀾に満ちたゲームの様子が活写されている――

「球が投げ込まれるや、両軍は渾然《こんぜん》一体となって見分けもつかず、混ざり合い取っ組み合っての押し合いへし合い。水をも通さぬこの混沌《カオス》の表面には千の頭が、まるで荒れ狂った海の波のごとくに揺れ動くのが見え、言葉にならない粗野な雄叫《おたけ》びが聞かれた……。腕力によるものか技巧によるものか、闘士の一人が密なる集塊のなかに道を切り拓き、スールを遠くにまで持ち去った。はじめは誰もそれとは気づかない。戦いに陶酔した戦

図15　ブルターニュ地方における教会前でのスール開始場面（19世紀）。
『アルモリックでのブルターニュ人の生活』（1844年）所収。

士たちはまさに忘我の状態にあったからである。……そのなかに多少の冷静さを保つ者がいて、自らが無為なることに精魂を費やしていることに気がつくと……分かちがたく見えた巨大な人塊に割れ目が生じて、また四分五裂した。そしてまた人びとは新たな戦場に向かって全力で駆け出し、そこに辿り着くと悪罵《あくば》を浴びせつつ、またもや取っ組み合っての転がし合い。こうして主要な一つのことをするのに、実に二十もの動きの断片が同時にともなわれるのであった」。

このスールは今なおフランスのいくつかの地方で生きつづけ、上と同じ部類の戦士たちが原初のままのルールにしたがい、十字軍時代の日々を思わせる原初の形式のなかでこれを行っている。それゆえ若干の言葉遣いを別にすれば、今の時代についてブーローニュ・ラ・グラスの司祭マルタン・ヴァル師が書いた次の一文も、古い書物からの引用だとの錯覚を催させるかも知れない――「告解の火曜日《マルディ・グラ》、ブーローニュの靴職人が手に篭を携《たずさ》え、肩に担いだ棒の先っぽにはリボンを飾った大きな革製のボールを吊り下げ……一軒一軒を回ってそのシュールを見せ歩いた」。篭は、彼に分け与えてくれる卵を入れるためのものである。「シュールが行われるのはいつも、クーシィ通り、教会通り、峡谷通りという、三つの通りが合流する谷間《たにあい》においてであった」。楽隊を先頭にして隊列が組まれ、村長が短い演説をぶったあと、手にするボールを両軍の間に素早く投げ入れる。「かくして筆舌に尽くしがたい乱闘がはじまる。シュールは足で蹴られ手で投げられ、あちらへ行ったりこちらに来たり。通りを下ったり上ったりして、家屋や生け垣や庭にも飛び込む始末。恐いもの見たさの娘たちの上にそれが落ちると、彼女らは蜘蛛の子を散らしたように逃げ惑う。人びとはぶつかり、叫び、互いに罵り合う。こちらでは胸に足蹴を喰らう者、あちらでは腕を踏みつけにされる者がいて、血だらけの顔、青あざをこしらえた眼、へし折られて二度と元に戻らない鼻、といった有り様となった」。闘いは山と谷との間で繰り広げられた。「いずれかがシュールを谷の中央の、聖エロワの路地近くにある泉か、あるいは山腹にある教会通りの中間にある泉に放り込む。そのときはじめて勝利がわがものとなる」。その日の夕べに、シュールがあった場所でダンスが踊られた。

一八九四年に、この遊戯の大権威であるアレクサンドル・ソレル氏がこう書いている――「シュールと呼ぶのは中くらいの大きさのボールで、なかに苔か麩《ふすま》を詰め、いろんな色をした革でこれを覆う。連隊長が連隊旗を管理したように、このボールは通常、市長宅か市庁舎に保管された」。これにつづけてソレル氏は、コンピエーニュ近くのロワイヤリューであった既婚者と未婚者との対戦についても綴っている。また今世紀に入って、エミール・スーヴェストルがブルターニュ地方のスールを、またドカイユがピカルディー地方のスールを記述している。こうした報告に見られるのは、いずれも庶民を中心とした原初形式の球戯ばかりで、それはカペー王朝から第三共和制の時代にいたるまで、連綿と実施をされつづけてきたところのものである。

IV　クロス

十四世紀のこと、一人のフランスの挿絵師《さしえし》が机に向い、一枚の羊皮紙の上に身をかがめている。彼が挿画を入れる書物のタイトルは『ものごとの特質』で、その様々な「ものごと」のうち、各年齢期にある人間を今から描こうというのである。そうして「青年期」の章に行き着くと、そこには代書師の手で、絵を入れるための無地の四角枠が用意されてあった。よくよく熟慮を重ねた末、彼は今から五世紀前の、フランス人の若者を図に描きはじめた。彼が腐心したのは、青年期のイメージをいかに単純明快に表現するかであった。当時、象徴や表象はごく一般的に用いられたところで、版画作家もよく表徴の類を用いて、内的な特徴を描くに際しての困難を切り抜けた。たとえば「威厳」という観念は彼の脳裏に王杖《おうじょう》のイメージを結ばせ、父なる神に王杖を持たせることでその威厳を具体化して見せた。かくして件《くだん》の挿絵師は青年を描くに当たり、立位の若者に躰ぴったりの胴着を着せ、その手に若さの象徴として、一方の先が鉤状《クロス》に折れ曲がった棒を握らせた（図16）。

　われわれの祖先のように丈夫で本質的にスポーツ的であった民族にとり、中世の各種運動遊戯で用いられた用具の中核的存在をなしたクロス［スティックのこと］こそ、その青年期を表わすのにまさに打って付けの表象としてあった。鉤《かぎ》形をしたこの棒はラケットや大槌《マーエ》［マレット］よりもずっと以前から存在し、そこから数え切れぬほど多くの変形や変種が生み出された。多くの遊戯がそれと関係をもち、ペルメル遊戯、玉突き《ビリヤール》、グーレ、クロッケー、ホッケー、ゴルフ、クリケット等々と、多かれ少なかれ現代的な名のもとに、世に広く知られるにいたっている。そしてクロスはそれらのどれよりも古く、かくして多くの子孫に恵まれたジゴーニュ小母さん［人形芝居の主人公］のような位置を、遊戯の一族全体のなかで占めている。

　フランスの古い文献にも、クロスとクロスールの語はよく登場する。「クロサーレ」［ラテン語］はフランス語の動詞クロッセで、鉤状の棒で球を打つ、を意味する。ここからクロスールは球を打つ人の意なり」とデュ・カンジュが書いている。

　十三世紀のパリで、商店を構えて税金を納めるクロス商《クロセチエ》は二軒を数えた。後にこの納税記録を活字で再録しようとしたジェローはこの職種の説明に困ったらしく、足が萎《な》えた人用の松葉杖と老人用の杖を製造する商

図16　クロスを手にしたフランスの青年（14世紀）。
ジャン・コルビション訳『ものごとの特質』（14世紀）所収。
（国立図書館蔵 Ms. Fr. 22532）

人、と解説している。事実はまったく逆で、クロス商は最も活動的な若者のために仕事をし、都会の街路でも田舎の街道でも使用されたクロスをつくったのである。この職種にも多様な工芸技術が要求され、なぜなら遊戯の多様な変種が、多様なクロスを必要としたからである。よいクロス職人とは、それぞれの遊戯に必要とされる用具的な要《かなめ》を心得ている人のことであった。

このクロスを用いてボールや球や木片を、あるいは一つの穴に向けて、あるいは地面に立てた一本ないしは複数の棒を目がけて、さらには地面に描かれた円や線で区画された陣地をねらって打った。各人が球を一つずつ持ち合い、いかに少ない回数でゴールもしくは穴に入れるかを競うこともあった。また時には二軍に分かれ、一つの球を競い合ったりもした。この場合、円や陣地や穴であったりする攻撃用と防御用のゴールを各軍が一つずつ持ち、防御の際は球をクロスの一撃で撥ね返し、自らに割り当てられた穴や陣地や境界線を守った。スールのような、球を手や足で直《じか》に扱う遊戯には早くから変種が登場し、飛翔物の推進源に、折れ曲がった棒の使用が許されるようになる。飛翔物は木製の球であったり、またスールに使われたような革製のボールもしくは「ブーレ」であったりし、この場合、クロスでスールをするとか、シューレする、とか言った。

ジュネスが『人生の遍歴』のなかで書いている、

遊ぶには毬が
スーレにはクロスが必要

この本来の意味でのクロスや、またクロスを用いたスールは、グーベルヴィル候が従者や友人たちと好んで行った遊戯の一つでもあった。

「晩課の祈祷を終えると、夜半まで教会横にてクロス。／晩課のあと（一五五四年、告解の日曜日）、プチト・シャンパーニュにて夜半まで、既婚者と未婚者のクロス対抗戦」。地方の司祭や助任司祭もこの二種類のクロスを行い、グーベルヴィルの日記にも「終日、シュールを棒で打つ」司祭についての記述が見られる。

　他の遊戯と同様、この遊戯も激烈なものであった。猛々しい乱戦となって球は宙を舞い、クロスが空を切った。頭蓋にヒビを入らせたり鼻をへし折られたりで、通り合わせたダリントンを驚愕させ憤慨させている。これまた裁判での争いに持ち込まれたが、幸いにも遊戯者には一種の親衛隊法《ドロワ・プレトリアン》が適用され、それによれば遊戯の場での殺人や傷害は情念犯の一つに数えられ、クロス競技者も激情が過ぎたものとして、無罪放免とされた。彼らを許す「赦免状」も数多く飛び交い、「クロスのシューレと称する遊戯をしている最中……競技者の一人が球を宙高く打ち上げて」不幸が出来《しゅったい》したが、この場合にも特赦が認められている（一三八七年）。「これらの児童がともにクロスをして遊んでいたところ、彼の被告は手にするクロスをもって上記ジャンを打ち」たるが、遊戯熱に駆られてのこととして、この被告にも恩赦が認められている（一三九七年）。十六世紀になっても遊戯の激しさは変わらなかった。『アンゴーの書』にある細密画の一枚は一五一四年、ルーアンにおいて描かれたもので、今も国立図書館に保存されている。そこにはクロスに興じる子どもの姿があり、そのうちの一人は鼻に一撃を受けておびただしい出血をしているが、他の遊戯者は何事もないかのようにゲームをつづけている。

　この遊戯の激しさを物語るもう一つの例証として、「クロスをする」という他動詞が時代とともに、比喩的に「乱暴に扱う」という意味を獲得するにいたったことが挙げられる。これは槍的《カンテンヌ》や蹴球《バロン・オ・ピエ》についても見られたことで、遊戯から出たそうした表現は派生的に、みな同じ意味を備えた。たとえばサン・シモンは、イエズス会士が「遅かれ早かれシュルピス派に足蹴《クロセ・アヴェック・ル・ピエ》を喰らわすであろう」と書いている。代名動詞の「クロスする」

に「十字を切る」という英語的な意味はなく、こちらは喧嘩をする、殴り合いをする、を意味した。

クロスとその遊戯者は、フランスの細密絵師や七宝《しっぽう》工芸師の手で頻繁に絵にされてきた。ずっとエルスネールの聖マリア教会に保存されてあったが、今はコペンハーゲンの国立博物館に収められているものに非常に精巧なつくりの、おそらくはフランス製と目される七宝の小瓶があり、そこに一四世紀初頭の、競技開始時のクロス遊戯者が描かれている。これからクロスで一つの球を打ち合おうとする遊戯者の一群がそこにあり、まさに古いクロス遊戯の異論なき卑属にして現代の嫡出子たるグーレもしくはホッケーを見る思いがする。

シャンティイに保存されるブルゴーニュ公妃の祈祷書（十五世紀）にある細密画を見ると、その暦《こよみ》のページの縁枠《ふちわく》にさまざまな種類の遊戯が描かれていて、各種形態のクロスもそこに顔を覗かせる。地面に立てた棒からなるゴールを指して複数の木製球を打つもの、もう少し大きくて明らかに革製と思しきボールを、二軍に分かれた遊戯者がクロスで打つもの、といった具合で、絵師が描いたこの後者の遊戯が、クロスのスールである。別のページにはキリスト生誕図があり、天使の到来を待つ羊飼いたちが、クロスをして躰を温めながら時を過ごす様子が描かれている。実際、冬になるとそうして遊ばれたのであり、とくに農村では冬場に閑暇を持て余すし、また寒さに抗するにはそれが一番の遊戯であったからである。もちろんベツレヘムとなると話は別であるが、少なくともフランスでは十三世紀、あるいはもっと早くからこの遊戯はそんな風に愛好され、十六世紀や十七世紀になっても事情は変わらず、そのことは当時の警察の命令書がクロスを「公道でする危険な運動」の一つに数えていたことからもよく分かる。

シャンティイの祈祷書をはじめとする細密画や、庶民を描いたもう少し後代の木版画は、クロスがどんな風にその姿形を変えていったかを、つまり初期の遊戯形式を脱して独自の方向を歩みながら別の形態へと定着していったかを、よく理解させてくれる。あるケースではクロスの湾曲する度合いが増した代わりに、先端部はかなり軽量化されている。別のケースでは先端部が重くなり、一種の金槌《かなづち》もしく木槌《きづち》の形になっている。さらにもう一つのケースでは湾曲部がなくなってしまい、握りの部分は細くて先へ行くにしたがって幅広となり、ちょうど今日のクリケットのバットのような形をしている。こうして遊戯は様々な形態に枝分かれし、ヨーロッパのほぼ全土で、念入りに育《はぐく》まれてきたということができるのである。

各自が一つずつ球を持ち合い、できるだけ少ない回数で標的や穴に向けて打つ、という方式は、フランドルやオランダで現に今も行われる遊戯を生み出し、それにはかつてスコットランド人も熱を上げた（もちろん今も変わらない）。これがやがてイングランドを席巻《せっけん》し、ゴルフという名のもとにフランスにも伝えられる。さらにもう少しあとで取り上げるように、クロスはペルメル遊戯、クロッケー、ビリヤードをも生み出すことになる。

相対する二軍がゴールまたは陣地をめぐる攻防を展開するなか、同じ一つの球を打ち合って争うという形式のものに、まずは本来言うところのクロス［ホッケー］がある。これは原初の形式そのままに、敢えて言うなら十九世紀になってもなお誕生時の状態を維持したまま、フランス北西部の各県や、また恐らくフランスの地方のなかでも最もスポーツ的にしてケルト的であるブルターニュ地方において、ごく日常的に行われてきた（図17）。中世当時の遊戯と何ら変わらない、同じルールと熱意と敵愾心《てきがいしん》と危険を備え持ち、遊戯者には試合後、「赦免状」が必要とされたことまで同じであった。ブルターニュでの試合に立ち会った人が書いている――「二つの村の青年どおしで争われたクロス遊戯は、ほとんど戦《いくさ》と変るところがなかった。というのは、巧緻と腕力と堪え忍ぶ精神力が必要とされたし、怪我や打撲なしに対戦を終える者はごく僅かでしかなかったから」。

この場合の遊戯手順は次のとおりであった――「戦闘員の数が決まると両軍から全権委員が出てきて、これから駆けるべき全体の距離について取り決める。相対する二軍はその両端に、オレルと称する球《ビル》が入ること

図17　ブルターニュでのクロスの遊戯（19世紀）。
『アルモリックでのブルターニュ人の生活』（1844年）所収。

になる溝もしくは円形の穴を穿《うが》つ。それが彼らのカピトリヌス［ローマ七丘の一つ］というわけである。次いで攻撃命令を下す両軍司令部（ここは中立地帯）の中間のところに円が描かれ、これから支配権が争われる球《ビル》がその中央に置かれる」。

球は木製か、または石製であった。みな押し黙ったまま、身じろぎ一つせず合図を待つ。合図が下されるや「凄まじい喧噪」が巻き起こり、クロスはかち合い交差し合いぶつかり合い、その激烈な打ち振るいは対戦場を耕地のように耕し、遠くにまで砂利や砂粒を雲と巻き上げた。「オレルが強く打たれるたびに両軍はそのあとを追い、また別の場所で熱っぽい密集をつくっては、目的の溝にまで球を運ぼうと努めた。球は打撃を雨あられと受け、稲妻のような速さで前へ行ったり戻ったり、対戦場のなかをあらゆる方向に、千度ほど行き来した」。時折り、疲弊した戦士たちは協定を結んでしばしの休戦に入り、そのあとまた戦闘を繰り返した。やがて耳を聾する祝勝の大歓声が巻き起こる。

この形式の遊戯から、ホッケーもしくはグーレ、あるいはその他の、著名かつ古い歴史に彩られる運動遊戯の数々が生まれた。一連の北方遊戯《ノルディスカ・スピレン》に名を連ねる最も輝かしいスポーツの一つに、北国スウェーデンの長い冬を魅了した氷上ホッケーがあり、これはカナダやアメリカ合衆国などでも行われてきた。スケート靴を履いた選手がクロスでボールを打ち争うこの遊戯は、靴の種類を別にすれば往時のフランスでも見られたもので、とくにオーヴェルニュ地方では凍った池で、クロスのスールがよく遊ばれた。この場合はよく滑るようにと、球は革製でなく常に木製のものが用いられた。氷上よりも陸上でなされることの多いホッケーは、要するに古来からあるクロスに他ならない。ホッケーという名もそのことを示しており、鉤《かぎ》を意味するフックに由来するものである。

同じ範疇に属するものに、なお「ラクロス」がある。主としてカナダで行われ、その一語名詞の呼称［定冠詞ラ＋クロス」とともに、フランスへ里帰りを果たした。この遊戯でも二軍がゴールをめぐって攻防を行うが、球は網つきの、ラケット半分大を引き伸ばしたような形のクロスでもって飛ばされる。この他、かつては「猫遊び《ジュー・ド・シャ》」という名の遊戯もよくなされた。最も人気があり最も広範に普及し、また極めて単純でもあったこの遊戯は、町なかの子どもたちから大評判を勝ち取ったが警察からは目の敵にされたもので、それでも今なお、とくに田舎から完全に駆逐されるにはいたっていない。両端を尖らせた木片をボール代わりに用い、遊戯者はそれを棒片で空中に飛ばしてゴール用に穿った穴もしくは地面に描いた円や陣地に入れたり、また阻止したりした。「猫遊び」の名ですでに一三四七年の記録にも登場するこの遊戯は、フランスの各地で多くの変種を生み、たとえばリヨン地方ではキネ、ブレス地方ではカイユ、ヴィヴァレ地方ではピコタン、ペリゴール地方ではピルエットという名で生き残った。最後の二つはガルガンチュアもよく知るところで、彼が行った遊戯の長大なリストのなかに顔を覗かせている。ちなみに彼のリストには二百二十一もの遊戯が並んでいるが、そのすべてに巨人の力が必要とされたのではない。というのは、その多くは歌留多《かるた》遊びであったから。

　私の子ども時代、キネはリヨンの通りを大いに賑わせたものであった。大人は形の整った豪奢なキネを所有したが、遊戯者の大半を占めた子どものそれはごく質素なもので、ふつうは薪の点火用に使われる樅の木の切れ端が転用され、町の子どもはそれをどこかから「上手に」失敬してきたものであった。通行人や窓ガラスに危害を及ぼすと、とうとう警察が遊戯の規制に乗り出したというが、すでに見たように、同じ趣旨の取り締まりをすでにドラマールがルイ十四世時代に打ち出しており、ついにそれが大都市にまで及ぶことになったという次第である。

　「猫遊び」は隣国のイングランドにおいてもよく知られ、加えて彼《か》の地でこの遊戯は、ある重要な歴史的かつ宗教的な記憶と結びついている。『天路歴程』の著者として名高いバンヤンが試合中にあって今まさに「猫を打たん」としたとき、彼の人生の方向を変える天啓を得た――「おまえは罪と縁を切って天国へ行くのか、それとも罪を抱えたまま地獄に堕ちるのか?」。耳に聞こえたこの声が彼の運命と改宗とを決定づけた。ただ、それでも、試合の方は最後までつづけたと、バンヤンは正直に告白している。

　同じ起源から発したものにあのたいそう有名な遊戯、英国中でその名を知られるクリケットがある。わが隣人たちが心から愛して育《はぐく》んだので、総じてこの遊戯はイングランドに土着のものと思われているが、事実はそうでない。イングランドのクリケット愛好家はフランスのクロス愛好家の孫のようなもので、遊戯の名前もフランス語のクリッケに由来している。クリッケとはある形態の遊戯でゴール用に地面に立てられる棒のことで、イングランド最古の文献よりもさらに時代を古く遡るフランスの文献がそのことを明快に示している――そこには「嘆願人は球遊びをしている場所の、文柱《アタッシュ》もしくは棒柱《クリッケ》のそばまでやってきた」とあり、これが一四七八年の文献で、この語がはじめて登場するイングランド側の史料は一五九八年のものにすぎない。

　クリケットがクロスの変種としてフランスに起源を発することはイングランドのコットグレーヴも指摘しているところで、彼の有名な英仏辞典には「クロス――若者がクリケットで用いる湾曲した棒。クロッセ――クリケットをすること」とある。有名さにおいてこれに劣らないマレイの、今日最も権威が認められる辞典(一八九三年)にも、「クリケットはフランス語のクリッケと同一とみなされる」とある。

　要するにクリケットは、クロスもしくはクロスのスールの変種に他ならない。球を通すか通させないかの小門《ギッシェ》のゴール、つまり英語で言うウィケットも、前に示した図版(図13参照)にある、本来言うところのスール・ゲームで用いられたゴールを小型化したものである。

　この問題に関して決定的な証拠となるのは、ある遊戯形式のクロスとクリケットとの間で、比較的最近まで保たれてきた類似性である。両者は名前こそたしかに異なるが、それでもテニスとポームほどの違いはなく、それらが同じ遊戯を指していることには疑問の余地がない。かてて加えて、このパラグラフで用いた右の四つの球戯名が、すべてフランス語である。

十八世紀の英国絵画でハイマンが一七五五年に描いたものに、その時代にイングランドで行われていた通りのクリケットが示されている（図18）。この絵の所有者は「メリールボーン・クリケットクラブ」、すなわちこのスポーツに関する機知に溢れたエッセーのなかでアンドリュー・ラング氏が「クリケットの議会」と呼んだ、あのクラブである。ハイマンのこの絵は同クラブが所有する古い収蔵品のなかでも自慢の一品で、本書にもクラブの許しを得て掲げさせてもらった。

よく知られるこの絵と、有名さにおいて少し劣るグラヴロの『子どものための小さな絵画集』にある版画を、ここでよく比べてみる必要がある。このフランスの画家は、ブランコ、馬跳び、独楽《こま》、輪回し、九柱戯、弩《おおゆみ》、それに「クロス」と、あらゆる種類の遊戯を描いた人で、彼の版画（図19）も本書に掲げておいたのでハイマンのものとよく見比べて欲しい。すぐに気づかれると思うが、二つの絵にある遊戯は明らかに同じものである。遊戯者の一人が球を投げ、もう一人がバットでゴールを防御する。ゴールは地面に立てられた短い二本の棒で、それが横棒で繋がれている。三人目の遊戯者はゴールの後ろに膝をつき、そちらにくる球を捕らえんと身構えている。そして試合場を注視する他の遊戯者。

それらが同じ遊戯だというのは、右で加えた説明だけで、二つの絵に描かれるいずれのシーンも理解できるからである。現代クリケットにおけるボウラーもしくは投げ手、バッツマンもしくは打ち手、ウイケット・キーパーもしくは小門の守り手を、そのどちらの絵にも認めることができるし、また二つの絵において、同じボール、同じ種類の小門、同じ造りのバットという風に、同じ道具が用いられている。さらに注目すべき重要な点は、二枚の絵のなかでイングランドの遊戯者もフランスの遊戯者も、鉤状をなすバットを用いていること

上…図18　イングランドのクリケット・ゲーム（18世紀）。
ハイマン作（1755年）メリールボーン・クリケットクラブ蔵。
下…図19　フランスのクロス・ゲーム（18世紀）。
グラヴロ『子どものための小さな画集』（18世紀）所収。

である。グラヴロの版画には少し詩情に欠けるものの、この遊戯の性格をよく言い表す次のような詩が添えられている――

可愛いジャッケ君の手から
球が飛び出す。ゴールに触れさせまいと
もう一人が身構える。そうして見事に狙いをすまし
ガツンと返してはぼくらの目を釘付けにする

かくしてコットグレイヴが「クロッセ――クリケットをすること」と書いたのは、まこと正鵠《せいこく》を射たものと言うことができるのである。

十八世紀の全体を通してこの遊戯は、フランスにおいてもイングランドにおいても、とくに上流階級に属さない幼い子どもや若者の間で盛んに行われた。しかし同じこの時代に両国の間で事情の違いが生じ、運動に関してフランスは衰退期を、イングランドは興隆期を迎えることになる。そうして運動遊戯はフランスの地方で何とか命脈を保ったのに対し、イングランドでは徐々に国中へと広がり、やがては都会をも席巻するにいたる。そのなかで最も人気のあったクリケットとフットボールは上流階層をも征服することになるが、逆にフランスではこの階層は後述する通り、ますますスポーツへの関心を失っていく。イングランドの田舎ではスポーツ的な祭典が数多く催され、この国の風俗に強烈な影響を及ぼしたアディソンの『スペクテイター』誌が、そうした流れを一層鼓舞《こぶ》した。ここにいたってクリケットは王国の重臣から場末の労働者にいたるまで、全イングランド人にとっての民族的遊戯、すなわち「国技」となった。この栄《は》えある地位をクリケットが占めるよう

になったのはほかでもない、この時代における右のような動きがあってのことであった。
イングランドで「洗練された」遊戯の極みにまで押し上げられたクリケットは、同時に詩人のポープや初代首相ウォルポールに揶揄《やゆ》されたり、その他の知識人から毛嫌いされたりしながら、一七七〇年にいたってジェイムズ・ラブの手で英雄詩のテーマに取り上げられることとなる。この栄誉的な扱いはポープの嘲笑などよりずっと決定的な役割を果たし、爾来、国技となったクリケットには、仰々しい詩でもってエールが送られるようになる――

クリケット万歳、ブリティッシュ固有の栄えあるゲーム、
スポーツのなかの王者、名声においても第一級！……

クリケットは隆盛期に入り、誰が冷笑を浴びせようが揶揄しようが、その勢いは留まるところを知らなかった。ますます発展をつづけ、それを嗜《たしな》むことは良識とすら見なされた。一七七四年にドーセット公、タンカーヴィル卿、その他の貴族の手でルールが定められ、その人気は英国社会のあらゆる階層においていや増していく。ほとんど国中に広がりを見せたあと、ついにフランスに里帰りを果たすがこちらは誰もその出自を知らず、却ってアングロ・サクソン的な遊戯の典型とする見方が日増しに支配的となっていく。それに対するかつての愛着心は徐々に蘇《よみがえ》りを見せたが、それでも半ば疑いの目で見られ、卒業式などで演壇に立つ名士は決まって、「ラテン的精神」にあまりそぐわない運動遊戯には気をつけるよう、若者たちに注意を促したものであった。

V　マーイ

同じ範疇に属する遊戯の変種のうち、フランスで最も普遍的な成功を収めたものがシャンティイにある細密画に描かれている。その遊戯ではクロスの先端が重くされ、長い柄を備えた木槌《マーイェ》の形に姿を変えている。これを用いてする遊戯はマーイと呼ばれ、その名のもとにフランスはおろか、ヨーロッパ全土にまで知られるところとなり、とくにモンペリエ地方では幸運にも廃《すた》れることのないまま、今日なお根強い人気に浴している。

栄光の未来を約されたこの華麗なスポーツは、あのトゥルノワやチェスや槍的《カンテンヌ》と同じに半ば伝説的な起源を誇り、熱烈な信奉者を生んでは彼らを興奮に陥れた。なるべく少ない回数で木製の球を打ち、前もって決められた標的に当てたり隘路《あいろ》を通過させたりするのがマーイで、これが発展を示して普遍的な人気を博するようになるのは、やっと十六世紀のことである。この世紀と次の世紀にこの遊戯は文字通りフランス中を席捲し、独自のマーイ・コースを持たない町や村は一つだになく、城にしても、フランス王の居城からセヴィニェ夫人の質素な岩城にいたるまでがそうであった。「友人とマーイを二ラウンドいたしました。ああ、親愛なる侯爵殿［娘婿のグリニャン候］、いつもあなた様のことを、なんと素敵に球をお打ちになるお方かと思っております。ぜひグリニャンの館にも素敵なコースを拵えて下さいませ」

われわれの町の数ある遊歩道や街路はその名によって、かつてその場所でこの遊戯が盛んになされたことを教えてくれる。パリも例外でなく、地方にある諸都市と同様、今もその「マーイ通り」を持っている。首都には十六世紀と十七世紀に、手入れのよく行き届いた良質のマーイ・コースが二、三カ所あり、そこにはほどよい木陰がいくつもあったほか、背の低い板垣が帯状にずっと張りめぐらされ、そこに球をぶつけて向こうに撥ね飛ばすことができた。ヴァサリューが一六〇九年に描いたパリの地図は、そこにある数々の日常生活シーン（行進中の連隊、通りを駆ける水運搬人、曳船、食糧品を運ぶ農家の荷馬車、それに昔の町でよく見られたあの光景――罪人を吊した絞首台）のために興味が尽きないものだが、その地図のセーヌ川沿いにある長く曲がりくねった並木道を見ると、海軍兵舎《アルスナル》の「ペルメル遊戯場」とはっきり記されている。木槌《マーイエ》を手にした人びとが小さく描かれ、コースの端っこにある小さな通過門に向けて球を進めている。同じ地図の反対側にも別のマーイ・コースがあり、こちらは途方もなく長い小道で、モンマルトル門から首都の城壁を出て、外壁づたいにサントノレ門まで伸びている。六人の遊戯者がゲームをしている最中で、彼らは球の行方を見守ることに忙しく、絵師が気まぐれに描くところの、城壁の内側で起きる悲劇的な出来事や風変わりな事件にはまるで無関心な風を装っている。

ヴァサリューが書き記したペルメルとは、この遊戯を指して広く用いられた名称で、この一語でこの遊戯に不可欠な二つのもの、すなわち球《ピラ》と木槌《マレウス》を同時に言い表している。パリと同様、今日のロンドンにもマーイ通りがあり、こちらはその名をパルマル通りと言う。スチュアート家の人びとが好んでフランスの風俗を模倣した時代、そこでマーイが行われたのである。後にジェームズ二世となるヨーク公の成長を見んものとペピーズ氏がそこへやってきて、はじめてこの遊戯を目にしたと一六六一年の日記に書いている。ただ、この遊戯はフランスにおけるほど、イングランドでは広範な人気を博するにはいたらなかった。たとえば十六世紀末にダリントンが、このマーイをなかなかフランスから移入しようとしない彼の同胞に苛立ちを示していたことが思い起こされる。フランスから持ち込まれた他の遊戯と比べて、それほど非常識なものとは彼の目に映らなかったからである。逆にスコットランドでは早くから我ラガ古ノ小道《アワー・オールド・アレイ》がほかのフランス的習慣とともに取り入れられ、われわれとほぼ同じ熱心さのなかで人びとはそれに耽った。

　マーイにはスポーツ文学を生み出した栄誉も認められる。フランスの数多くの文学作品にマーイの規則や讃辞が登場し、そこでは当然のことながら、マーイは遊戯中の王者と称された（こうした場合のいわば常套句ではある）。また抒情的な表現のなかで、その上品さ、魅力、気高さ、古い来歴、治癒の効果に讃辞が送られたほか、一六〇一年にはラテン語の詩さえこの遊戯に捧げられている。一七七二年にスードルがこう書いている——「高貴なるマーイは頗《すこぶ》る古い遊戯にして、その規則の大半は不使用を理由に廃止されてしまった。それをガリア族が書面に書きとめることをしたが、世の儚《はかな》さの例に違《たが》わず、時を経るなかで言葉遣いが変わり、ほとんど理解不能のものとなってしまった。ガリア族の跡を継いだフランス人が先人の規則を遊戯中に留めることを願い、そのために用語上の修正を施した上、遊戯アカデミーの辞典を差替えた。それで彼らが参照したガリアのオリジナル文書の方は、乾物屋送りとされてしまった」。ガリア族の書き付けを手にした乾物屋は、なんたる果報者であったことか！

　遊戯それ自体と同様、球の方も半ば伝説的な来歴を有している。「球は黄楊《つげ》の根からつくる。暖国の産が最良で、岩場の傾斜地や小さな洞で瘤《こぶ》状になっているのが見つかる。それを切り出して」あらゆる種類の手間暇をかけて仕上げるのだが、そのための最も効果的な方法が「使い古した布と一緒に袋に入れておくことで、そうすれば乾きも湿りもせず、万全の状態で保管することができる」。ブラントームによればナポリ産の、花《か》梨《りん》の木を用いた球が最良とされた。

　その愛好者にすればこの遊戯はある意味、宗教のようなものでもあり、迷信めいた話や奇蹟のような逸話が数多く残っている。たとえば「ラ・ベルナルド」という名前の球にまつわる話がそれで、後に「超有名」となるこの球は、ほかの球と並べてエックスの商人によって売りに出された。「赤みがかった不吉な色」をしていたので誰も買おうとはせず、そんなある日、ベルナールという勝れた遊戯者が購入を決意し、代金に十五スーを支払った。すぐに彼は宝物を手に入れたことに気づく。全体が均質の、無類にして稀有の球であった。球は有名となり、「次にそれを手に入れたラマノンの統領は、幾度となく金貨百枚を積まれたが手放すことをしなかった。彼が言うには、ラ・ベルナルドでグラン・クー（大会の一つ）を戦うとき、まるで悪魔を味方にでもしたかのようであったという」。

木槌《マーイエ》の製造も純然たる工芸で、「アヴィニョンのジョルジュ・ミニエでつくられる常磐柏《ときわがしわ》の大槌《マッス》、それもとくに父親の手になるものは比類のない出来上がりで、他のどの職人のものより勝れている」とか言われた。

この遊戯では各人が自分の球と木槌《マーイエ》を所有したので、念入りに用具を選んでそれによく慣れることが肝要であった。優秀な遊戯者は特長を異にした球をいくつも持ち、気温や空模様や風の強さ、地面が渇いているか湿っているかなど、気象条件を考慮に入れて用いる球を決めた。そうした枢要な成功因を軽視せぬようにと、『マーイの新技法《ヌーヴェル・レグル》』も説いている。

球の重さは五ないし六オンス、マーイの頭部は十三ないし十四オンスで、柄は遊戯者の身長に比例し、地面から腰ぐらいまでの長さを必要とした。よい姿勢も不可欠で、腕だけでなく「腰全体で」プレーをしなければならない（図20）。

この稀有な遊戯は、またあらゆる病気をも治癒した。十八世紀の百科事典編纂者が過去の権威筋の意見を再録しながら書くように、それは健康に最善の運動とされた――「躰を動かすことが体液を発散させるのに最良の効果をもたらし、リューマチであれ他の類似した病気であれ、このマーイ遊戯に予防のできない病気はない……。子どもから老人にいたるまで、あらゆる年代にふさわしい運動である」。そしてスードルもこう書い

図20　マーイ。「腕だけでなく腰全体で球を打つべし」。
『マーイの新技法』（1717年）所収。

ている――「モンペリエ大学の医学部が下した結論によれば、あらゆる運動遊戯のなかでマーイは健康に最適のものである」。

モンペリエの医師団とペルメル用具商の親方組合（一六六八年の定款で管理）が、この町における知的な集団を形づくった。この二つのグループだけで、古都の主要な名士の大半を抱えた。「すべての時代を通じて、モンペリエはこの遊戯を最も頻繁になした町として常にあり、ヨーロッパで名を上げたいと願う選手はすべてここに集まってくる……。遊戯は町の郊外にある小道や間道で行われ、そこにある曲がり角はいつも難しい一打を要求した……。ひと打ちで球をヴォレーで二百歩《ピエ》も飛ばす選手もいるが、この遊戯に必要な技はそれだけに留まらない。打ち方の微妙な按配《あんばい》ができること、球が頻繁に出くわす石ころ場や溝を、またその他の難所をうまく切り抜けて脱出できること、そして道のコーナーや外壁を突破し、勝負に決着をつけるべく標的石を狙い打つことができなければならない」

この記述が興味深いのは、今日われわれが目にする情景にもそのまま通用することである。実はマーイの今日的遊戯慣習に関する極めて興味深い情報を、私はモンペリエ在住のフェリックス・ミッシェル氏に負っているのであるが、右の文章もそのミッシェル氏が書いたものだと言えば、それでそのまま通るかも知れない。しかしこれは一七七二年にスードルがこの地であったことを書いたもので、それが今日まで連綿と伝えられてきたわけである。モンペリエの子どもは「大槌《マーイエ》を手にして生まれる」ともスードルは書く。モンペリエは十八世紀の著名な避寒地で、そこを大挙して訪れたイングランド人は自国で見るよりも数段勝った遊戯熱を前にして、驚きの色をなしている。「大勢の人が木の球の後ろを駆けて遊んでいるなどという話を、彼らは当初、信じることができなかったという。しかしすぐにそれが誤りだと気づく」。熱狂が彼らを襲い、ほどなくフランス人と同じに駆け出すこととなった。

この遊戯の長所はどんな土地にも、また百科全書の執筆者が言うように、どんな年代の人にも向いていることである。ルールは無限に変えられるし、「標的の石」を選び変えたり、土地の起伏や遊戯者の体力に見合った規則を当てはめることもできた。広大な平原の直中《ただなか》でずっと向こうに位置する標的を目指し、小道や窪地や牧場や葡萄畑を横切り、体力と技巧を駆使しながら、力いっぱい競い合うことができた。と同時に、木陰の多い瀟洒《しょうしゃ》な並木道での実施も可能で、ここでは広さが限られて標的もそう遠くなく、力よりは技巧が要求された。そしてこの場合は気のおけない仲間と会話しながらでもできる、ごく優雅な遊戯と相成った。会話と関係あるものなら何でも好まれた十七世紀と十八世紀に、それは貴族専用の公園で最も愛された遊戯でもあった。最も高名で優雅な婦人たち、たとえばグランド・マドモアゼル［ルイ一四世の従姉妹］や美貌のグリニャン夫人［セヴィニェ夫人の娘］もこの遊戯に親しんだ。球戯があまり好きでなかったルイ十四世にしても、このマーイだけは別であった。トゥイルリー庭園には「とても見事なマーイ場があり、王がこの遊戯に好みを示すようになってからは、さらに大きく拡張された」。

自然の障碍や難所を乗り越え平原を突っ切ってなされるマーイは、かつてシカーヌ［通常は裁判沙汰、激しい諍いの意］と呼ばれた。極めて古い言葉であるだけに、往時のマーイ愛好家の誇り高い自負心がよく伝わってくる。この語は一般に考えられるように法廷から借りてきたものでなく、逆に法廷がスポーツ界から借用したのである。わが猟犬たちがブリュトスの犬の末裔だというのは疑わしいし、トゥルノワがトロイア人の考案になるとする意見も眉唾《まゆつば》ものであるが、このシカーヌがギリシャ語ツカニザンに由来し、歴代皇帝時代のビザンチンが誇る最も輝かしい運動遊戯の一つを指したことには議論の余地がない。その遊戯はビザンチン人によって東方から持ち帰られたもので、二軍に分かれて一つの球を馬上から、長い柄を備えた木槌かカナダのラクロスに似た網つきのクロスを用いて打ち合った。十字軍の騎士がこの遊戯と出会ったのは最盛期のビザンチンにおいてであり、十二世紀ギリシャの歴史家キンナムスが次のように書いている――「若者が同数の二軍に分かれると、一続きの地面に林檎大の革製ボールが放たれる。それを指して馬を全力で駆けさせる遊戯者の右手には中ぐらいの長さの棒が握られ、その先端部は急に膨らみを増して丸みを帯び、その内側に網様に織られた細紐が張られてある。その両の面で球を力一杯、事前に定められた地点に向けて打ち出し、標的に到達させた方が勝利を宣告された」。

この遊戯を通じてビザンチン人はヨーロッパ人に、手加減をしないという模範を示した。この教えは実によく守られ、数多くの貴公子が危険な遊戯に身を投じては命を落としたり、傷を負ったりしてきたとおりである。

ビザンチン人は考案者でなかったが、しかし彼らは本家のペルシャ人以上に、この遊戯を東洋的な性格のものに育て上げた。そしてカトルメール・ド・クインシーが見事に論証して見せたとおり、この遊戯を指し示すツカニオンや当該遊戯行為を意味するツカニザンはそもそもがギリシャ語でなくペルシャ語であり、後者の言語にあるこの遊戯の呼称ツカウガンが「ほぼそのまま忠実に」転写されたものなのである。

遊戯で容赦や手加減をしないというギリシャの貴公子が示した模範も、もとはペルシャ人から受け継がれたもので、カトルメールが翻訳したペルシャの『カブー王書』のなかに、その特徴的な事例を見ることができる。そこにはこうある――

アムル・ビン・レイトは片方の目がなかった。彼がホーラサンで首長の座に上り詰めたときのある日、球遊びをするために馬場へと向かった。するとアゼルという武将の一人がすぐさま駆けつけ、首長にこう進言した「殿がかような遊びをなさることは、わたくしが許しませぬ」

「何と」とアムルが返す、「その方らは自由に球遊びに興じておるのに、なぜ余がやってはならぬのか?」

「それは」とアゼルが言うに、「われらには両の目がございます。それゆえ仮に球がその一つに命中しても、まだ一つあって光を見ることがかないます。しかし殿には片方しかなく、不幸にして球がその唯一残る方を打ってこれをつぶせば、殿はホーラサンの主君の座を手放さなければなりませぬ」

小アジアを通過する十字軍がこの遊戯と出会ったとき、それはビザンチンの友軍からも、またヌアーディンやサラディンといった敵側からも愛されるものとしてあった。そしてたしかに十字軍はこの遊戯のアイデアをフランスに持ち帰ったのであるが、そこではどうやら、徒《かち》でする遊戯としてしか発展を見なかったようである。そうしてある形態のマーイに彼らが東洋から持ち帰ったシカーヌという呼称が冠せられ、今日にまでいったというわけである。

小アジアやペルシャやインドでツカウガン熱は冷めることなくなお生きつづけ、それがわれわれのスポーツに予期せぬ結果をもたらすことになる（図21）。実際、この遊戯はさまざまな年代の文献によく登場し、本書に示した図は十六世紀ペルシャの本から引いたものである。そして奇妙な幸運も手伝ってヨーロッパ人はこの遊戯を再発見することになり、以前よりもずっと正確な形で自国に持ち帰ることをした。というのは、インドでなお盛んに行われていたこの遊戯を十九世紀の英国人が持ち帰り、それをわれわれにも伝えてくれたのである。魅力的ながら膨大な経費と難しい技巧を要し、往時のサラディンやコムネノス［ビザンチン王朝の一］のシカーヌを今に伝える〈運任セノ危険ナル遊戯〉、すなわちポロがそれである。

マーイはその形態上、どちらかと言えば器用さが物を言った運動遊戯で、このため男女が等しく行えるものであったが、やがてそこに徐々に変容が生じて性格も和らぎ、ついにはクロスを共通の起源として持つだけの、まるで別個の遊戯へと枝分かれしていく。そのうち、とりわけ今日よく知られる遊戯にクロッケーがあり、その名称自体、マーイの用語から取られている。またビリヤール［玉突、ビリヤード］もそうで、当初のそれは

図21　騎馬でするマーイ（ポロ、16世紀初頭）。
（国立図書館蔵　ペルシャ補遺史料集 Ms. 1476）

マーイの簡略版に過ぎず、板で囲われた比較的狭い、表面が平らな地面で遊ばれた。ビルとはもともと短い棒切れを意味し、球を弾《はじ》く道具であるビリヤールはその一方の端が幅広で、軽く湾曲している。この幅広の部分で球を打ち、通過させるべき小門に向けて転がす。これは直接そうしてもよいし、木でできた側壁に跳ね返らせてもよい。

地面でするビリヤールはフランスでは十五世紀から遊ばれ、十六世紀に入っても根強い人気を保ち、物語の『ゴンボーとマセー』に取材した古いタペストリーや各種版画集にある田園の娯楽風景のなかに顔を覗かせる。シェークスピア劇でクレオパトラがその友人に勧めるのもこの遊戯の一つで、彼女はまるでチューダー朝かヴァロア朝の時代を治めた女王のように、「さあ、ビリヤードを！」と声をかけている。器用さが物を言ったとはいえ婦人方には結構辛い運動で、女王の御付《おつき》がこう言い訳をしている――「腕が痛うございます」。

そしてこの時代に、室内でのビリヤールが知られるようになる。かくしてポームと同様、屋内での実施が可能となったが、遊戯の規則や用語や用具はみな、古い起源をしのばせるものばかりであった。標的や障碍《しょうがい》、それに隘路《あいろ》や難所と、外にあったものに上手く工夫を加えて持ち込み、あたかも屋外で遊ぶかのような興趣をこの室内遊戯に添えた。トルヴァン作の傑作版画にビリヤールを遊ぶルイ十四世が描かれていて、その脇に王弟殿下、大臣シャミラール、シャルトル公とヴァンドーム公、その他の人物が控えている（図22）。これを見ると、幾世紀も前からロバンやゴンボーやマセが田園で親しんだ野趣に富む古い娯楽が、サロン風の遊戯に変容していることがよく分かる。王と同様、宮廷の貴婦人や王女たちもこれを愉しみ、たとえば「ブルゴーニュ公爵夫人がこの遊戯に耽る」ところを狩りから戻ったルイ十四世が目撃している。ビリヤールはマーイにも増してお喋りにぴったりの遊戯であった。さらにラ・フォンテーヌの言葉を信ずるなら（というより、彼はこの遊戯をよくした人で、むしろ信じるべきであろう）、恋人たちの機知に富んだふざけあいに、まさにぴったり

図22　ビリヤールを遊ぶルイ14世。人物は右からシャルトル公爵、ルイ王、
シャミラール大臣、ツールーズ侯爵、ヴァンドーム公爵、王弟殿下。
A.トルヴァン作（1694年）。

のものであった。彼によればビリヤールの起源はトロイアでなくシテーレ島［キリシャ］に求められてよく、ラファイエット夫人に宛ててこの遊戯用の小さな卓台を送り、手紙にはこう書き添えている――

小さきとは申せ、この玉突き卓を侮るなかれ
その昔ヴィーナスが同じものを
その息子に造らせし確たる証拠を
我は有すればなり
この愉しみは愛と笑いの神々と
またシテーレ中の住民の心を奪へり
麗しきあの愛の遊戯も
容易くこの遊戯になぞらえ得る
ビリヤールに寓意を求むれば
標的は気高き魂、球は哀れなる恋人
小道と撞き棒《ビリヤール》は
逸速く愛の対象に触れんとする手だて
窪地は数多の転落へと誘う恐るべき障碍
あるいは自らそこに落ち込むか
あるいは恋敵に落とされるか
技をもって、はたまた術策をもって……

ここでラ・フォンテーヌが言う「撞き棒《ビリヤール》」とは、古いクロスの名残である湾曲部を備えたものである。先端は羊飼いのロバンが地面で遊んだときのように幅広で、トルヴァンの版画にあるルイ十四世も、これを卓台で用いている。この遊戯の形式は十八世紀を通じてずっと変わらず、当時の遊戯アカデミーの辞典にはこうある――「第三に、ビリヤールとは球を打つための湾曲した棒を指す。通常はガヤクかコルミエの木でつくられ、先端の幅広部には象牙や獣骨で装飾が施される。またそうした装飾がないのもある」。ビリヤールもマーイと同様、遊戯と遊戯場所と遊戯用具を、ともに意味する言葉としてあった。

ビリヤール、マーイ、ホッケー、クロッケー等々と様々な形態を取りながら、古いクロスの遊戯はわれわれの時代にまで連綿と受け継がれ、フランドル地方では原初の名前のまま生き残ることさえしている。それは今日のフランスにあって改めて復興を気遣う必要のない数少ない運動遊戯の一つであり、それゆえ羊皮紙に身をかがめた老写本絵師が五百年前のフランス人青年の手にクロスを持たせ、それを以後の幾世紀を乗り越え幾多の革命をも生き延びるスポーツ的情熱の表徴としたのは、まことに当を得たものと言えるのである。

第7章

十六世紀のスポーツと風俗

LE SPORT ET LES MOEURS AU SEIZIÈME SIÈCLE

I　ルネサンスと身体運動

フランスの文学、芸術、風俗、思想にかくも甚大な作用を与えたルネサンスは、また遊戯にも決定的な影響を及ぼした。すべてが絡まりあいを見せたこの時代、社会の総体が思いつきを得る前に、誰か一人の脳裏にある観念が芽生える、といったようなことはなかった。そうして十六世紀に新しい思想が広がりを見せるや、たちまちにして城館や寺院の建築様式、絵画や彫刻のスタイル、研究の方法、叙情詩《オード》や悲劇の形式といったものすべてに変化が生じ、身体運動の在り方もその例外ではなかった。

これを機に支配的となった現象の一つに、理性に対する異例なまでの重要性の付与、というものがある。人びとは物事の動機や原因や目的に関心を示し、古代人とその知性に感嘆の声を上げながら、彼らの哲学に情熱を傾けた。古代の文学をコピーし、その芸術、演劇、趣味、風俗のスタイルを模倣した。一般的概念や理論に夢中となり、人間の生き死ににかかわる最重要の問題から子どもの遊びといった卑近なものにいたるまで、万事万物の原因を探り、あらゆる人間営為を合理化する目的を知りたいと願った。われわれはかく行為する、それはなぜか。われわれはかく考える、それはなにゆえのことか、と。こうした旺盛な好奇心からは良くも悪しくも新種の宗教や宗派が、また科学的発見や新規の生活規範が生み出されていくことになる。

人びとは精神の頗《すこぶ》る自由闊達な動きについて論じ合い、その隠された源泉を探ろうとした。たとえば勇ましさとは何か、人びとを危険に立ち向かわせ、遊戯のなかにまでそれを求めて悦びを得させる、この生得的にして衝動的な傾性はいったい何であるのか、と。思索家はそれまでの古い考え方を整理し、意味を見定め、吟味を重ねた。「この問題をめぐっては多くの人が基本的な誤りを犯している。殊にこの徳性を躰や四肢の頑丈さに求める人びとの誤りは重大で、なぜなら勇ましさは身体でなく精神の資質であり、腕や脚の強さでなく精神の強さであるからだ……。剛直な腕や脚は人足たちが必要とする資質で、それでもって敵を倒して陽光を拝めなくさせたところで、それはただ偶然が手伝ってのことに過ぎない。逆に確固たる精神をもち、死の危機に臨んでも冷静で平常心を失わない者は、たとえ地に伏すことがあっても打ち負かされたのでなく、運に恵まれなかっただけのことに過ぎない。むしろ臆病さにかけては敵の方がずっと勝るかも知れず、それゆえ問われるべきは彼の不運であり、弱さではない」。躰が頑丈なのはよいことだが、しかしそれだけではもはや十分でないとされた。

激動の時代に、思想は人と同様、陣痛をともなって生み落とされる。と同時に思想は人と同様、抗《あらが》わぬまま朽ちることはせず、生き延びるための闘いを展開する。かくしてそれまで経験しなかったような激しい論戦と分裂が立ち現れ、最も高尚な問題はもちろん、われわれがここで扱う特殊なテーマをめぐっても、これ以上はないというまでの対立が見られた。身体運動に合理的かつ医学的な効用を期待する方法論的な考えが登場する一方、それらとほとんど相容れない形で中世が育《はぐく》んできた人格形成論が存在を誇示し、そうして時代の混乱を一層増幅しながら、後世の人間には興味の尽きない遺産を残すこととなった。

人びとは身体運動を整理し、その理非を論じた。しかし単純化はせず、むしろこれを複雑なものにした。当時、複雑な体系は万事において理想と仰がれたところで、詩歌や建築や装飾芸術がその典型であった。十四《ソネ》行詩《ツト》や暖炉の飾り棚やブックカバーといった慎ましい空間のなかに、思想や彫り物や透かし織りが分かちがたく絡み合う複雑な組み合わせ紋様の装飾が施され、望みの洗練美が表現された。同じスタイルのなかで、ロンサールが詩作をし、彫刻家がポワソニエール風暖炉を込み入った装飾で飾り、また絵のなかのカッサンドラは複雑な編み方からなる髪束で飾られた。無秩序なトゥルノワはもはや遠い過去のもので、やがて消え行く運命にあるジュートにも、細々とした複雑な規則が施された。人びとの好みはロング・ポームから壁囲いのあるショート・ポームに移り、区切られた空間での跳ね返り効果とともに、計算や予測といった要素が倍加された。トゥルノワやポームにつづいて、重要性において劣る幾多の遊戯もその性格が和らげられ、猟犬がまるで聞き分けのよい部屋飼いペットと化したように、どれもうまく飼い慣らされてしまった。そうして自宅の、覆いのある部屋でできる卓上遊戯が数多く考案される。屋内で過ごす時間が以前よりずっと増えたからで、教育の普及や書物の刊行、それに会話趣味のはじまりがその原因であった。大きな四角窓を備えて壁も薄くなった住居は、以前に比べると明るくて日当たりもよく、家の周りはもはや堀でなく庭で囲まれ、ロンサール風の人びとが住んだポワソニエール館のように、住み心地が飛躍的に向上した。古い封建時代の「高塀で囲われ超然と構える城」の塔はもはやその権威を失い、手入れも行き届かなくなった城館の持ち主を人びとは嫉《そね》む代わりに、むしろこれを哀れんだ。

北からの寒風が絶えず戦いを挑む
屋敷を出るときはいつも石塊《いしくれ》や垂木が
頭上に落ちてきはしまいかと
緑色に濁って絶えず悪臭を放つ壕の水は
万病の元ではないかと恐れ戦《おのの》く

またこのころ、地面で行ったビリヤールは台上のものに変わり、同じくその台の上で、クロスやクリケットによく似た遊戯がなされた。

同時に、かつてないまでに人びとの関心を集めたのが、各種の運動が備える効用、それらを習い修める動機、心身に約束される利益、それに古代人が遺した前例、であった。球戯の規則を北の隣人でなく（イングランドもわれわれと同じ道を歩んでいた）南のイタリアに、それもあらゆる知の源泉であった古代ローマに求めた。まこと永遠の都に備わる威信のなせる業で、その名を出すだけで、どんな事例も反論に出くわす恐れがなかった。ローマ人はこう遊んだのだからわれわれもこう遊ぼう、それ以上のことは望み得ないのだから、と言えば、すべてが丸く治まった。こうしてガレノスの書『ポーム遊戯より得られる効用』がフランス語に翻訳されたほか、古代人の運動を緻密に研究したイタリア人メルクリアリス（ジロラモ・メルクリアレ）の書もヨーロッパ中で読まれ、フランス人の顧客を満足させるためにパリでも出版されて、元気で活動的な人のバイブルとさえなった。

皇帝マクシミリアン二世に捧げられたメルクリアリスの書には多くの図版が掲げられ、定期的に版が重ねられた。入浴や食事から、体操や遊戯にいたるまで、人間に健康とバランスを保障し柔軟さと美を得させるための、およそ身体に関係するすべてのことがこの書で扱われている。あらゆることがらについて根拠を示し、一つひとつの専門語に隠された意味や意義を説明することで当時の人びとを満足させたメルクリアリスは、本の魅力を増すため、可能な限り多くのギリシャ語を用いている。彼はまず古代人がした球戯を対象に、掘り下げた研究を進める。これが〈ローマ人ニヨル球戯〉すなわちスファエリスティーカであり、また大球を用いる球戯、すなわちフォリスである。次いでこの〈球戯ノ健康ニ及ボス効果〉が論じられ、筋肉を発達させ戦争への備えをさせる粗暴な運動、すなわち拳闘《ピュジラテュ》、角力、剣舞に解説が加えられる。多くの図版が彼の書に花を添え、最近になって再発見され収集家の間で評判となっている浮彫細工や彫像の図も、そこに顔を覗かせている。今日言うところの体操（当時としては新しい概念）や衛生学も取り上げられ、亜鈴《あれい》と綱登りには独立した章が割《さ》かれている。歩行すなわちアンビュラチオーネも別格待遇で扱われ、それをメルクリアリスは注目に値する特別の運動と見なしている。それを「ウォーキング」とか「フーティング」とか呼ぶ現代人は英国人の考案になる運動と考えていようが、メルクリアリスの意見は別で、彼によれば歩行は「神がつくり賜いしもの」とされる。

　メルクリアリスは乗馬、水泳、狩猟について論じ、休養の擁護者たちを雄弁に言い負かし、「野外運動」の利点を讃える。多くの病気が運動で治ることを指摘し、たとえば結石は跳躍で快癒するとまで言い切る。何一つとして等閑《なおざり》にしたくなかった彼は、立位でいること、〈笑フコト《リス》〉、〈大声デ叫ブコト《ヴォキフェラチオーネ》〉が健康に適した本来の運動に当たるかどうかの検討もしている。

　右の最後のテーマや他の多くの事項に関して、若干その言辞は重厚さに欠けるものの、やはり大きな権威を発揮した巨匠にフランソワ・ラブレーがいて、彼もメルクリアリスと同じ意見を持ち、同じ言説を広めた。ガルガンチュアの身体教育は他の文学や道徳の教育に劣らぬ熱心さのなかで進められ、いずれも新しい時代を画する性格のものであった。野外の活動にも同様の重きが置かれ、そこでも物事の道理に注意が払われ、健康に関してであれ軍事に関してであれ、十分な根拠の認められないものは無駄な運動として退けられた。午前中、ガルガンチュアはポノクラートや仲間と一緒にスポーツをしに出かける。すでに見たとおり［第1章］ラブレーは「野原……で遊び戯れ《ス・デポルテ》、球投げ《バル》や打球戯《ジュ・ド・ポーム》……をして遊び」と書き、また当時の「フットボール」については「足や拳で大きな球を空中高く打ち上げて撥ね飛ばした」と書いている。ローマ風の教育を受けた者にふさわしく、彼らは運動において節度を守った――「彼らの遊戯はすべて自由任意に行われた。というのは、普通は躰が汗まみれになったり疲労を覚えたりしたときに運動を止めるところを、もうこの位で十分だと思ったとき終りにしたからである。そのあとすっかり汗をぬぐって身体を摩擦し、衣服を着替えたあと、ゆっくり散歩がてら、昼食の用意ができているかどうか見に出かけた。……そうこうするうち腹の虫が鳴き出し、それをよい潮時にと食卓についた」。いっとき、根を詰めて読み書きの勉強をやりすぎたガルガンチュアが哀れ「間抜けで薄のろで莫迦で無学」になってしまったことがあり、それからは程よくやるようになったのと同様、躰の過労もそのようにして回避したのである。

午後になるとガルガンチュアは馬に跨り、軍事的な遊戯に勤《いそ》しんだ。しかしそこでも道理が重んじられ、実利と良識の法に即して事が運ばれた――「ここでも槍をへし折るような真似はしなかった。というのは、トゥルノワなり合戦なりで槍を十本も折ってしもうたなどと広言する輩は稀代《きだい》の阿呆であって、大工の棟梁だってそんな真似はしない。逆に讃えられるべきは、一本の槍をもって敵の十本を折り砕くことである。かくして、鋭い頑丈な穂先の槍を携えたガルガンチュアは、扉を引きちぎったり甲冑に突きを入れたり、立木を傾かせたり環の槍的をすらりと射抜いたり、軍馬の鞍や鎖帷子や籠手などを撥ね飛ばしたりした」。

鐙《あぶみ》をはずした馬に跨り、手綱を使わずに操ったのは、「そういう技術こそが戦の訓練に役立つからである」。槍や諸手剣や短剣など様々な武器を用いて剣術をしたり、「手裏剣、鉄棒、石……などを投げたり、強い弩《おおゆみ》を腰に押し当てて引き絞ったり、火縄銃の狙いをつけたり、大砲を砲架に載せたり、射垜《しゃだ》や鳥型的《パブゲ》をねらい撃った」。鹿、のろ鹿、だま鹿、野兎を追い、「角力を取ったり、駆け足や跳躍をした」が、「合戦に無用な高跳び」はこれを退け、「一跳びに溝を渡り、生け垣を飛び越し、高い壁を六歩も駆け登ったり、また同じ方法を用いて長槍と同じ高さの窓までよじ登ったりもした」。

あらゆる種類の遊泳にもガルガンチュアは親しんだ――「水中深くを泳いだり、腹泳ぎに背泳ぎに横泳ぎをしたり、全身を使ったり片足だけで泳いだり、空中に片手を上げて泳いだりしたが、その手に本を掲げ持ち、濡らさぬようにしてセーヌ河を横断することもした」。次いで舟から飛び込むのだが、「頭を下にして底にまで潜り、岩穴に這入《はい》ったり、深淵奈落に身を置いたりした」。そうして、こちらの山から勢いよく下ってあちらの山の天辺《てっぺん》にまで駆け登り、「猫のごとくに樹木に飛び乗り」、岩の隙間に短刀や錐《きり》を突き立て、また「鼠のごとく家の高見に登ったりし」、最後にはメルクリアリスにある一章〈大声デ叫ブコトニツヒテ〉を根拠に、「胸腔と肺を鍛えるべく悪魔のごとき雄叫《おたけ》びを上げた」。

夕方、「簡素で控え目な」食事をし、「学問を積んだ人たち」と会話を交わすなどしたあと「天空の様子と星座の配置」を見に出かけ、頭のなかでその日の日課と習った教えを復習しながら、安穏たる思いのなかで眠りについた――「創造主たる神に祈りを捧げ、それへの信仰を新たにし、その無限の慈愛を讃え、過ぎ来し方の一切を感謝し、行く末に対する神の加護に頼り奉った。そうして、眠りについたのである」。

思索家の考えはすべてこのようであった。精神と同時に、身体をも鍛えなければならない。これが当時の支配的な観念の一つであり、随所にそれを目にすることができる。たとえばモンテーニュはこう述べている――「競争、角力、音楽、狩猟、馬術、武術のような遊戯や運動さえも、教育の立派な一部をなすであろう。私は礼儀作法や人づきあいのうまさ、それに端正な身のこなしが、精神と一緒につくりあげられることを願う」。これはモンテーニュの言葉であるだけに、なおのこと注目に値する。なぜなら彼は馬には我慢強く乗れたものの器用さにかけてはまるで素養がなく、あらゆる種類の運動に長けた父親の指導でその点を直そうとしたがうまくいかなかったからである。「ダンスでもポーム遊びでも角力でも、ほんの少しの、ありきたりのところまでしか上手くならなかった。遊泳や剣術や跳躍はまったくものにならなかった」と彼自身が書いている。その時代にあれほど重んじられ、関連の指導書にも出てくる雄弁術、すなわち犬に言葉をかける術もモンテーニュには欠けていた――「私は犬や鳥や馬に話しかけることもできない」。しかし理性が彼に、完全な人間は精神の運動だけでなく身体の運動もよくするはずだと教え、そうして自分が手本を示すにはほど遠かったが、古代人が誇りとしたこの完全なバランスを、若いフランス人も獲得するよう願ったのである。

思索する行動人も同じ考えであった。「鉄の腕《ブラ・ド・フェール》」の異名を持つ勇猛な兵士ラ・ヌーにとり、体育と知育の問題はウスシュ・デ・シャンの時代から何の進歩もないままであった。しかし今や新しい光が差し込み、いよいよ解決の図られるべき時がきた。彼はこう書く――「フランス人の間で武術は常に特段の地位に浴してきた。フランスが努力を重ねて手中にした偉大な栄光も、この武術によってもたらされたことは衆人の認めるところである……。蟻のごとくに数多《あまた》いる人間のなかから大挙して現れ出た貴族にしても、剣から得られる名声のほかは、一顧だにしなかったように思われる。時にそれは彼らに高くついたし、それは隣の国々でも同じことであった」。この新生の時代にあって、あのシャルル五世時代の詩人がすでに異議申し立てをした古くさい考え方を改めて蒸し返し、知識と勇気は相容れないものだなどと言うことがあってはならない。「周知のとおり、われわれの祖父の時代にギリシャ語やラテン語の勉強に勤《いそ》しむ貴族がいると、この者は剣には向かないようだから坊主にでもすればよいと仲間たちが言い合ったものだ。またよく耳にした俚諺《りげん》によれば、戦士は自分の名さえ書ければあとは物識らずなままでよいともされた……。美しい光彩を放つ武器を捨て去る気は私にはない。が、またこうも言いたいのだ……勇敢さだけで完璧な人間はつくられないし、またそれを備え持つ者にしても、「それだけで満足することがあってはならない」」と。

ともあれ新しい思潮がヨーロッパ全体を襲い、その影響はフランスでも北のロンドンでも、また南のマントヴァでもうかがわれた。あのカスティリョーネ［『廷臣論』の著者］も、自分の完璧な騎士が「鎧《よろい》を伴侶にした人」と呼ばれることを好まなかった。

行動人にして数ある都市の攻略家、多くの戦争で勝利し、アルクとイヴリの戦いにも参加した彼《か》のラ・ヌーは単なる理論家に留まらず、実践的な改革を提唱する人でもあった。彼はフランスの大都市、たとえばパリ、リヨン、ボルドー、アンジェーに、また「国王があまりと言うか、ほとんど訪れない王宮」四カ所、すなわちフォンテーヌブロー、ムーラン、プレシィ・レ・トゥール、それにコニャックに「学院《アカデミー》」を開設し、そこで理性の教えに基づき、身体と精神の教育にかかわるこの大問題の解決を図るよう求めた。

身体の鍛錬に関しては「馬の扱い、鎧下また時に鎧を着けてする環駆け、射撃、曲乗り、跳躍を学ばせる。人を堅固かつ器用にする遊泳と角力がこれに加われば申し分ない」。カトリック信徒が求めるダンスもここに含まれる。というのは、「大勢のなかで立派に振る舞うことで、しっかりとした礼儀作法」が学べるからである。

「これに劣らず不可欠なのが精神の鍛錬で、その内容は次のとおりである——徳、政治、戦争についての古代の最良書をわれわれの言語で読ませること、またとくに現代と過去に関する歴史書」、数学と「築城」術、またルネサンスを生きる者として音楽と美術が学べる本を読ませること。ただしこの読本では騎士物語は除外される。とくに「湖のランスロ、ペルスフォレスト、トリスタン、騎士ジロン」に代わって当時一世を風靡した物語アマディスがそうで、前者についてはもはや「あちこちにその断片」が散見されるに過ぎないが、アマディスの方はフランス中を席巻し、偽りの名誉心や道徳観、戦争に関する誤った技術論を撒き散らしてきた。騎士が脳天から腰帯辺りにかけて人間を一刀両断にしたり、一度に二百人の敵を殺めたりと、そこに登場するあり得ない武勇伝のすべては「女子どもに恐怖感を植えつける」ためのものでしかない。何ということだとラ・ヌーは嘆息する。たしかにアマディスの物語構成は結構なもので、その数ある冒険譚に備わる魅力は人の心を捕らえて止まない。しかし「この勇猛にして壮大な与太話」にはどれほど用心してもし過ぎることがなく、「この物語にある空虚な事例は数限りなく指摘することもできるが、それでは人びとをこの物語から遠ざけたいとする私の願いが、却ってそれを近づけることになるので控えることにしよう」。いずれにせよ、このアマディスはセルヴァンテスを生むほどまでに甚大な影響力を持ったのである［ドンキホーテのモデルはアマディス］。

こうした教育機関の設立が持つ影響力の大きさは計り知れない。というのは、それはどこにも存在せず、しかもいたるところで必要とされたからである。「この優れた施設の存在が外国に知れ渡れば、そこで教育を受けたいと願う人びとが大挙してわが国を訪れることになり、それもまたわが祖国の名声を高らしめることとなろう」。それは誰の利益にもかなうことで、なぜなら「かくも教化され沈着さを弁《わきま》えた若者を年長者が目にすれば、もはや将来を案じたりする必要はなくなる」のだから。

ラ・ヌーがした提言のなかで、今日実施に移されているものがいくつかある。それについては賛否両論あり、同意する側にせよ論難する側にせよ、そのいずれもが例によって「英国的である」ことを論拠にするのだが、実際はこうして、かつてのフランスにすでにあった構想なのである。それをよく理解しようとむしろ英国人がわが国を訪れたほどで、たしかにラ・ヌーの願いは当時の国王たちにより実現されなかったが、彼の主張そのものは恐らく彼の所論を目にしたこともない人たちの手で、各所で個別的に実践されてきたところである。実際、読本もさることながら、ラ・ヌーの教育は日々の生活や反省、また人間を取り巻く空気のようなものから構成された。とくにラ・ヌー自身、観察と経験から多くのことを学んだ人で、書物こそ書かなかったが着実に人生を生きた他のフランス人貴族も、そうした点に関しては同じことであった。少し遅れて、このラ・ヌーの理想に即したフランス・モデルに則り、つまり結果として通例の教育よりは数段進んだ形で、ヘンリー・ピーチャムが英国において『完全なる紳士』の養成へと乗り出す。彼も心身両面にわたる教育を目指し、それまで英国で過度に軽んじられてきたとする乗馬を推奨する。それに駈足や水泳など、筋肉の強化に適したあらゆる種類の運動があり、さらに英国文学、絵画、音楽の学習が加わる。ただ、ここまでは過去のロンドンでも言われたことだが、ピーチャムはそれにさらに次のものを付け加える――言葉を学ぶこと、とくにフランス語を、旅をさせること、とくにフランスを、よい模範を真似ること、とくにラ・ヌーが夢想した施設の一つで教育を受けたと思しきド・リニイ氏というフランスの紳士を。このピーチャムの教育書は、あのダリントンの誹謗書に対する、われわれが望み得る限りの最良の回答としてある。多分、そうした埋め合わせの意味からであろう、ピーチャムはわれわれに対して実に寛大で、こうまで言っている――フランス人は世にあるなかで最も美しい言葉を話し、ありとある種類の長所に恵まれ、その文学を上回るものはヨーロッパ中になく、騎士道的なスポーツにおいても見惚れるような技量を発揮し、また「世界第一級の建造物である」その史跡は壮観である。同時にこのピーチャムは、これを省けば彼のフランス紹介が先入観に捕われた欠陥描写になってしまうと判断したものかどうか、こんなことも付け加えている――フランス人は「グルヌーイ、つまり英語で言う蛙《フロッグ》」を食べる、パリではこの不思議な生き物を市場でもどこででも売っている、と。しかし善意の人であるピーチャムはこの苦々しい事実について、とくに無粋な注釈を加えることはしていない。

II 古い思想の残存と個人的武勲の時代

上のド・リニィ氏には長所や美点が多すぎて、例外的な人だと言えなくもない。ピーチャムが描くこの人物の横顔は十七世紀の賢人たちが追い求めたむしろ理想であり、この時代やこの時代の人びとの実相ではない。そしてそのことが却って、ラ・ヌーに代表される人たちの改革への願いをよく理解させてくれるのである。消え行く運命にある古い観念は消滅を前にしたたかな抵抗を試み、そのうちのいくつかは根元に孫生《ひこばえ》を生やしながら朽ちる木のように、いささかの痕跡を残して消え去る。やがてリシュリュー卿とルイ十四世が人びとを等しく軛《くびき》に繋いでしまうまでの間、この不安な世の混乱のなかでかつての騎士の子弟は先人たちも見せたことのないような騒々しさと我儘《わがまま》ぶりを示し、ここに自分本位の不従順が勝ちを征するようになる。まさに驚くべき武闘の世紀の到来で、闇を引き裂いて人の目をくらます奇怪な花火のごとくに内戦や宗教戦争や対外戦争の勃発がつづき、まるで新たな百年戦争が、このたびはイングランドでなくスペインを相手にはじまったかと思わせるほどであった。党派的な混乱や戦《いくさ》による騒動のなか、フランスは四分五裂し、当時の人びとは一時期、どれが自分の祖国かもよく分からないような有り様であった。

まさに百年戦争のときと同じ、個人的な武勲の時代であった。それぞれが誇り高く、一国一城の主をもって任じた。自分が祖国であり、いずれも鋭利な刃《やいば》と舌鋒を駆使して護《まも》るべき独自の利害と固有の名誉を持ち、この二つのことが他のすべてに優先された。フランス人全体を包み込む大祖国といった観念は彼らのうちにあまり重きをなさず（常に半数のフランス人は敵で、しかも互いに異端視し合った）、ブラントームがフランスの最悪の敵、スペイン軍の隊長になるもならないも、落馬といった、ほんの些細な偶然に左右されてのことであった。こうした風潮はずっとつづき、たとえばルイ十四世時代の黎明期にあっても、なおコンデ公がそうした風であった。この人も独自の祖国を持ち、コンデ家のためにしか働くことをしなかった。のちにフランスに仕えることを学ぶが、それとても尽くすべき相手は国王一人でしかなかった。

　彼ら「不断の戦士」は自分の星だけを信じ、自分以外の誰をも愛さなかった。そうした人間を十六世紀のフランスは大量につくり出し、あらゆる国が彼らの武勲を称えたが当人たちは無関心の風を装い、戦いの愉悦に浸れるのであれば誰彼なしに仕えた。自国に戻るのは内戦の報が告げられたときだけで、それというのも、そこで愉しみが得られるからである。ラ・ヌーが書いている――「噂によれば、ポルトガル王セバスチャンが敗れた戦争にフランス人の鉄砲隊がいたという。またそれに敵対したモール軍の側にもフランス人がいたという」。こうした勇猛さの浪費を重ねる国には悲惨が待っている――「かてて加えてこの不断の戦士たちにはその本性上、善き市民として最も賞讃されるべきあの熱情、すなわち祖国愛に欠けており、自分の国が混乱に見舞われでもしない限り、とんと気にかける風になかった。また両親に示すべき愛情にしても、自らの武勲に逆上《のぼ》せあがるあまり、彼らの貧相さに軽蔑の色をなす輩もいた。国に子孫を遺すために家庭を持つといった考えはほとんどなく、むしろ気に入った行きずりの女に私生児を産ませる方を選び、あとのことにはまるで頓着しない……。そうして長い艱難《かんなん》を重ねても最後は海賊船の末路に似て、どこかの暗礁か海岸に乗り上げて朽ち果てるのがよいところである」。

　以上が、人生をよく知る人が同時代人を観察した上で描いた鳥瞰の図である。こうした見方を支持する個々の事例には事欠かず、むしろ選択に苦慮するほどで、たとえばその一つの例にブラントームの父ブルドゥイユ候がいる。ブラントームは父への賞讃を惜しまず、その彼の描く父親像が実物以上のものであったとしても、むしろそこからブラントーム好みの人間像というものがよく伝わってくる。「近習勤めを終えた」ばかりのフランソワ・ド・ブルドゥイユはある日、狩りに行く風を装い、密かに両親のもとを離れる。「当時、戦争があったナポリ王国でフランス人が大いに活躍していることを聞きつけ……部屋つきの従者と従僕だけを従え、足音を忍ばせて家を後にした。自分の猟犬とグレイハウンドはまるごと引き連れ、そうして狩りをしながら領地から半里ばかりのところまで行った」。そこで一軒の農家に入ると犬たちを納屋に招じ入れて餌を与え、夕方までその面倒を見るよう命じ、もし刻限までに戻らなければ外に放つよう言い渡した。結局、犬だけがブルドゥイユの館に戻り、その群れを目にした城館主の老夫妻は悲嘆に暮れ、行方不明者の捜索に人を送り出す。そうして使者たちがリヨンでブルドゥイユを見つけると、こちらは彼らにこう答えた――「父上と母上によろしく申し上げてくれ。また（父上には）父上が昔なさったのと同じことをするからと伝えて欲しい。私はこれから諸国を見て回り、戦《いくさ》を求めてナポリの王国まで行くつもりだ」。そのようにして、城にいて「聖遺物よろしく、真綿の詰まった箱に」納まっていては望みえない「一人前の人間」になることを願ったのである。

彼はアルプスを越え、ラ・パリスやバイヤールから大歓迎を受けた。狩猟に乗馬、剣術に戦と、何をやらせても図抜けた働きをなした。ラヴェンナで傷を負ったり、ぐらつく板切れに乗って川を大急ぎで渡ったかと思えば、戦いを挑んだスペイン人を槍の一突きでもんどり打たせた。「どんな荒馬も、また高く跳ねて乗り辛い馬も、彼を落馬させることはできなかった」。野営地では戯れに、二枚のデュカート金貨を足と鐙《あぶみ》の間に挟んで友人たちと賭けをした。曲乗りをするブルドゥイユ候がそれを落とせば彼の負け、落とさなければ彼のものとなり、こうしてかれこれ二百枚以上の金貨を稼いだ。ガスコーニュの鐙にガスコーニュの槍を持ち、それにこの物語を書くその息子もガスコーニュの人であった。

年を経るとともにフランソワ・ド・ブルドゥイユはますますその本性を露わにする。自分にしか関心を示さず、それが時代の理想に適うものでもあったので、息子は父親のこの特性については崇拝の念を込めて書き記している。実際、ブラントームは執拗に、何度もその点に立ち帰る。それほど重要な長所であったわけで――「ルイ十二世王の没後、マリニャンに向け国王フランソワがアルプス越えの大遠征を企てると、そこへわが父も馳せ参じた。父も母も思い止まらせることかなわず、なぜなら彼は彼自身のものであったからである。世の誰に仕えることも、また隊長や司令官や旗手をつとめることも望まなかった。そうしたこと一切に無関心なまま、自らと自らの心地よい自由をこよなく愛した。まことわれわれと同じの、またとくに私と同様の性格の持ち主であった」。ただでさえ危険な戦場にあって、こうした一匹狼の気まぐれがどれほど危険な目を招いたかはよく理解できるし、マリニャンやパヴィアでの戦いがどんな風に戦われたかの想像もつく。フランソワ・ド・ブルドゥイユはそうした戦いのすべてに当然のような顔をして臨んだもので、「パヴィアの戦いがはじまったときも父は無役のまま駆けつけた。役務を望まなかったこともあるが、それよりもむしろ、そこで得られる愉しみを求めてのことであったから」。

III 剣術と決闘

よく分かるように、こうした生き方を英雄的で素晴らしいとみなす社会が、あのバイヤールやガストン・ド・フォアを、あるいはブルボン家の高官やビロンのような人びとを生んだのである。と同時に、当時のフランス貴族社会の精華を死に追いやった恐るべき決闘熱についてもよく理解させてくれる。幾多の内戦も、またマリニャンやバヴィアの「大遠征」さえも成し得なかったことを、稀に訪れた平時にこの決闘が成し遂げた。ここにトゥルノワの時代は完全に終りを告げ、剣術と決闘の一大世紀が登場する。

それはわが国において古来よりあった情熱で、ガリア族につづいてフランク族が、フランク族につづいてフランス人がそれを保ち持った。「止《とど》めを刺す」真剣勝負の決闘、神の裁定を仰ぐ宗教上の決闘、遊戯的な愉しみを目的とする決闘（ジュートはその儀礼的な一形式であった）を、古来よりフランス人は絶え間なく行ってきた。ただ、興奮のあまり生死の見境もなくしてしまう精神にとって、それとは気づかないうちに戦いの形式が別のものへと変容し、はじめは遊びの剣術に過ぎなかったものが、終ってみれば命を奪い合う決闘に転じるということはよくあった。十二世紀にこの種の剣術について記すなかで、ヴァスは「遊から怒へと変化を遂げた」と書いている。不快な言辞や揶揄、あるいは中傷に対する返答が、真剣勝負の決闘であった。十二世紀のこと、中傷を浴びたギヨーム・ド・マレシャルは三人の異なる敵を相手に三日間、ぶっ通しで戦っている。三戦すべてにおいて勝利者とならなければ、と、屈辱的な吊し首の罰を甘んじて受けるという条件において。

決闘の慣行は社会にしっかりと根づいていた。というのは、面倒を解きほぐし、黒白《こくびゃく》を争う問題に決着をつけるため、それが教会からも裁判所からも認められた解決法であったからである。のちにシャロン［寛容を説いた神学者］が運不運で負けることもあり得ると述べたりするが、それに耳を貸す者はなかった。宣誓につづいて行われる荘厳な闘いで人が敗れるのは神意によるもので、まだ息をしている敗者に止めを刺すのも、神の意志を全《まっと》うせんがためであるとされた。

一三〇六年にフィリップ端麗王が発した大勅書にある決闘は、一四六七年にリダランが「挑戦状《ガージュ・ド・バタイユ》」について著した書物のなかでも取り上げられており、荘厳にして宗教的な雰囲気に包まれたものであったことが窺い知れる。国王や土地の領主や王国の高官が裁判所書記や公証人を従えて立ち会い、場に生彩を与えた。決闘に先立つ儀式の一つひとつに神とのかかわりが暗示され、「かくありて、良きキリスト教徒たることを示すべく、館を出ずるに当たっては右手で十字を切り、われらが主と聖母、天使もしくは崇拝する聖人聖女の像が描かれた旗印を、あるいは十字架を掲げ持つ」。提訴人が最初に口を開いて彼の挑戦を宣言する。闘いをもって己が言を証明せんことを願い、「風と日の向き、陣地」に恵まれるよう祈願する。次いで応戦人が口を開き、審判から見て決闘場の右側が提訴人、左側が応戦人に割り当てられる。

辺りに轟きわたる大音声のなか、伝令官が「オール・オイエ！　オール・オイエ！　オール・オイエ！」と叫び、守るべき義務について列席者に念を押し、領主、騎士、その他すべての立会人は決闘場から一定の距離をおいた場所に留まるよう命じられる。勅書によれば決闘場は「幅四十九尺にして長さは八十尺」、周囲は梁もしくは板で囲われ、ときに石や雪が囲いに用いられることもあった（図23）。観戦者は下馬を強いられた上、叫び声や物音を立てることを一切禁じられる。「貴殿らに対し、国王陛下はかくのとおり禁令を言い渡される。口を開くこと、十字を切ること、咳をすること、唾を吐くこと、叫ぶこと、あるいは何であれこれと紛らわしき行いをすること。この命令に背けば、命と財産を失うことと相成るべし」。

そのあと、あらゆる儀式のなかでも最も厳粛な儀式、すなわち宣誓へと移る。三つあるうちの最後の宣誓が最も重要なもので、以下のような言葉で誓いがなされた。その間、二人の対戦者は跪《ひざまず》き、外した右の手袋を左手で持って十字架の上に、すなわち、汝ら互いに愛し合えと人間に告げるお方の表象の上に置いている――「我、その名をN……と申す提訴人、我らが真の救い主たるイエズス・キリストの受難の表象にかけて、ここなる福音書にかけて、キリスト者として神より受けたる洗礼の誓いにかけて、天国なる至福の悦びにかけて、また敗れれば甘んじて受ける恐るべき地獄の責苦にかけて、我が魂にかけて、我が生命と名誉にかけて、次のことを誓う。我N……は眼前にある虚妄《こもう》にして不義の裏切り者、人殺し、不実者、偽証者を相手に、正義に適《かな》うところの善にして聖なる闘いを挑むものなり。神を唯一の審判者と仰ぎ、聖母と、我が友サン・ジョルジュ氏を証人に立てる。……我が身はもとより、我が馬からも、呪文、魔石、薬草、魔力、呪詛、悪魔祓い、悪魔行の類は遍《あまね》く遠ざけてこれを許さず、神と、我が身と、我が馬と、我が武器のほかはこれを頼みとせず。かくしてこの真《まこと》なる十字架と聖なる福音書に口づけをし、以後は口を閉ざすものなり」。

次いで応戦人が宣誓をする。宣誓を受けた神父は聖書と十字架を受け取り、その一切を「囲いの外へ出させたあと、自らも退出する」。

すべての用意が整うと列席者は外に出され、あらゆる種類の武器を備えた二人の闘士は脇に馬を従え、それぞれが囲いの両端に位置する。そこへ元帥がこうしたときの慣例に則り、大きく三度叫んで合図を送る――

図23　囲いのある対戦場での決闘（16世紀初頭）。
決闘場の全体を視野に入れるため、絵師は各部の縮尺を無視して描いている。
モンルレ『年代記』所収。（国立図書館蔵 Ms. Fr. 20360）

「彼らをして闘わしめよ《レッセ・レ・ザレ》、彼らをして闘わしめよ《レッセ・レ・ザレ》、彼らをして闘わしめよ《レッセ・レ・ザレ》」。合図を耳にするや手袋が投げられ、各自の好みに応じて「馬に跨る者は素早く跨り、そうでない者は」徒《かち》で闘いをはじめる。持てる能力、経験、馬の機敏さ、武器の長所を活かして最善の決断を下す自由が双方に許され、フランス王国で用いられるものである限り、自ら望むどんな種類の武器や武具を用いてもよいとされた。

一旦はじまると決闘は長時間に及ぶことが多く、決着がつく前に日が落ちることもよくあった。その場合、提訴人には儀式に要したと同じ時間だけ、その延長を求める権利があった。長時間になることを予測し、闘士の「介助人」は決闘場の隅に「小さな葡萄酒瓶とパンを手拭いにくるんで置いておき、双方が力の限りを尽くせるようにした」。

決着のつき方には三通りあった。リダランによれば「一つ目は、どちらかが非を認めて降参する。二つ目は、どちらかが相手を戦闘不能の状態に陥れてこれに止めを刺す。三つ目は、敵を戦闘不能の状態に追い込んでこれを殺めず、そのまま決闘場に放置する。この最後の場合、仕事は完了してないが目的は遂げたとして、裁定を仰ぐべく相手の身柄を元帥に預ける。敗者を戦闘不能にしたあと、勝者は武器を携え栄光と歓喜に身を打ち震わせ、馬に跨りそこを後にし……そうして敗者の財産は没収されることとなる」。ただし勝者が望みをかなえたあと、まだそれが残っていればの話であるが。

こうした手順は十六世紀の末辺りまで生き延びるが、決闘に置かれる信頼は、もはや昔どおりのものではなくなってしまう。依然として人びとは決闘を好み、むしろどの時代にも増してその傾向は強まりを見せたが、司法決闘についてはそうでなかった。そして明らかに正義にもとる惨事が幾度も目にされるに及んで、こうしたやり方が良いものかどうか、いくつも疑念が提起され、まずは教会がその規制に乗り出し、次いで禁止をする。同じ目的で王たちも勅令を発し、その古いものは十二世紀にまで遡り、聖王ルイも決闘の完全禁止を目論んだが果たせずに終わっている。十四世紀になると、決闘への疑念は神への祈りにおいてまで表出されるようになり、たとえばフィリップ四世の勅令がそうした内容のもので終っている。同じ世紀を少し下ると、この疑念は公然と口にされるようになる。ちょうどそのころ宣誓に先立たれた正規の決闘があり、敗者はモンフォーコンで吊し首にされ、勝者は神に謝意を表すべく聖地エルサレムへの巡礼に出立した（一三八六年）。これについてサンドニのある聖職者が〈正義ニモトル決闘〉と評したのは、まさに時代のしるしと言えるものであった。

同じ時代、「フランス詩壇の精華」と呼ばれた騎士詩人オトン・ド・グランソンが非業の死を遂げた恐るべき決闘があり、こうした疑念をさらに広げることになる。サヴォアの宮廷で恥辱を蒙《こうむ》った彼は、そこを立ち去るに当ってパ・ダルムの手法を真似て「二、三の告知書」を物したあと「手袋を投げ」、「わが名誉を傷つけんとする者すべて」を相手に戦う用意があると宣言した。そうしてグランソンはイングランドに向けて出立をしたが、「彼《か》の地では王も貴族も彼の騎士的性格をよく知りこれをよく愛でたもので」、あの詩人チョーサーもグランソンのことを「フランスに開きたる押韻詩の華」と呼んだ。

グランソンがカレーにいて風待ちをしていると、彼を卑怯者と詰《なじ》ったジラール・デスタヴァイエが手袋を拾ったことを知らされる。ただちに引き返すが、このときすでに彼は「六十の歳を過ぎていて、戦争法や『戦時法典《アルブル・デ・バタイユ》』［オノレ・ボネ著、一三八七年刊］にある裁定では、その年齢以上の者は四肢や呼吸が衰え体力が減退しているからという理由で、裁判官が決闘を認めないことになっていた」。しかし決闘は一三九七年八月七日、ブール・アン・ブレス［ローヌアルプ地方の都市］で決行される。

「戦いがはじまると、上記オトン候は敵の左腿を槍で突き刺した。そのまま行けばジラール候に勝ち目はなかったが槍は腿から抜け落ち、その結果、上記のとおりオトン・ド・グランソン候は打ち倒され、致命傷を負う

こととなる。その最期はまことに哀れで、敵は彼の鉄頭巾の面貌を剥ぎ、両の眼をえぐってこう言い放った、

――降参せよ、そして前言を取り消すのだ！

――よき騎士はどんな窮地に陥っても前言を翻《ひるがえ》さず、また降参もしない。そして口がきける限り同じことを言う。私が降参するのは神と、聖マダム・アンヌに対してだけだ。

そう言ってグランソンは事切れた。

あるフランスの元帥がこの決闘に立ち会うべく目立たない服装でそこにいて、サヴォア領の伯爵に敗者の遺骸を譲ってくれるよう「フランスの元帥として」要求した。ブレスはブルゴーニュ公国に属する土地であったがその願いは認められ、「遺体が彼に手渡されたあと、慣例として敗者になされた数多くの屈辱的な儀式は行われずに済まされた」。

グランソンが降参したのは敵でなく神に対してであった、というのが、元帥の要求の根拠であった。誰にも理解のいく単純明快な口実である。決闘の正義に関して確信的に持たれた信頼は、すでに過去のものとなっていた。

決闘は宗教色をなくすと同時に世俗化し、消え去るどころかますます盛んとなり、十六世紀にその頂点に達する。例外的なケースを除いて、重厚にして荘厳な裁判といった形式のもとではもはや行われなくなる。単なるスポーツと化し、自分はこれこれの者でこれこれの価値を備える、ということを誇示するための手段に過ぎないものとなった。ほんの些細な理由で事を構え、要するに理由はあってないに等しく、見るからに闘いの快楽を得るために闘う、といった風であった。勇猛さを良好な状態に維持するための格好の運動遊戯、それがすなわち決闘なのであった。

祝祭でも戦争でも、若者は肘を接し合わせて生きた。かつてないほど尊ばれるようになった美術品の類に

囲まれ、またロンサールの詩の一節を口ずさんでのことであったが、それでも何か重大な揉《も》め事が起きれば、あるいは命を賭した娯楽のためとあれば、いつでも剣を抜く用意があった。武勲のよき理解者であったアンリ・ド・ナヴァル、すなわち未来のアンリ四世が一五七六年にこう書いている――「宮廷はこれまで見たこともない奇抜さの極みにある。互いがいつでも喉を切り裂き合う用意にあり、われわれは鎖帷子の胴衣に短剣を帯びたり、また外套の下に鎧を纏ったりすることもよくある……。私と同様、王も危険と隣り合わせでいる……。私を殺すと公言する人もいて、ちょっとした諍《いさか》いがいつ起きても不思議でなく、こちらとしては機先を制するだけである」。

　十字軍時代の重い剣や長大な槍はもはや時代遅れとなり、いつでも戦える用意ができていなければならなかった。鋭利でしっかりとした武器を身に着け、それとは悟られずに鎧を纏い、絶えず身軽で発止《はっし》としている必要があった。口元には笑みを浮かべ、しかし目は警戒怠りなく、首飾りのロケットを弄《もてあそ》ぶ手は、いつでも懐《ふところ》の短刀や腰の剣を掴める用意にあった。まこと恐るべき切っ先と刃を備えた鋭い細身長剣《ラピエール》の時代であり、また技巧派剣術師範と不意打ちの時代でもあった。当時のフランスを席巻したのは純粋にイタリア式の剣術で、中世のフランス人「剣術家《エスクレミッスール》」が指導した古式の単純な、重い武器に適した剣術に比べると、こちらは際だって複雑かつ繊細なものであった。風俗の変化がフランス人をこの新技法に馴染《なじ》ませ、当初はあるがままの形で実施されたが、ルイ十四世の時代になって特徴ある修正が施された。権威を認められた最も古い指南書はイタリアのもので、とくに十六世紀に「剣術の総師範」と呼ばれたボローニア人アチル・マロッツォの、またグラッシの指南書があった。それらはフランスでよく研究され、模倣された。剣術修行にミラノまで出かける人もいて、たとえばブラントームもこう書いている――「向こうに一ヶ月の逗留をしたが、それはイタリアの最も魅力ある町を訪ね、また当代の高名な武術家であるタッペ大師範から剣術を習うためでもあった」(図24)。

図24　諸手剣を持った剣士。マロッツォ『剣の新技法』（16世紀前半）所収。

もっとも、この新武術はその秘策や牽制や陽動作戦のため万人の好むところでなく、当初はそれに頼ることをよしとしない貴族や誇り高い人たちを多く数えた。自分を貶《おとし》めるように感じられたからで、ある種の卑劣さがうかがえるこの剣術を用いては先祖に申し訳が立たない、というわけであった。モンテーニュもこう書いている――「私が子どものころ、人から剣術が上手いと言われるのを貴族は侮辱と受け止めて嫌がり、本来的で素朴な徳目に背いたずる賢い技巧だとして、それを習うのを避けたものであった」。

言わば飛び道具にも似た剣術もしくは「振り回し剣法《ミリス・ド・レベ》」で、そのために当初は卑しめられたが、憎まれっ子世に憚《はばか》るの習いでやがて受け入れられ、とくに王たちがその模範を示すと、躊躇《ためら》いは一気に消え去った。ブラントームによればアンリ二世は「剣術に優れ、まさにお手のものであった。そしてお付きのド・ブッカール氏を相手に少々やりすぎてしまい、その目をつぶしてしまった……」。この人は誠実で勇敢な貴族であったため王は許しを請うた」。ロンサールはこうした早業のゆえにアンリ二世を次のように称讃したが、昔の貴族が見たなら王公にふさわしくない駆け引きの術と映ったことであろう。

君を剣で触れる剣術家がいようか
君から突きを得ないで家路に就く剣術家がいようか？
君よりよくする者はなし、足の運びにおいて
意表を突く早業の出し方において
頃合いと間合いの見はかり方において
当てずっぽうに剣を振り回さぬ術において

剣の技比べは優雅な娯楽となり、宮廷の夜会に彩りを添えようと、芸人と並んで腕の立つ剣術家が招待された。一五七二年にイングランドの大使がパリからこう書き送っている――「夕食後、アンジュー公は私どもの前で芝居を演じさせたあと、剣士《エスクリメール》たちの紹介をなさった」。宮廷が見本を示すと次に領主たちがそれを真似る。そして農民たちも例のごとくに、遠くから領主を窺《うかが》い眺めて彼らを模倣する。ノエル・デュ・ファイユがその『田園記』で書いているが、「村の古老から技を見せて欲しいと懇願されたピエール師、すべてが必殺技《トゥ・モルテル》からなるという剣術の要所を披露しはじめた。そして言うには、剣をこう上段に移す振りをする構えが要点で、そうしながら素早く横に移動して突きを入れたり切りつけたりすれば、防御も完璧となって敵の刃《やいば》がこちらに触れる心配もない。これぞまこと仮借《かしゃく》のない一撃とはならん」。師範が息を切らしてそう話すと村人らはこぞって感嘆の面持ち、「そうしてピエール師は一部始終の解説を終え、試技をお終いとした」（一五四七年）。

シャルル九世の時代に、牽制陽動の秘術を内容とする新しい剣術の、最初の指南書がフランスで出版される。それがアンリ・ド・サン・ディディエによる『あらゆる武芸の母なる単一剣の秘伝書にある諸奥義を納めたる……貴族並びに軍神マルスの申し子を領導するに有用かつ有効なる剣術論』である。一五七三年に出されたこの書は印刷状態が良好で、数々の美麗な図版で飾られている。自らの技術の重要性について確信を抱くサン・ディディエはその序文においてこう述べる――過去において国王やギーズ公をはじめとする多くの方がたに武術を伝授し、今は幾多の戦争を経て貧しく老いさらばえ、部屋に籠もって静かに余生を送ることを余儀なくされているこの身なれど、まだまだ人の役に立つことを祈念しつつこの書を著すこととした、願わくば「詩の女神《ミューズ》がその助成に立ち現れんことを」と。ミューズは実際に彼のもとを訪れたと見え、当時としても珍しいほど、この書の序文は著者自身を絶賛する韻文詩で埋め尽くされている。そうした詩の一つに、ロンサールの近習にして弟子であったアマディス・ジャミンが書いたソネットがある。巧妙、巧緻、牽制が日の目を見た今、その教授に当たるサン・ディディエにジャミンはこう讃辞を送る――

その技量と類まれなる経験により
君を前にしてはマルスも影を潜めて従わん

本題に入るとサン・ディディエは、「平時と戦時に剣をいかに上手く操るべきかを、この武術に欠かせない足運び、防御、抜刀《ばっとう》、姿勢とともに」解説する。彼にはイタリアに知己が多く、そちらの経験を援用することもしたが、よくまた自らの独創も交え、アルプスの彼方にいる師範の単なる受け売りに終止せず、時には異議を唱えて別のものを採用している。

かくしてサン・ディディエは剣術のフランス流派を創始した。この新剣法はフランス人の考案になるものでなかったが、彼らが編み出したその実践形式はやがて大方の注目を集めるにいたる。海外でも話題となり、一六〇三年にアンリ四世がイングランド皇太子のもとへフランスの「剣術士」を派遣している。またシェークスピア喜劇「『ウインザーの陽気な女房たち』」に異様なフランス人医師カイウス先生が登場するが、あらゆる滑稽さを備えながらもこの人が「巧みな細身長剣《ラピエール》の使い手」とされたのは、それが当時、フランス人一般の嗜《たしな》みと見做《みな》されたからである。

この剣術と平行して決闘の趣味も広がりを見せた。極めて血生臭い種類のもので、なぜなら決闘に加わる二人目や三人目の助太刀はどういう悶着《もんちゃく》があって闘うのかも知らぬまま、ただ愉楽を得んがために殺し合いをしたからである。こうした風景を前にモンテーニュはこう書いている――「三人のフランス人をリビアの砂漠に置いてご覧なさい、口論したり引っ掻きあったりしないで一月もいられないことであろう」。十六世紀に、ほんの些細なことが理由で「生死を賭けた」決闘がなされた。まったく馬鹿げたことで、モンテーニュのような懐疑論者やラ・ヌーといった軍人など、思慮に富む人びとは非難を浴びせたがどうにもならず、むしろ偏見によって支持を広げ、そちらの影響力の方がずっと強かった。ラ・ヌーが書いている——「誰かがこう訊ねるであろう、フランスでは決闘は御法度でないのか、と。然り、法によるものや公開の行事をともなうものはそうだ（教皇によっても、その権力の及ぶ地域においては禁止される。まさに善き命令と言うべきである）。しかしながらこの点に関して、われわれは気の休まる暇《いとま》もない。なぜなら今や遵法心はまったく失われ、人びとは許可なく決闘の取決めを交わし、嫌いな人間でも大切な友人でもこれを相手に、遊びのようにして打ち合うからである」。まさにスポーツそのもので、そこではポームの一戦を戦うほどの敵愾心も必要としない。「かくして毎年、私怨《しえん》によって殺される人の数を数えるならば、むしろ戦争で命を落とす貴族と兵士の方がずっと少ないことであろう」。すべての原因は傲慢さや内輪もめ、それに一般的な規律の弛緩にあり、「そうしたことの総体に長期にわたる戦争が生み出した不穏な感情が結びついて、不和という醜悪な生き物が生み落とされた。それが貴族の世界に紛れ込み、誰も気づかぬうちにその一人ひとりを貪り食っている。あの六名の宮廷貴族が決闘したことを思い起こすがよい。彼らはトゥールネル［パリの王宮跡、かつてアンリ二世がジュートで落命］を決闘場所と定めて血みどろの戦いを繰り広げたあげく、四人が即死、残る二人も重傷を負った。そのなかには後に高位官職に就く者もあったろうに、一時の狂気に駆られ、人生の最もみずみずしい時期に自ら命を絶つことを選んだのである。これほど嘆かわしいことがほかにあろうか」。

この殺戮的遊戯のスポーツ的性格を余すところなく伝える第二、第三の助太刀の存在は、あの「鉄の腕《ブラ・ド・フェール》」翁《おう》にはまったく理解のつかないものであった。「今や最も誠実な人たちの間でも広がりを見せているもう一つの悪弊について考えるとき、かくも不条理なことが、かくも長期にわたってつづいてきたことに茫然自失の思いがする。誰かが気まぐれを起こして喧嘩を売ると、(よく言われるように)第二、第三の助っ人も命がけで、相手の第二、第三の助っ人と闘わなければならない。誰に助太刀を依頼するかも大急ぎで決められ……、そうして頼まれた貴族は男気を見せようと、憎しみどころかある種友情の念さえ抱く同じ宮廷の仲間を相手に、その喉を掻き切ろうとするわけだ。しかもその相手は親戚筋に当たる者であったりして、まことこれ以上に莫迦げたことがこの世にあるものであろうか」。

それは憎しみに駆られてのことでなく遊びであって、またラ・ヌーの言うとおり、俠気《きょうき》を誇示するための一つの方途であった。彼の時代、人びとは名誉を口にしながら自らを盲目へと追いやった。ハムレットは言う――「まことの偉大さは、こと名誉にかかわる問題が起きたとき、たとえ藁しべ一本にも理由を見つけて最後まで戦いを挑むことにある」と。たしかにそうかも知れない。しかし人はその意味するところを本当に理解しているのかと、そうした意見に与《くみ》する者にラ・ヌーは疑問を投げつける。わが祖先も勇敢さではわれわれに引けをとらなかったが、それでも理由なしに命を賭して争うようなことはしなかった。そのためには彼らは別の遊戯を持っており、「今の人よりは名誉というものを正しく理解していたのである」。

未来に向けての準備に勤しんだラ・ヌーだが、種蒔きと収穫を同時に行うことはできず、この荒れ狂う激情が即座に冷めるといった期待は抱かなかった。こうして数知れぬ決闘が行われ、当時の書簡や覚書、あるいは歴史書はその記述に溢れている。有名なジャルナックとラ・シャテニュレの決闘、サン・メグランとトロイロ・オルシニの決闘、あるいはバイヤールのそれという風に、当時の人びとは異様なまでにその詳細を書き残し、そうした先例は一種の判例に似たようなものを形づくるにいたる。決闘場に入ったバイヤールは敵のドン・アロンゾ・ド・ロト・マヨール(彼は模範的な騎士バイヤールを無作法者と詰《なじ》り、その言を翻《ひるがえ》さなかった)を前にすると跪《ひざまず》いて祈り、地面に口づけをした。そして「まるで宮殿にいてご婦人方相手にダンスでも踊るかのように、確たる足取りで敵に向かって真っ直ぐ歩み出した」。様々な小競り合いがあったあと、バイヤールはスペイン人の喉を掻き切る。「致命的な一撃を身に感じたドン・アロンゾ」と忠実なる僕《ロイヤル・セルヴィトゥール》が書いている、「手にした剣を放り投げてバイヤールに襲いかからんとすると、こちらは角力の手を使って相手を掴まえ、そうして組み合いながら少し移動したかと思うと二人してどっと地に倒れ込んだ。素早く短剣を握ったバイヤール、それを敵の鼻孔のなかに押し当ててこう叫んだ――アロンゾ殿、降参をなされい、さもなくば命はない、と。敵に言葉を返す気配はもうなかった、すでに事切れていたからである」。

こうした決闘のある部分はまだ中世的な、神の審判という考え方と結びついた旧時代のそれを想起させるものであった。たとえばジャルナックとラ・シャテニュレの決闘が日が落ちかけてからはじまったのも、早朝の六時から日なが一日、事前の儀式にずっと時が費やされたからである（一五四七年）。バイヤールの場合は決闘のあと、遺骸を脚で引き摺《ず》って「枯れ木か犬のように屈辱的に扱った」が、それは二度とこうしたことが起きないようにとの配慮からそうされたのであり、また遺体は勝者の戦利品であるという中世の慣例に倣ってのことであった。そうして彼は犠牲者の「代父《パラン》」のところまで遺体を持ち寄り、「これをお返しする。かくしてまことにわが名誉は保たれ、彼の名誉はそうでないことを願う」と告げた。そうして手ずから新証拠を持参し、彼の礼儀正しさを否定したドン・アロンゾの非を証明したのである。

石や板で囲われた各地の決闘場や、またプレ・オ・クレールに代表される瀟洒《しょうしゃ》な殺戮場では、旧時代の残忍さと新時代の手際よさとの奇妙な混淆《こんこう》が見られた。良し悪しの判断は分かれたが、剣を打ち下ろすと同時に左手を出してする防御が一体をなすにいたり、これが十八世紀までよく流行った。最高の武術師範もこれを教え、たとえばサン・ディディエは「握りに対する握りの応酬」として、こちらの剣を掴んだ敵の剣を左手で掴み返す方法を示している（図25）。こうした戦法すべては中世の司法決闘に見られた自由奔放さを彷彿させ

図25　フランス式剣術（16世紀)。
「師範が右手で剣を斬り下ろすか突きを入れてさらに左足を前に出し、
助教師が下から繰り出す剣を鍔で捕えると、相手もこれに左右対称の形で応じる」
ド・サン＝ディディエ『剣術論』(1573年）所収。

るもので、そこでは「騎馬でも徒《かち》でも」闘えたし、また攻撃用であれ防御用であれ「好みの武器を望み通りに携える」こともできた。そうしてバイヤールやサン・メグランのように舞踏場に入るかのように決闘場に入り、角力の対戦のように地を転げ回った。決闘後に問題となることは承知の上で、その場に偶然あった物なら何でもこれを利用した。それはブラントームによれば多くの人の支持したところで、「もはや儀礼のことを言ってもはじまらない。一旦決闘場に入れば勝利か死があるだけで、とくに降参はしないと自分に言い聞かせるだけだ」。戦の男爵《バロン・ド・ゲール》［ジャルナックのこと］は組み合いつつ地面を転がるなか、敵に砂を浴びせて息もできず、目も見えなくさせている。またサン・メグランは茂みにあった茨を引きちぎり、地に倒した敵にこれで眼をつぶすぞと脅し、降参するよう強いている。あるいはモロッツォは武装した敵に丸腰で立ち向かう技術も剣術の一部と考え、形式に即した決闘においてであれ刺客《ブラヴォ》による不意打ちに対してであれ、そうしたものでもって常から備えをなすよう弟子たちに説いている。

ジュートと同様、やはり著名な婦人や令嬢や王女たちが「この残酷な娯楽の見物」に駆けつけた。ブラントームが書いているものにフェラーラでの決闘があり、これにはバイヤール、ヌムール公ガストン・ド・フォア、フェラーラの公爵夫人が立ち会っている。「フェラーラの公爵夫人は当代キリスト教世界の、躰と心の双方において最も美しく模範的なプリンセスの一人で、また外国語もいくつか流暢に話せるお方であった。この完璧性のゆえにヌムール公は公爵夫人にぞっこん惚れ込んでしまい、物語にも語られるように夫人の持ち色である灰と黒のスカーフをいつも首に巻き、あのラヴェンナの戦いでも」、すなわちこの勝利者を芥子《からし》と月桂樹の双方で飾ることになるあの悲運と栄光の日にも「同じ色のスカーフを身に着けた」［ヌムール公はラヴェンナ戦を勝利に導いて戦死］。ところで「美麗にして高潔、善良にして礼を弁えた人」とされる公爵夫人だが、かような穏やかな描写では誰のことか少々分かり辛かろう。実はこれは、あの恐るべきルクレツィア・ボルジアのことである。

　許容される手と禁じ手についてはあれこれ論議されたが結論は出ず、十六世紀になっても解決を見ないままで、ブラントームもこう述べるに終っている――「かかる疾風怒濤のごとき戦いにあっては生き死にのことを口にすべきでない。ただ敗者がまだ息をしていれば、それには礼をもって尽くす必要があろう。そうすることで勝者の栄光はいや増し、敬意をもって迎えられるからだ」。そのブラントームは決闘の廃止を論外だとしながら、その廃止を願った国璽《こくじ》尚書《しょうしょ》ルネ・ド・ビラグのことを嘲笑し、それでは「人間男女の名誉をないがしろにすることにつながってしまう。もちろん坊主や隠者ならそれでよいかも知れぬが」と揶揄している。と言って、この一件に関しては宗教も頼みとならない。なぜなら聖書にも決闘の話があるからで、ブラントームの修道院長でもあったブルドゥイユ候は聖書を開き、ダヴィデとゴリアテという予期せぬ事例を引いて自らの主張の支えとしている。

　人間男女の名誉にかかわる問題やゴリアテの例はさて措くとして、結局、こうした遺憾な流れを最終的に堰き止めるのは、枢機卿という聖ローマ教会の高階位聖職者にしてフランス王国の公爵［リシュリュー卿］の登場まで待たなければならなかった。

第8章 ルイ十四世時代のスポーツと風俗

LE SPORT ET LES MOEURS AU TEMPS DE LOUIS XIV

I　騎士道的運動の衰退――剣術

十七世紀は、規律の精神が反逆の精神を制した時代であった。秩序が混乱を押さえ込んだのである。すでに前世紀末から見られたこの逆転の現象はなおも勢いを増し、中庸の域を過ぎても、いっかな収まる様子にならなかった。というのは現実の問題として、誰にもその流れを押し留めることができなかったからである。脆《もろ》くて不完全なわれわれの社会では、どちらつかずの状態に留まることは、そのまま死を意味する。「完璧はこの世のものにあらず」と俚諺《りげん》にもあるとおり、人間の世界に完全はあり得ない。せいぜい、過度の揺れや不測の変事が回避できればよしとすべきところで、ともかくもここにそうした状況が現出し、規律が全面に押し出されることとなった。国内での幾多の戦争は終りを告げ、代わりに極端な中央集権政治がはじまる。宗教的な分裂が国家を危機に陥れることはもはやなくなったが、しかし信仰の自由はないがしろにされ、やがてナントの勅令も破棄されることになる。

新世紀のはじまりとともに秩序と正常化の何としても必要なことが、国中のいたるところで感じ取られた。それなくしてはアンリ四世の、リシュリュー卿の、またルイ十四世の天分も生かされぬまま終わったに違いない。これら大人物たちが共に抱いた願望と行った政治とが、フランスを救ったのである。十六世紀においては事あるごとに、この国は早晩、瓦解するに違いないと囁《ささや》かれたもので、たとえば一五六七年にモンリュックがこんなことを書いている――「誰のせいで、また何が原因であのようにいくつもの戦争が国のなかで起きたのか、子どもにだって分かるであろう。もちろん私は高位高官のことを言っている。というのは、焚刑《ふんけい》に処されてまで神の言葉に殉じるといった習慣を、彼らは断じて持ち合わせなかったからだ。もし王妃と提督が同じ部屋にいて、また今は亡きコンデ公やギーズ候もそこに居合わせたなら、私は彼らに、三十万もの人間に殺し合いを演じさせたのは宗教以外の理由からであったことを白状させてやるだろう。といって、これですべてが終りなのかどうか、私にもよく分からない。なぜならノストラダモスだか誰だかが、こんな予言をするのを耳にしたことがあるからだ——互いに殺し合いをして男どもはほとんどいなくなり、ある日、子どもが驚いたような顔をしてその母親に、外で大人の男を一人見かけたと告げるであろう、と。胸が引き裂かれる思いだが、しかしその話も、もうこれでお終いにしよう。もうすぐ別のところへ逝ってしまう私にはどのみち、関係のないことなのだから」。

是が非でも流れを変える必要があった。それに向けた動きは徐々に現れ、半世紀以上もの時間をかけ、年ごとに勢いを増していった。領主らの独立の象徴として、ときに国王を含めたすべてを脅かす存在としてあった城の砦も、大挙して取り壊されてしまう。かつてブラントームから嘲笑された決闘の禁止令はリシュリュー卿の手で再び発布され、違反者には死刑という厳罰さえ用意された。枢機卿が取ったこの措置はルイ十四世によっても受け継がれ、こちらは決闘を禁止する二十ばかりの勅令を発する。加えて王は宮廷に貴族を呼び寄せ、まさに名実ともに帝国の主人公として納まる。そのため貴族たちにすれば王との同席がかなわぬことが最大の刑罰となり、その典型的な生き証人がビュッシィ・ラビュタン［一六一八〜一六九三。著書が原因でバスチーユに投獄され、その後、生地のブルゴーニュ領に蟄居］というわけであった。かつては宮廷を自ら辞すことが不満を表明する第一のやり方で、むしろ王の方がそうした臣下の出奔《しゅっぽん》を気遣い、事情に応じて彼らの不在に立腹やら嘆息やらをしたもので、それはそれでまた当然のこととされた。しかし今や王の眼前から放逐されることは、そのまま楽園からの追放を意味した。あのラパンの忠言「紳士の諸君、野に生きよ！」も、ビュッシィの耳には冷酷な嘲弄のように聞こえたことであろう。今や人が野に生きるのは、職務のためか破産するか追放されるかしたときのみ、でなければマダム・ド・モンテスパンの夫［夫人はルイ十四世の寵愛を受け、そのため夫のモンテスパン候は領地に隠遁］であるかする以外、なくなってしまった。つまりはそうする以外、ほかに選択肢がないときのみ、となってしまったのである。

新しい季節の到来がごく小さな苔の繊毛《せんもう》にも、柏の大木の新芽にも作用を及ぼすように、こうした顕著な変化は当然の成り行きとして、些細なことにも、また重大なことにも影響を及ぼす。国王、宮廷、三部会、宗教、芸術、文学、あるいは単に遊戯ひとつを取り上げても、すべてが疑問の余地なく何らかの影響を被ったところで、まさしく新たな季節の到来であった。ルイ十三世の時代に、ある人が満足げにこう書いている――「ご覧なさい、王宮にいる貴族や将校たち、それに裕福な町民たちが何を愉しみとしているかを。昔の王や王子たちが悦びとしたものに、今や彼らは軽蔑の色をなす。ポーム？　それは少し粗暴にすぎる。芝居？　これはちょっと平凡にすぎる。蹴球《ブール》？　それは少し野卑にすぎる、と。では一体、何がよいというのか？　それは四頭立ての馬車を仕立てて宮廷へと出向き、小股で歩いて談笑したり歌ったり、新しく出たばかりの読み物を読んだり誰彼のすることを眺めたり見とれたり、あるいは才気に富んだ紳士たちに倣《なら》って、同席する人たちを大いに和《なご》ますことである」。

すでに十六世紀にロンサールを得ていた乗馬と剣術は、今やマレルブを、またボアローを持つにいたった。この二つの運動にも独自の『詩法』［ボアローの主著］が編まれ、こちらも

もはや詩句の意味を次行に跨らせず

ということになった。

こうして旧い時代の野心的な試みのほとんどは散文からも韻文からも、また剣術場からも詩壇《パルナッス》からも放逐されるところとなった。かつての荒々しい運動が姿を消しつづけるなか、代わって唯一、勢力を得たものが、立派な風采や上品な物腰、威厳と結びついた優雅さを引き立たせてくれる運動であり、その筆頭に位置したのが乗馬であった。

かつての武器類は時代遅れのものとなり、実戦用の槍も消滅の憂き目を見る。ルイ十三世時代にロアン公爵がこう書いている――「エスパニアだけが若干の槍部隊をなお抱えつづけたが、それとても実利上のことからでなく、重厚さという観点からのみそうされた」。

肖像画でも描かせるのでなければ、人が完全武装をするということはなくなった。将校でさえ鎧を着けなくなる始末で、それを纏わせるにはルイ十四世の厳命が必要であった。「国王はすべての騎兵将校に向けて」とダンジョーが書いている、「有事の際や派遣部隊にあるとき、前部はマスケット銃に、後部は短銃に耐えられる鎧を身に着けるよう命じた。これに違反する者は見つけ次第、職を解くともした」。

剣術の道場でも自然や実用実利からますます遠ざかり、代わって理論の占める位置が著しく大きくなった。人をあっと驚かすに足る、精妙かつ優雅にして器用な腕使いの技法に人びとの関心が集中し、しかしそのいずれもが、実戦では何の役にも立たない代物ばかりであった。すでに前王の治世のもと、あの才女気取り《プレシウーズ》の女性と同時代を生きたチボー・ダンヴェールは剣術スノッブとでも言える男たちを相手に、秘技中の秘技を指南している。彼が伝授したのは『神秘の円《サークル》を根拠とする数学的原理に基づいた、これまで未知の秘術とされた徒《かち》もしくは馬上での剣扱いに関する真理の理論と実践』というものであった。巨大サイズの彼のこの指南書は数々の豪華図版で飾られた黙示録のような種類の解説書で、歴代剣術家の奥義、天啓のごとき秘術の数々を紹介する。図版には文字記号や直線や円からなる幾何学模様がいくつも描かれ、剣のサイズに合わせる形で人体の寸法や重さや姿勢が記されている。失敗というのはあり得ず、指示する方法に従うだけで十分とされる。もちろんそれには方法の理解が不可欠となるが、しかしそれこそが大問題であった。それゆえ数学的な頭脳を持ち合わせない多くの剣術愛好家は端《はな》からそんなことは諦めてしまい、掲載された図版の物珍しさのゆえに当の指南書を手元に置いているだけで、それはちょうど、信じてもいないのにノストラダモスの本が各家庭にあるようなものであった。こうして世に広がりを見せる精緻さへの嗜好を、室内で伝授される剣術もまた人びとに満足させるところとなり、細くてしなやかで軽いフルーレを用いた剣術は厳格で煩瑣《はんさ》な規則と相俟《ま》って、その種の嗜好の持ち主には打ってつけのものとなった。というのはルネサンス以来、そうした嗜好をずっと人びとは持ちつづけ、あらゆる領域においてそれを求めたからで、たとえばスキュデリー嬢は『大王シリュス』といった大作を書き上げる文章術のなかにまで、同類の原理原則を見出したほどであった。ここにフルーレの学校は繁栄の日々を迎える。フルーレそれ自体は十六世紀から用いられたが、その時代のものは実戦用の武器としてあった細身の長剣《ラピエール》と重さも形もほぼ同じで、ただ先端に蕾《つぼみ》状のたんぼ《フルーレット》が施され、フルーレという名もそれに由来している。両者のこの類似性のゆえ、ハムレットに気づかれずにこのフルーレのなかに一本、レアティーズがラピエールを混ぜ入れることができたわけで、それがあのシェークスピア劇のなかにあって、最後に起きるであろう大殺戮への伏線を敷いている。モンテーニュが話題に出しているフルーレもこの類のもので、またレニエが彼の生きた時代に流行った上流社会の娯楽を数え上げるなかで言及しているのも、やはりそれである。たとえばアンリ四世の時代、模範的な馬乗りとはこういうものであった——

馬が疲れきるまで森中を駆けて狩りをし

また槍的《ファカン》に環駆《バーグ》けにフルーレに勤しむ……
拍車を入れてはエスパニア産の馬にパサードを教え
新曲の唄を歌ったりバレエを創作したり
詩も書けば恋文もしたためることができる

十七世紀に入ってもなお「重いフルーレ」は知られたが、今日のとよく似た「軽いフルーレ」がますます頻繁に用いられようになる。モーリス・マンドロン氏がいみじくも指摘するように、こうした華奢《きゃしゃ》な武器の出現によって「剣は本来備えるべき重量よりはるかに軽いものとなり」、剣術をして「ますます理論先行の人為的な性格のものに」変容させる危険をはらんでいた。しかしそうしたことに人びとはほとんど目をやらず、理法や見栄えのする教義、それに絶対というものの追求に意欲を燃やした。通俗的で卑近で泥臭いことは遠ざけられ、バイヤールやサン・メグランのように、もはや地面を転げ回ったりはしなくなった。そのバイヤールは地面を這い転がる前、踊るような仕草をして決闘場に入っている。それはそれである意味を籠めた身振り表現であったが、今や身振りそのものが本質を形づくるようになる。そうしてうやうやしく礼をして構えの姿勢を取るわけで、彼《か》のジュルダン氏〔モリエール劇の主人公〕の剣術教師も「いざ、礼を！」と号令をかけている。またル・ペルシェが十七世紀に出した理論書には滑稽な要素は一つもなく、むしろ以後の百年以上に亘って権威を保ったほどのものだが、そのなかで著者はこう書いている――「正しい礼をするには構えの姿勢を取ったあと、まず左の手で帽子をとる。次いで右足を左足の後ろへ引き寄せながら、帽子を左膝の上にまで下ろす」云々。

こうしてフランス独自の剣術流派が確立される。それはやはりマンドロン氏も書くように、「攻撃、防御、姿勢の面でも、また緻密で礼法を重んじる遊戯という点でも、その科学的なシンプルさ」が人気を博し、「腕力や自己流の技に物を言わせる棒振り剣術《エクスペディアン》に取って代わった」。指導が少し理論に偏りすぎるとか、実戦とかけ離れ過ぎるとかの疑念も出されたが、さほど深刻な問題とは受け止められなかった。というのはこの時代、以前と比較して風俗や習慣に変化が生じ、また法の厳格な適用もあって決闘はごく稀にしか見られなくなり、不意打ちを交えた殺人技法を剣術教師が指南する必要は、ほとんどなくなってしまったからである。

以上が大ルイ王の時代に生まれた新しいフランスの剣術流派であり、それは過去の時代のものに勝るとも劣らぬ名声を博した。この剣術についてミッシェル・ド・マロールは次のように書いている――「いまは亡きブートヴィル侯、あるいはド・ループ、ド・ヴァイヤック、ガンヴィルといった諸侯、それにサン・タニャン侯爵、またその他大勢の偉大な剣術家や師範により、この室内での剣術はこの上ない高みにまで押し上げられた。もはや屋外を専らとした剣士たちに、自分たちの方が腕は確かだと言わせたりはしない」。

一時期、過度なまでの礼法や帽子の上げ下げが目についたフランス式剣術であったが、その行き過ぎを改めて今日まで生き永らえることをした。そうして基本的な特徴は保持したまま、この剣術はかつて浴した名声を今なお守りつづけている。

II 乗馬と騎馬祭典

十七世紀の馬術家も剣術家に劣らず優雅さや気品や典雅といった問題に心を奪われ、垢抜《あかぬ》けした乗馬というものに重きを置くようになる。そのための理論や原理の探求はすでにルネサンスのころからはじめられたが、この世紀にいたって堂々たる理論が矢継ぎ早に打ち出された。とくにフランス人の手になる乗馬論には大いなる権威が認められ、かつてその先人騎手たちが浴した赫々《かくかく》たる名声をも凌ぐほどのものであった。この時代に、若い貴族に必要とされる技術を教える《学院《アカデミー》》が、いくつもフランスで誕生を見る。しかし当初のものはイタリアを手本としたので、彼のラ・ヌーが夢想した学校とは似て非なるものであった。あの思慮深き鉄腕《ブラ・ド・フェール》が打ち出した心身両面にわたる教育は求めるべくもなく、そこでは言うまでもなく身体にかかわることが過大に重視された。そのことについては、父親の願いでバスチーユにある学院に入れられた、ある生徒に対する尋問調書を一読するだけでよく理解できる。この父親というのはジャン・ヴァランのことで、今でこそ彼は版画家として名を知られるが、当時は吝嗇家《りんしょくか》としても有名な人であった——

「父親のヴァラン氏は彼に学問的な才覚がないことを見てとり、あらゆる種類の運動遊戯を会得させるべく王立アカデミーに入学させ、多額の経費を支払ってそこに寄宿させた。これは事実なるか？」

「事実なり。母親の存命中から彼を王立アカデミーに入れ、必要なものを買い与えた上、年に千六百リーヴルの寄宿費を支出したるものなり」

「彼は王立アカデミーに入学後、ほどなく放校されたにあらずや……娘らに男装をさせ、学院内に招じ入れたという廉《かど》で？」

生徒はこれを否定する。学院に娘らを連れ込んだことは断じてない、父親から呼び戻されてド・ポワ夫妻の許可を受け、正規に退学したものである、と。

こうした学院ではとくに乗馬訓練に力が入れられた。当時、馬によく跨ることは何を措いてもの必要事で、それがためルイ十四世はよくベリー公に乗馬の手ほどきをしてくれたと、ド・ネモン氏に四千リーヴルの年金を与えている。このド・ネモン氏は同じ指導をブルゴーニュ公にも施し、すでに五千リーヴルもの年金を得ていた。あのコルネイユでさえその傑作のすべてを書き終えた晩年、二千リーヴルの年金しか手にしなかったというのに、である。ミシェル・ド・マロルは詩で綴ったパリ案内記のなかで、青年たちが乗馬を学ぶアカデミーについて一章を割いている――

彼らが日ごろ受けるは見事なる教練
有能なる馬術師範の彼らに教えるは
徳と結びつきたる健全なる教説

このマロルは最大級の賛辞をもって十名ほどの乗馬師範の名を掲げ、その偉業を称えている。ロンプレやリヨン人グラピエのほか、とくにナポリ人ピナテリの有名な弟子、すなわちあのプリュヴィネルの事績も綴っている。

一六二〇年に物故したアントワーヌ・ド・プリュヴィネルについては、すでに本書もその著『王家の馬術《マネージュ・ロワイヤル》』

を参照してきたところである。実際、この人は乗馬の世界に偉大な足跡を残し、ソーミュールの乗馬学校では今なお彼の言説が引用されるほどである。プリュヴィネルにとり、乗馬は単なる技術にとどまらなかった。それはまさに一つの宗教であり、それゆえ当然のことながら彼は生前、完璧なる馬術家に向けたバイブル書を著わしている。そのなかでプリュヴィネルはルイ十三世に触れながらこう書く——「不断にして稀有の研鑽と経験によって学んだところをこうして後世に遺し得るのは、ひとえに陛下が浴する格段の栄華とフランスの栄光の賜物である」。彼の自慢は、乗馬を習うのにもはや「遠くの国」、すなわちイタリアまで出かける必要はなく、むしろ外国からわが国に学びにやってくるという実績への貢献であった。ただ、これには少々言い過ぎの面もあって、なぜなら彼が教授をはじめる以前から、この分野におけるフランスの評判は悪くなかったからである。たとえばモンテーニュがこう書いている——「乗馬の技量と優秀さにかけては、いかなる国の民もわが国民に優るようには見えない」。こうした証言をしているのはフランス人だけでない。プリュヴィネルと同時代を生きたシェークスピアは『ハムレット』に登場する優秀な馬術師を「ノルマンディーのさる紳士」とした上、「まったく、馬術にかけてはフランス人の右に出る者はない」という講評の台詞まで入れている。

「駿馬に跨る美丈夫こそ、神がこの世にお与えになった最も美しく完璧な人間の姿」であるとするプリュヴィネルは、そうした重要なテーマを扱うにふさわしい重厚さのなかで、騎手のバイブルたる手引き書を見事に物している。彼は規範をつくり、原理原則を打ち立てる。益ない絵空事は排し、原理に適った不可欠なものだけを拾い上げる。剣術であれ乗馬であれ詩の技法であれ、またブケファラス［アレキサンダー大王の愛馬、転じて駿馬論］であれペガサス［詩の象徴とされる伝説の馬、転じて詩論］であれ、この時代の理論家はすべて同じ一つの発想から持論を展開したもので、こうしてボワローが詩作をし、ル・ノートルが庭園の設計をしたのとまったく同じやり方で、プリュヴィネルも彼の手引書を書いたのである。この乗馬師範の目からした最大の枢要事は、品位ある騎馬姿勢と、簡素ながらも計算し尽くされた外見の高雅さにあった。恕《ゆるが》せにしてよいもの、偶然に任せてよいものは何一つとしてない。騎手の帽子はこれこれ以上の大きさであってはならず、それはちょうどヴェルサイユ宮の庭にあるイチイが成長にともなって勝手に四方八方、枝葉を伸ばすことを禁じられるのと同じことであった。プリュヴィネルはフェルト帽の高さやつばの大きさを定め、羽根飾りの着け方について指示する。そして万事に抜かりのないよう、こうした技術を説明するための図版まで用意している。ズボンは「かなりゆったり目のもので詰め物はしない。その方が鞍にしっかり跨れるし、また乗り手の腿の線の美しさを際立たせ、腰回りを細く美しく見せてくれるからである」。この世紀に外見の見栄えをよくする服飾の様式が現れ、とくに男性たちの間で、躰の線が表す優美さに強い関心が持たれるようになった。たとえばある有名な才女気取り《プレシウーズ》の女性の肖像画を描き終えた画家にかなり軽口の人がいて、彼はモデルの女性を褒めるに当たってこんなことを書いている——「エミリーの美しさは顔にあるのでない。その白い腕、上品な手が人の心を魅了して止まないのだ。それに脚の線は見とれるほどのもので、足についても申し分なく、これと同じものが欲しいと願わない男はこの世に一人といないであろう」。

プリュヴィネルは、回転歩《パサード》、前脚閉後脚進展跳躍《グルパード》、方位転換《ヴォルト》、前脚閉跳躍《クルベット》、前後脚進展跳躍《カプリオール》のそれぞれについて、念入りの検討を重ねる。フルーレの剣術と同様、彼が理解する馬術も半ば人工的な性格を備え、このことはすでに一世紀以上も前からそうであった。何を教えるにせよ、当時の指導者は自然に服しているつもりであったろうが、それはあくまでも「原則」が認める範囲内でのことであった。原則というのは往々、専断に過ぎないものであるが、彼らの間にそうした認識はなかった。それはときに優雅にして当り障りのない、またときに危険極まりないものであったが、しかし誰にとっても都合のよいことに、それを超えたところに目をやるのをこの原則は人に要求しなかった。というのは、誰もが納得づくで是認していることを、その筋の達人が指導するのであるから。そうこうするうち、この原則は徐々に近寄りがたく批判を受けつけないもの、さらには誰も手が出せないものと化してしまう。

十七世紀に、宮廷においても野営地においても人目を引くよう宿命づけられた若者は、すべてがこうした学院において教育を受けた。とくにプリュヴィネルの学院はその生徒のなかに、ド・シユーという若い侯爵を数えた。後に社会では枢機卿リシュリューの名で知られるようになる、あの人である。

このリシュリュー卿は生涯を通じて運動の趣味を持ちつづけ、優雅さを基調とする十七世紀的な運動よりも、むしろ自由奔放を想起させる十六世紀的なものを好んだ。たとえば『メナジアーナ』にはこう記されている――「激務に追われるリシュリュー卿であったが、それでも時折り暇を見つけては、大臣職について回る疲労を癒すことに相務めた。彼の場合、とくに食後に行う激しい運動を好みとしたが、だからと言ってこの愉悦の時間に、それでもって人を驚かそうとしたわけではない。卿を愉しませるためにいつも側に付き従ったド・ボア＝ロベール氏から聞いた話では、王宮で親族同様に扱われて出入りも自由であったド・グラモンという人がある日の夕食後、王宮内の大広間で枢機卿が壁伝いに力一杯、飛び跳ねて愉しんでいるところに出くわした。それを見たド・グラモン氏はいかにも感服した風を装い、枢機卿閣下は私などよりはよほど上手くお跳びになりますと言いつつ、自分も五回六回と跳ぶことをはじめた。宮廷がどういうところか、彼よりもずっとよく心得ていた枢機卿はその跳躍の意味するところを読み取り、それからは以前にも増して彼を重用するようになった」。

メルクリアリスと同様、跳躍が胆石の防止によいと信じていた節のあるリシュリュー卿は乗馬術にも秀で、その師プリュヴィネルの面目を施している。「リシュリュー卿がラ・ロシェルの前で馬に跨る姿を描いたカロの版画がある。足には長靴《ちょうか》、手には剣を携え、衣服の裾はまくれ上がっている。同時代の人は彼のこの可笑しな身なりをからかったものだが、当人にすれば大満足の風であった。こうして卿の僧侶服の下には、いつも軍人の顔が覗き見えたものであった」。

少なくともある観点からすれば、プリュヴィネルがフランスの学院について、またとくに自身の学院について加えている讃辞に、大きな誇張があるとも言えない。つまり乗馬術を学ぼうと、外国人が進んでフランスにやって来たという例の話である。一六五六年に二人の若いオランダ人が書いたものによれば、その父親と母親は彼らを「主たる滞在地と定めたパリに送り込んだ。そこではヨーロッパ中のあらゆることが学べ、また百万を超す人びとが集まり住むので、心身双方の鍛錬を可能にするあらゆるものと出会うことができる。たとえば会話や適切な立ち居振る舞いによって礼儀作法が修得できるし、また一方、そこで完璧な教授が施される運動遊戯により、技巧と体力を身につけることもできる」。もっともこの当時、凝った服装や話し方をするフランス人が大仰な挨拶をするのを指して、彼らを挨拶の大家と呼び称した皮肉家の外国人もいることはいた。が、右の二人の若いオランダ人が学院に入ったとき、フランス人がそうしたものとは別のことを、しかもかなりの骨折り業を学んでいたことに気づかされる。「われわれは学院で毎日、輪駆け用《バグー》の馬以外に、三頭の馬に跨った。この運動は実に辛いもので、当初は別の運動をはじめるのに、尻の痛みが治まるまで待たなければならなかった。はじめのうちはとても辛くてやっと何とか歩けるほどであったが、そんなわれわれを慰めようと、ある学院生が言ったものである、苦しむのは二週間だけだ、ぼくらも同じ経験をしてきたんだから、と。」

もちろんわが同胞は、この技術に長じていることを大いなる誇りとした。「フランス人は」と、馬の調教をテーマとする著書のなかでニューカッスル公が書いている、「世界中にある馬術関連のすべてが自分の国から出たものだと考えている」（加えて公はこの書をフランス語で出版）。馬術と剣術を教えるフランス人師範にはヨーロッパのどこにいても出会えたし、とくにロンドンには大勢いた。そしてニューカッスル公自身、一六

○三年にアンリ四世がジェームズ一世の元に派遣した有名な馬術教師、サンタントワーヌの弟子でもあった。それに、チャーバリーのハーバート卿が馬について語っていることのすべては、ラ・ブルーとプリュヴィネルの引用からなるものである。

トゥルノワにつづいてジュートも、優雅にして華麗なそのイメージだけを残して消え去り、ここにおいて環駆け《バグー》と騎馬行進《カルーゼル》がそれに取って代わる。中世騎士道時代の偉大な運動遊戯についてはかつて、自身が本物の騎士であったルネ・ダンジューという王がその理論書を書いたが、これも時代のしるしと言うべきであろうか、ルイ十四世時代ではメネトリエ神父という堅実な聖職者が、『トゥルノワ、ジュート、騎馬行進、及びその他のスペクタクルに関する書』を著わすことになる。ラテン語文献を縦横に駆使しながらこの文筆神父が十七世紀の世に問うたのは、そうした気高い娯楽遊戯の愛好者に向けられた一種の詩作技法書、もしくは『パルナッソスへの歩み《グラデュス・アド・パルナッスム》』〔ヨハン・ヨーゼフ・フックス著『規則作曲法手引き』〕にほかならなかった。彼が求めたのは「才気に溢れる」騎手にふさわしい「荘厳な」運動遊戯で、そこでは儀典、紋章、気の利いた創意工夫が最も重要であるとされた。加えて彼の『理論書』ではすべてのことが、王国の中心であり世の光である王と関係づけられる――「かくも栄華に満ちて平穏、しかも幸多き治世は、まこと陛下の王たるにふさわしい寛容の大御心と御趣味の賜物にほかならない。まこと陛下は戦陣での骨折りと宮廷での遊戯とを、ともに分け隔てなく嗜《たしな》まれる。かかる宮廷娯楽のすべてにおいて王が発揮なされる器用さと華麗さと才気ぶりは、他のあらゆる運動において示される細心さと勇猛さと根気よさに比べて、いささかも遜色がない。一六五六年の五月の二十六日、人びとはカルディナル宮でこの偉大な貴公子が、身に纏う豪奢なローマ風の衣裳よりも御自身を取り巻く絢爛《けんらん》たる御威光によって光り輝く姿を、また比類なきその巧みさをもって環駆けをする勇姿を目にしたところである。あるいは四海を治めるローマ統領に身を装ってなされた頭《かしら》駆け（一六六二年の大騎馬行進）は、それを見る者をして、まこと古代世界の支配者と等しき風貌と偉大さを備えたお方ならんと言わしめたものであった……。かかる馬駆けに際して王が常に身に纏われるローマ風の衣裳と太陽の紋章は、その大御心の偉大さと天分の計り知れなさを余すところなく伝えるもので、かかる娯楽にあっても、君主としての威厳と尊厳を失わしむるところがない。かくしてフランスの宮廷はかれこれ七代目もしくは八代目にしてはじめて、最も垢抜けがして才知に富み、また最も器用にして勇敢な王を得たのである」。あのセヴィーニュ夫人とグリニャン夫人も騎馬行進の印象を語るなかで、とくに重要な要素となるにいたった紋章に話の焦点を合わせ、「私たちは紋章が意味するあれこれについて論じ合ったものです」と書いている。これは一六八五年にあった「ムーアの粋人《ギャラン・モール》」と題する騎馬パレードをめぐってのことで、この名称自体が極めて意味深長である。すなわち「サラディンの通路《パ》」の時代は、もはや終りを告げたのであった。

メネトリエ神父は古代の文献を分かち、論述し、分類し、また引用しながら、騎馬行進《カルーゼル》こそが「垢抜けした制度というものに窺《うかが》われるあらゆる要素」を備えたものだと、手放しで賞讃する。そしてトゥルノワを次のように定義することで、この雄雄しさと野蛮さが相半《なか》ばした遊戯がなぜ凋落の一途を辿ったかの、その理由も示している――「トゥルノワとは槍の代わりに、棒切れを振り回してする馬駆けである」と。

スポーツ指南の専門家が生徒に与える忠言が、若い詩人に向けてボワローがした提言と酷似していることは一驚に値する。乗馬なり剣術なりの指導書を開くたび、そうした類似性に気づかずにはいられない。基本則、拍子、終止法といった同じ用語が等しく用いられ、まったく同じ意味のことを指すのでないにしても、概念そのものは共通である。このうち、乗馬運動ではとくに拍子が重要視され、昔は突撃に際して重々しいファンファーレをともなったものだが、今では華麗な舞踊音楽による伴奏が奏でられ、馬はその拍子に合わせて歩みを進めることとなった。こうしてメネトリエ神父が言うとおり、騎馬行進はまさしく「馬の舞踊」となる。同世紀のはじめ、老プリュヴィネルの指揮になるものが、この種の騎馬舞踊のなかで最も名声を馳せた。翁は拍子に関する専門家をもって自任したが、それはちょうど詩人マレルブが、戦争や武器や乗馬に関する専門家をもって任じたのに等しい。楽士たちもまた馬上にあって演奏を行い、この馬のバレエは当時のパリ上流界の中心地、ロワイヤル広場で演じられた。

　この時代、騎馬行進《カルーゼル》と環駆け《バグー》は貴族界や宮廷で大いに愛好された娯楽であった。かつてはジュートやトゥルノワに備える予備の運動でしかなかったものが、今や本命の出し物と化して一個の独立した存在にまでなった。華麗な観衆に向けて自己の技巧や優雅さを誇示するために人びとは環駆け《バグー》や頭《かしら》駆けをしたのであり、軍事的な有用性など、もはやどうでもよいことであった。槍的《カンテンヌ》よりも後代の環駆け《バグー》は槍扱いに慣れさせる目的で考案されたもので、ルネサンス期や、またそれ以前の時代に頻繁に行われた。詩人はそこでの愉快な挑戦を見事な詩に綴り、たとえば次のメラン・ド・サン・ジュレのものは、愛の神を信じる六名の騎士に宛てて、そうでない六名の騎士が書き送った挑戦状という形を取っている――

どなたであれ、理と知の道から迷い離れ
不実で移り気な愛を追い求める
高貴な方々に申し上げん
約束はあれど守られもせぬ
少しばかりの冥利のことを
神の思し召しと思い慕るのか――
希望はなく婦人にも冷遇される我ら

愛とその情火の敵なる我ら
戦場にあって証しをせん
愛は神に非ずして価値なきものなるを……

ここには戦場という文字が見えるが、もちろん環駆けのことである。この娯楽の人気は止まるところを知らず、優雅なスポーツとしてルイ十四世の時代に頭《かしら》駆けと並んで、その絶頂期を迎える。あのプリュヴィネルも、その教授項目のなかに環駆けを含めることをしたが、かといって往時は鎧姿で駆けたので体力を要して難しかったこの運動を、単純で軽微な娯楽に変えてしまった騎士道的習慣の衰退に、とくに文句を言いたてる風でもなかった。彼はこう書いている――「鎧下姿でする環駆けは、馬にも乗り手にも大きな負担をかけず、毎日でもこれを行うことができる。また人を殺めるために軍人が槍を持つこともなくなった今、この先もずっとつづけられることとであろう。そして思うに、このやり方の方が、より多くの婦人方を環駆け見物に誘うことにもなる。というのは、馬駆けを終えた騎士たちは着替えのために婦人方を待たせることなく、許しを得て直ちに彼女らの馬車に乗り込み、望みの場所へと散策に出かけ、心行くまで談笑できるからである」。

大ルイ王の下で人びとは鎧下ばかりでなく、羽根飾りやリボン、それに古代の英雄や物語の主人公が纏う衣裳を身に着けて馬駆けをした。そしてオリエントにかつてトゥルノワを持ち込んだフランス人は、今度はトルコ人を相手に、環駆けと頭《かしら》駆けを紹介することになる。一六七六年八月二十五日、ルイ十四世の大使であったノワンテル侯爵は、その主君のための祭典をコンスタンチノープルで祝うのに、この二つの運動を措いてほかにないと考えたのである。馬上の人は王の偉大さを暗示する紋章をそれぞれに掲げ持った。「そこに記された銘句は王の壮挙を明快に、また機知豊かに示すものであった」とノワンテル侯爵自身が書いており、自らのなした企画に大満足の様子であった。

カルーゼル広場という名前も、ある有名な騎馬行進祭《カルーゼル》の開催に由来している。「一六六二年、国王と王子たち、それに宮廷の貴族らがする頭《かしら》駆けと環駆け」で構成された祭典がそれである。この種の娯楽の用に供されてきたロワイヤル広場は狭すぎると見做され、そこに新たに一万五千人を収容する観覧席が設けられることになった。出演者の衣装は宮廷の豪華絢爛さを、また紋章銘句の類は宮廷の才気煥発ぶりを遺憾なく伝えるものであった。馬でする幾種類ものカドリーユ舞踊が、ローマ王に扮する大ルイ王、トルコ皇帝に扮するコンデ公、アメリカ王に扮するギーズ候、等々によって先導された。そのときの版画には、絹や金襴織《ブロケード》の衣装を纏い、装飾品やダイヤモンドを身に着けた幾人もの人物が見える。馬も人も巻き毛やリボンや羽根で飾りたてられ、まるで羽根とリボンでできた外套に身を招じ入れたかのようである。頭には突拍子もない鬘《かつら》をいただき、同様の出で立ちをさせられた馬の異様に太い尻尾は縮れた巻き毛状をなしていて、一見して人工のものと見て取れる。アメリカ王に扮するギーズ公など、三層の羽根飾りからなる、まさに一大モニュメントを頭に載せている。

祭典は頭《かしら》駆けからはじまった。人頭に形取られた厚紙もしくは板木がいろいろな高さのところに置かれ、それを長槍、投槍、長剣、斧、また時には短銃といった各種の武器で打ち落とすのである。「長槍を手にした騎士たちは走路の柵に沿って馬を走らせ、同じ柵の、六尺の高さにある金色の木製胸像に設《しつら》えられたトルコ人の頭を撥ね飛ばした。次いで槍を放り投げると右側に半回転して逆走し、今度は腿の下に装着してあった投槍を手に取り、先ほどのものと五尺ほど離れた柵の上の、四尺の高さに据えられたムーア人の頭にそれを投げつけた」。そのあと各種の集団演技があり、次いで騎士らはギャロップで馬を駆けさせ、鞍から身を乗り出して「地上一尺の高さに置かれた木製胸像にある頭《かしら》」を剣の一撃でもって跳ね飛ばした。環駆けの方は二日目に行われ、王は「そこでも驚異的な技巧を見せつけた」。金剛石からなる大賞を手にしたのは、「コンデ公のカドリーユ」に出場したソール伯爵であった。

かくして「華麗なる祭典」は終了を見た。それは「豪華さにおいて往時の最も有名なトゥルノワ祭をも凌ぐほどのものであった」とシャルル・ペローが結んでいる。すでに明らかなように、両者の間に類似した点は何一つとしてなかったけれど。

ともあれ、こうした軽佻浮薄とも見える外見に騙されてはならない。ここに登場する人物のすべてが羽根やリボンのように軽い存在だったわけでなく、あのごてごてとした飾り物の下には、まこと活力に溢れる人たちも納まっていた。こちらのターバン姿に三日月と羽根飾りをつけた人物はママムシ〔モリエール『町人貴族』に登場するトルコ貴族、着飾った高官〕そのものであるが、実はロクロワ戦での勝利者、コンデ公である。あちらの御伽噺風の冠をいただく人はバポーム戦での英雄、グラモン元帥である（図26）。いずれも刺繍織の華美な衣装を纏ってヴェルサイユ宮に詰めた鬘の宮廷貴族であったが、決して軟弱ではなく、鉄の意志を備えた人たちであった。王自身、たしかに荘重な行列や騎馬行進、それに閲兵を好んだが、また同時に統制の取れた軍団、秩序ある遠征行、占領地での抜かりない規律をも好みとした。たしかに彼は膨大な数の楽隊を従えてライン川を渡ることをしたが、それでも渡ったという事実には変わりがない。この王にとても厳しく臨んだサン・シモンは、王の虚栄を嘲《あざけ》ったり、王を称えてつくられた小唄を自身で口ずさむその癖を小馬鹿にしたものだが、そのサン・シモンでさえこの人物にうかがわれた外観のすべてが虚しいものでなく、その一挙手一投足が注目を集め、今や万人のモデルと化すにいたったことは認めざるを得なかった。彼は王についての辛口の人物評を、次のような言葉で結んでいる——「このように、たしかにその敵対者が閲兵王と揶揄するほどに、並外れた閲兵趣味がこの王にはあった。またあの攻囲好きにしても、人に自分の勇敢さと粘り強さを見せつけたり度量と

図26　お伽噺風の冠をつけたグラモン元帥。1662年のカルーゼル祭にて。
イスラエル・スルヴェストル作。

先見の明を示したり、またさらには警戒怠りなく艱難《かんなん》に挑む姿を周囲に誇示するための、いとも安上がりな方法であった。ただ、そうした機に臨んでこの王が示した身体の頑健さはまこと驚嘆に値するもので、飢えにも渇きにも暑さにも寒さにもよく耐え、雨はおろか、どんな天候にも弱音を吐くことはなかった。軍団を回りながらこの王は、たしかに威風堂々たるその容姿を誉め称える声を聞きたがった。と同時に、乗馬で見せる実際の技巧や、過去の戦果についての讃辞にも耳をそばだてることをした」。たしかに称讃を得ることに少し重きを置きすぎる嫌いはあったが、この王が威風堂々たる容姿の持ち主であり、また馬を巧みに操り、戦場にあっては忍耐強かったというのも、やはりその通りのことなのであった。

王は自ら模範を示し、それまで貴族にふさわしい娯楽とは毫《ごう》もみなされず、ルネサンス期にいたって再評価されはじめた自然運動への嗜好を、幾分か広げる貢献をなした。水泳に利点を見出す役割をルソー一人に任せておくことはせず、どれほど派手な身繕《みづくろ》いや行列や羽飾りを好んだとしても、この王は現実に泳ぎをマスターし、少なくともそれに関しては身繕いも羽飾りも無関係であった。王が見せた泳ぎの速さと巧みさについては、あのエミールでさえ羨望の念を覚えたことであろう。王に倣《なら》って宮廷人も泳ぎを嗜《たしな》み、ジョワイユーズ家、ダルクール家、ヴィヴォンヌ家の面々はわれ先にと水のなかに入って、王の後ろを泳いだ。その王は訓練をはじめてから僅か二週間にして、疲れも見せずにマルヌ川を往復している。

この王はまた馬にも跨り、相当の年齢に達するまで自分でそれを操《あやつ》って、絶えず狩りに出かけた。王子も側近も同じことをした。「フランスにおいてこの王ほど」とサン・シモンが書いている、「正確かつ器用に、また優雅に銃を撃てる人はいなかった。王は週に一度ないし二度、とくに日曜日や祝祭日に狩りに出かけた。というのは大掛かりな狩りは好みでなく、そのための雇い人も持たなかったからである」。前に登場したオランダの二人の若者も、当時一九歳になる王がヴァンセンヌの森に出かけ、「まるで一介の田舎貴族のように銃を手に、歩いて狩りをする熱中振り」についての話を聞かされている。一七一二年、七十四歳になった王はなおも銃を手放さなかった。ダンジョーがこう書いている――「フォンテーヌブローではじめて狩りをしたころは腕の痛みに悩まされたが、もはやそうした気配は露ほども見せず、三時間にも及ぼうかという間に、王は六十二もの獲物を仕留めた」。王は真の狩猟家にふさわしい愛情をもって犬たちに接したほか、彼らの姿絵も有名な画家たちに描かせ、それらは今も当時の大貴族や王自身の肖像画と並んで、ルーヴル宮に保存されている。

生涯の最後まで王は犬追いの猟にいそしんだ。ときには馬を、ときには四輪の軽馬車を見事な腕前で操り、山を越え谷を渡り森を縦断するなか、ただの一度だけ「近道をしようと、向きを変えて」横転したことがあったという。一七一三年六月二十八日、死の二年前、王はランブイエの森で鹿を追ったが、「その狩りの初めに激しい雷雨があり、一同をたじろがせた」。しかしそれもごく束の間のことで、いずれにせよ、それで狩りが中止になることはなかった。「馬上にあったベリー公爵夫人や随行の婦人たちは見るも哀れな濡れようであったが、そのために狩りが嫌いになることはなかった」。

殿下（王大子ルイ）やその息子のベリー公もいずれ劣らぬ豪胆な狩猟家で、実際、彼らが他に抜きん出たのはこの狩りにおいてのみであった。「ある朝、殿下は幕舎へと向かい、八頭の馬に大怪我を負わせた大猪四頭の始末をした。次いで鹿を追ったあと昼食にとフォンテーヌブローへ戻り、三時間後にはまたそこを馬で発ってヴェルサイユに到着、所要時間はわずか二時間と半であった」。彼が得意としたのは狼狩りで、それ専用の騎馬隊と猟犬係と猟犬を所有し、そのお陰でパリ近郊から狼は「駆除」されてしまった。並みはずれた忍耐力の持ち主で、「猛暑のなかを」十時間もかけて狼を追いかけ、ついにクルイで捕獲するといったこともあった。一七〇六年、ベリー公はサンドニの平原で狩りをし、合計七百発の銃弾を放っている。しかしその日の首尾はあまりよくなく、三百羽に少し足りない数の、山鶉《やまうずら》の雛しか撃ち落とせなかったという。今では田園風の面影はなくなってしまったが、当時はモンマルトル界隈まで獲物がいっぱいいて、一六七〇年にルフェーヴル・ドルメッソンが「モンマルトル丘陵の麓で狩りをしたとき、山鶉や野兎が無数にいるのが見えた」と書いている。ベリー公は難しいことに挑戦するのが好きな人で、馬上から狩猟用でない拳銃を使って撃つこともした。「それはまこと見事な腕前にして、この日も多くの雉子《きじ》を仕留めたが、そのうちの幾羽かは飛翔中のところを撃ち落したものであった」。

狩猟熱が高まりを見せたこの社会にあって、大勢の人たちが狩猟手引書の編纂にいそしんだ。なかでもスランクールはそのうちの代表的存在で、あのガストン・フェビュに劣らぬ貴族的精神と、自らの技術に関する揺るぎない確信に満ち溢れた人であった。まさに全知全能の彼はいかなる問題にも解答を用意し、あらゆる事態を想定した忠言を提示する。たとえば病気の犬に瀉血《しゃけつ》や下剤を施すのに、月に満ち欠けを考慮に入れるのがどれほど重要かを彼は心得ている。また狩猟家にとってゆるがせにできない重大事、すなわち雨が降るか否かの予想も彼にすれば何ら謎めいた話でなく、これについては五頁ものスペースを費やしている。そのうちのいくつかは今日でも一定の評価を得ており、たとえば猫が前足を舐めて「頭や耳をこすると」雨、というのがそれ。残余のことは検証が困難で、たとえば「もぐらが常になく激しく動き回るとき」というのがある。また次に記すのは昔はそうでもなかったろうが、今となっては確かめることが極めてむずかしい――「虱《しらみ》が普段よりも強く噛むとき」。

III 競馬

英国びいきの時代にまだほど遠いこの時代であったが、それでもフランスでは盛んに早馬競走が行われた。この遊戯は元来、その原初的な形態のものはあらゆる時代、あらゆる国において目撃されたところで、スピードのある馬に跨る若くて血気盛んな若者の頭に去来する最初の思いの一つが、速さを競うというものであった。フランスもこの種の馬乗りには事欠かず、彼らは互いに挑み合っては馬を駆けさせ、われ知らずのうちにロードレースなるものをやっていた。十四世紀にあったその種の素晴らしい競走の例をフロアサールが書き残しており、このときの競技者は国王とその弟の一人で、競った距離もほぼ限界に近い、モンペリエ＝パリ間というものであった。

「さて、ある日のこと、モンペリエに逗留中の」当時二十一歳のシャルル六世が「弟君のツーレーヌ公」、すなわち詩人シャルル［・ドルレアン］の父にしてルイ十二世の祖父となる後のオルレアン公ルイと「話を交わすうち、こう切り出した――つらつら思うに、そなたも私もすでに心はパリにあるようだ。私は王妃に会いたいし、そなたもツーレーヌ公妃（ヴァレンチーノ・ヴィスコンチ）の顔が見たいであろう」

もちろん、と公爵が応じた。ただしかし、そう願うだけでは事は運ばない。「力の限りに馬を駆けさせる」必要がある。

されば、と王は言う、「そなたと私と、どちらが早く向こうに着くか、賭けをしようではないか。――望むところと、王から好んで金を巻き上げることをしてきた公爵が応じた。

遅れてパリに着いた方が五千フランを支払うことで賭けが成立。翌日、同じ時刻にモンペリエを立つこととし、同行が許されるのは従僕一人か、従僕に代わる騎士一人とされた」。加えてレースをより緊迫したものに仕立て上げるため、馬、船、馬車といった、あらゆる移動手段を用いてもよいとされた。自らの体力と技巧と機知を頼みとし、それらを駆使して行程で出くわす条件や可能性を最大限利用する。もちろん運に手伝われることもあろう。加えて夜も昼も駆けてよく、どこかに泊まるべき義務もない。かくして二人は定刻に出立。この大遠征には身の回りの世話をする従僕でなく、王にはガランシエール侯、公爵にはラ・ヴィユーヴィル侯という、彼らを愉しませて悦びをともにする友人が同行した。「かくして四人の意気盛んな若者は昼夜の別なく馬を駆けさせ、休息が必要なときは馬車で運ばれた……。」

「フランス王と弟君のツーレーヌ公は大遠征への道中へと繰り出し、それぞれが相手から金貨を巻き上げることに腐心した。それにしても、御付《おつき》の者すべてを後方に残してのことである、若さと奔放さにまかせたとはいえ、この裕福な貴公子二人のなした行いがいかなる冒険であったか、よく理解できるであろう。パリに着くまでフランス王は四日と半日、ツーレーヌ公は四日と三分の一を要した。差はごくわずかながら公爵が勝ちを収め、これはフランス王がシャンパーニュのトロアで八時間の休息を取ったことによる。公爵はセーヌ川を船で下り、川伝いにムランまで運ばれたところでまた馬に跨り、パリに入った。そしてサン・ポル（の館）に着くと王妃と彼の妻の前に行き、王の消息を訊ねた。王が到着したかどうか、まだ知らなかったからである。そして自分が先に着いたことを知ると喜色を満面に表し、王妃にこう言った――マダム、王のことはそのうちお耳にされるでしょう。

その通りであった。弟君のツーレーヌ公が到着後、ほどなく王が現れたからである。王を見た弟君は駆け寄ってこう言った――陛下、わたくしの勝ちです。どうぞお支払いを！

王は答えて曰く、然り、そうなるであろう、と。次いで婦人たちに行程で出くわしたことのあれこれを語りはじめ、この四日と半日の間、百五十里も向こうにあるモンペリエからどういう経路を経てどのようにパリまで着いたかを話し聞かせた。婦人たちは手を打ったり声を上げたりの喜びようであったが、二人が辛酸を舐めたことや、心身両面における若さが彼らにそれを可能にさせたこともよく理解した。約束の金員をツーレーヌ公が得たことは言うまでもない」。

以上がフロアサールの話である。が、果たしてこれはその通りのことなのか？　そう疑問に思う人がいて改めて文書を調べ、いくつか注釈を書き残している――パリ・モンペリエ間を四日半でというのは早すぎるし、加えて行程がいかにも奇妙である。最短の道をと願う者がはたしてトロア経由で行くだろうか？　さぞや気まぐれな妖精がいて、この名家の旅行者を夜道に迷わしめたのであろうか？　フロアサールは魅力的な物語作家の第一人者だが、やはりこの人たちの仕事というのは、空話《そらばなし》をつくり出すことであったのか、と。

かくして調査の結果、フロアサールの話は創作ということになった。しかしこれは少し言い過ぎというものである。フロアサールが物事を取り違え、脚色し、誇張し、名前やら日付やらをごた混ぜにしたということはあったろう。しかし彼はまったくの作り話をしたのではない。たしかに思い違いはあるが、それも悪気があってのことではない。よく調べるとフロアサールが言うとおりに事が運ばない節はいくつもあるが、仔細に眺めれば、その底流にある種の真実が潜んでいることも知られる。そしてフロアサールが作り話の冒険譚をしたのでないという証拠は、もともとこの大ロードレースの話を否定し拒否した学者の一人、モランヴィレ氏によって提示されることとなる。彼も他の多くの人たちと同様、フロアサールの話にある矛盾や不可能事に驚かされた一人であったが、改めて古文書をひっくり返して、一三九〇年にあったシャルル六世のパリ帰還旅行を一日ごとに追うことをした。王はニーム、アヴィニョン、ディジョンを通り、しかも決して急ぎはせず、二月の十三日から十七日まではブルゴーニュであった祭りを見物したりしている。国立図書館に保存される文書の束を調べてモランヴィレ氏がそこまで確認したとき、彼の注視の目は次の命令書の上に注がれた——

「神のご加護によりフランス王となりしシャルル、親愛なる臣下に次のことを告げ知らす」。すなわち総徴税官より受領したところの「金貨九百五十フラン、これを次の通りに分配したること。すなわち——数名の者に三百フラン。これは余および余の従者が過日、ラングドックなるわが領地から帰途に着く行程にあって、バール・シュール・セーヌからパリまでを急ぎ通過せんとする間、馬を借用したることへの補償としてなり」。これに各種支払いの記述がつづき、最後に「わが治世の十年目、壱千参百八拾九年参月弐拾六日、パリなるサン・ポルの館にて記す」とある。

この史料が問題を一挙に解決する。競走はたしかにあった。それも実際にモンペリエからの帰途に行われ、また賭け手がトロアを通過したことも事実であった。しかしスタート地点はモンペリエでなくバール・シュール・セーヌで、距離も百五十里ではなく五十五里であった。賭け手は借り上げた馬をいたわるような乗り方はせず、それゆえ三百フランもの賃借料を支払うことになったのだが（アヴネル子爵の試算では、これは現行通貨に換算して二千六百七十フラン、実購買力で一万六百八十フランとされる）、そのお陰で四日も五日も日数をかける必要はなかった。フロアサールの話はこの事実に基づいてのものと思われる。

時代の流れとともに、同種の賭け競走はいくつもなされたが、あまり記録には残っていない。なぜなら今日の自動車レースに似て、規模の小さなものばかりだったからである。ブルターニュ地方やブルゴーニュ地方では、ある地点から地点まで馬を駆けさせる競走がよくなされ、特殊な技巧を問わない、誰にもできる娯楽として命脈を保ちつづけた。この種の娯楽がルイ十四世時代のフランスにあったことはよく知られ、現世における無益な快楽への嗜好をまだ完全に捨て去るにはいたらなかったクロムウェル時代の英国人をして、羨望と悔悟の念を抱かせたものであった。一六五六年九月十七日、護国卿クロムウェルは彼ら国民の軽薄さを諫《いさ》めてこう述べている――「競馬や闘鶏が消滅したことに不満顔を示す人を諸君のなかに見るのは慙愧《ざんき》に耐えない……。神がわれわれを別の精神状態にお導きにならない限り、そうしたものがわれわれに許されることはない。それはそうだとしても（と人は言うかも知れない）、フランス人にはお許しになっているではないかと。しかしながらあのフランスに、われわれが手にするのと同じ聖書があるだろうか？　彼らはほとんど太陽を拝しないが、われわれは全身に陽光を浴びている。もし神が諸君に清新なる精神をお与えになれば、ああした狂気に再び陥る危険からこの国を諸君は護ることであろう」。

実際、フランスに各種の競馬――騎手が乗ってするもの、馬に曳かせてするもの――のあったことはたしかだが、他のいくつかの遊戯と同様、このスポーツに今日備わる形を与えたルールが英国に発することも、また歴とした事実である。クロムウエルの死後、ニューマーケットの「彫刻入り木造」厩舎《きゅうしゃ》では馬に「新鮮な卵とスペイン製ワイン」が与えられ、その壮観さは訪問客をして感嘆の声を上げさせたものであった。そうこうするうち、類似のものが大陸にも造られ、速さを競う運動の人気が高まりを見せたものの、代理人を立てて、つまり他人に馬で競わせておいて本人は観戦するだけ、というスポーツは普及を見ず、なおも大貴族は自分で馬を駆けさせた。身代わりを立てて走らせる、つまりわが国で「ジョッキー」（この言葉はもともとフランス語のジャッケが英語風になまったもの）と呼ばれた「馬丁」や「御者」を馬に乗せるというアイデアは、のちになって英国から持ち込まれたものである。一六八三年にアシェールであった競馬には王妃や王太子や宮廷人とともにルイ十四世も参列し、勝利者に千ピストルの金貨を贈っている。一六八四年、「アルクール家の王子はド・マルサン候と激しいレースをサン・ジェルマンにおいて争い、敗れている」。王太子は一六九二年四月二十五日にペックで、また十一月十一日に別の地でレースを行い、その見物に亡命中のイングランド王と王妃も駆けつけている。ダンジョーによればこの十一月のレースは「素晴らしい内容のもので、（ヴァンドーム家の）大修道院長《ル・グラン・プリエール》が二馬身の差で勝利を納めた」というが、ここにはすでに今風の用語法を見ることができる。少し後になって、「セーヴル橋からコンフェランス門までのレースが、モルトマール公爵、サン・ジェルマン伯爵、ド・ラレ候の間で争われた。彼らは百ルイ金貨を賭けてそれぞれの馬に跨り、ド・ラレ候が十一分足らずでコースを走り切って勝利を納めた」。メルキュール誌の記者はさらにもったいをつけてこうつづけている――「馬の速度は尋常でなく、乗り手も並外れた技巧の持ち主であることを要求される」。

一六九四年には繋駕《けいが》による競馬が行われ、これは社交界における一大イベントとなり、宮廷人や町民のほか、王や王子たちをも熱狂させたものであった。あるいはエルブッフ公がド・シュムロー氏を相手に、その繋駕馬が二時間以内でパリ・ヴェルサイユ間を往復できるかどうか、千四百新ルイ金貨の賭けをしている。メルキュール誌によれば「六頭の牝馬がこの賭けレースを走った。馬はいずれもオランダ産で、また英国式に、尾とたてがみは切られてあった。もともとオレンジ公の砲台曳きに使われていた馬で、シュタインケルクの戦いで捕獲された戦利品であった」。この戦争で捕われた馬は相当数が売りに出されたが、そのうちの十四頭をエルブッフ公が買い入れ、そこから最良のもの六頭を選んで繋駕馬に仕立て、ヴェルサイユ行きに用いることとなった。公が馬の優秀さを自慢して吹聴するあまり、こうした大掛かりな賭け勝負となった次第である。「エルブッフ公の牝馬はパリをコンフェランス門の下からスタートする。これがヴェルサイユまで辿り着くと最初の格子門の前に支柱が立てられてあり、それをぐるりと回って六頭の牝馬は馬車の長柄とともに方向を変え、なおそこから引き返して二時間以内に、すなわち第二の鐘が打ち鳴らされるまでにパリに戻らなくてはならず、ド・シュムロー氏はそうならない方に賭けた。両名は公明正大で知られるコンティ公に、このレースと賭けの審判役を引き受けてもらうべく願い出た。エルブッフ公とド・シュムロー氏はコンフェランス門の横に置かれた時計をそろって確かめ、そこにコンティ公が居座って、レースの一部始終を見届けることとなった。」

レースは三月一日に行われ、王自身も群衆と同様、それを見ることを望んだ。往路では馬は急《せ》かされず、「出発から一時間と一分後にヴェルサイユに到着……。支柱の側《そば》には王の姿があり、すぐさまそこを回ると御者席に立ち上がったエルブッフ公、待ちかまえる六名の馬丁に命じて牝馬たちにエスパニア産のワインを飲ませた。それから直ちに出発し、こうして往きと帰りをあわせて一時間と五十三分しか要さなかった。かくしてパリからヴェルサイユまでの沿道に詰めかけた宮廷人や群衆の拍手とともに、この貴公子は賭け勝負に勝利を収めることとあいなった」。

最後に確認しておくが、あのイングランド式の、今日のものとほぼ変わらない本式の競馬——馬主に代わって騎乗するジョッキー、馬場、審判もしくは「アンパイヤ」、本命、ハンディキャップ、賭元、それに出場馬への賭け、といった要素をすでに備えたもの——がフランスで定着を見るのは、この頃からのことである。サン・ジェルマンに亡命中であったスチューアート家の人びとの存在が、それに大きな貢献をなしたことは疑い得ない。

この部類のレースが一七〇〇年七月一日にあり、メルキュール誌がその詳細な報告記事を残している。「かかるレースはイングランドではかなり日常的になされるが、フランスで行われることはかつてなかった。すなわちイングランド人が銀杯レースと呼ぶところのもので、彼らは強さを誇る馬を所有し、それをレースのためだけに育て、高額で売買する。シャルトル公の所有馬もロンドンで金貨六百ピストルを出して求められたもので、この馬をめぐる速さ論争が今回のレースのきっかけをつくった。というのは、速さでは決して負けないとする馬をイギリス大使閣下が三頭所有し、これに対して大修道院長《ル・グラン・プリエール》殿が一歩も譲らず、それではこの五頭のイングランド馬のどれが速いか、賭けてみようということに相なった次第。宮廷の大貴族はイングランドの習慣に倣い、騎乗して一番早くゴール入りした馬丁になにがしかの金員を与えることを申し合わせた。そして信頼できる人物を一人指名し、掛け金を出した人の名前と金額とを記帳させた。次いで大きな支柱を矩形に四本穿《うが》ち、それぞれの間の距離は千歩《パ》とされた。そしてレースの審判役を指名する段になって王太子殿下がその任を受諾し、この殿下を挟む形でブリエンヌ侯爵とグラフィン卿が横に控えた。

　やがてイングランド王が皇太子と随員一行を従えて来場し、フランス王太子殿下、ブルゴーニュ公、シャルトル公、コンティ殿下、大修道院長殿《ル・グラン・プリウール》も、「宮廷や町の名士たちからなる豪華な一団とともにそこに姿を並べた」。

「レースは上述した四本の支柱の外側を回って行われる。三回の周回走が繰り返され、一回終えるたびに馬の汗をぬぐってビスケットとエスパニア産ワインでリフレッシュさせ、同時に食餌《しょくじ》も与えた。スタート地点にある絞首台の形をした最初の支柱には大きな天秤が据えられ、そこで馬丁と、これから走る馬の馬具一式が計量され、いずれの重さをも等しくするよう、軽い方に鉛がつけられた。馬上にある五名の馬丁は色違いの琥珀《タフ》織《タ》や繻子《サテン》織からなる上着を鮮やかに身に纏い、合図とともに電光石火のごとくにスタートし、数分もしないうちにまた最初の支柱にまで戻って再度のスタート。そうして常に支柱の外側を走ることをした」。なぜなら——と、これにつづけて記者には不可欠と思えたのであろう、今日の者が読めば苦笑を禁じ得ない次のような注釈情報を書き記している——近道を取って「コースの内側を切った者はその瞬間、失格となったからである」。賭けの金額は相当なものに上り、シャルトル公爵の馬が本命とされた。しかし一六九二年のレースと同様、勝利を収めたのはヴァンドーム家大修道院長の持ち馬であった。彼《か》の有名な将軍の弟で、勇敢な軍人であったが指揮官としては二流、また聖職者としては最悪であったこの人は、この種の勝利によってのみ名を馳せた人であった。

ともあれこのスポーツは次の世紀に入るまで、すなわち英国びいきの時代が来るまで、フランスでは完全に習俗入りすることはなかった。一七一五年にルイ十四世が没したときも娯楽の一つとして知られてはいたが、実際に行う人は稀で、十七世紀の流行スポーツ・リスト中に名を連ねるにはいたらなかった。この世紀のはじめに、サントレールは次のようなリストをつくっている——「われわれの眼前にあるのは、馬術や格闘の技術、環を指しての馬駆け、柵越しの撃剣、ジュー・ド・ポーム、ペルメル遊び、ボール遊戯、角力、馬の曲乗り、その他推奨に足る遊戯である」。同じ世紀の末、コロンビーヌの歓心を買おうとアルルカンが自らの才能の数々を並び立てている。中世を彷彿させる、今は消滅を見た二、三の運動遊戯を除けば、そこにあるのはサントレールのものとほぼ同じである——「およそ学問であれ芸術であれ、私は人が学び得るものすべてに心得がござる。まずはダンス、馬なら曲乗りに旋回にペガサス跳躍、ジュー・ド・ポームにボール遊び、角力、それに突いたり切ったりの剣術と……」。秩序と不変はこの古典的時代の理想としてあった。それは変化というものに敵対した太陽王ルイの理想でもあって、フランスの歴史で最長の治世を記録した彼は〈朕ニ勝ルモノナシ《ネック・プリュリビュス・インパール》〉と言いつつ、万物を変わらぬ威光で照らしつづけたことでさも満足げであった。

しかし変化を求めるは世の常、その思いは遅かれ早かれ形をなし、土手や盛り土を少しずつ浸食しながら、小川が奔流に変わる日のための備えをしている。

第9章

十八世紀のスポーツと風俗

LE SPORT ET LES MOEURS AU DIX-HUITIÈME SIÈCLE

I

新しい風俗――イギリスかぶれ

変容に変容を重ねたフランスの古い騎士道的運動は間断なくその性格を和らげ、やがてはリボンや羽根飾りをもって何とかそれと知られるほどの存在となり、ともかくもそのようにして十八世紀までを生き延び、そこにおいて消滅を見た。衰退の兆しはすでに前の世紀から顕著であったが、ここにいたってついにその終焉を迎える。トゥルノワの跡をジュートが襲い、それにはまた環駆けと頭《かしら》駆けが取って代わるが、こちらの方も大方の関心は失われてしまい、時たま行われることがあっても懐古趣味的な意味合いのものでしかなかった。心身両面にわたる一種の軟弱化傾向が立ち現れ、とりわけその兆候は上流社会において顕著であったので、なおのこと人の目を打った。それにはこの時代の人も気づいていて、「あの軍事的な性格の遊戯はすべて放棄されはじめ、躰を丈夫に、また敏捷にしてくれた往時の運動も、狩猟を除けばそのほとんどが消滅の憂き目を見た。その狩猟にしても、もはやヨーロッパの君子たちの顧みるところでなく、かようにして他のあらゆる分野におけると同様、快楽の世界にも革命が起きたのである」。こう書くのはヴォルテールである。またル・グラン・ドッシーは「狩猟は残虐なる趣味なり」と述べている。

大ルイ王のもと、ともすれば強固すぎるほど強固に秩序が打ち立てられたが、今やそのすべてに異議申し立てがなされるようになった。過去の行き過ぎを咎《とが》めるだけに留まらず、物事それ自体が否定をされた。人びとが好んで「原理」と呼んでいたものに専断的な部分があったことを識者が見出す。するとその原理は専断の部分もそうでない部分も、すべてがひと絡《から》げにして葬り去られた。何もかも一掃して自然に立ち返らなければならない、という理由で。しかし大仰で漠とし、危険にしてなお壮麗な言葉である自然とは、いったい何なのであろうか？　自然に従い自らを無益な束縛から解き放つという口実のもと、各人が自然への傾斜を強めていく。なぜ無理をする必要があるのか、なぜ自分を抑えなければならないのか？　専断的な掟《おきて》はもうたくさんだと哲学者が問いかけると、早速、各方面から返答が寄せられ、旧い束縛はなくしてしまえ、もう我慢する必要はないのだということになった。かくて摂政［オルレアン公フィリップ］も愉しめば、国王も愉しんだ。遠くに嵐の吠える声が聞こえた。

それでもかつての礼法の外皮だけは生き残った。というより、以前よりもさらに派手派手しく飾られ、ごてごてした本体はその装飾下に隠されてしまった。気取った仕草、気の利いた言葉づかい、麗々しい挨拶がかつてないまでにもてはやされ、言うなれば花柄模様の装飾趣味が一世を風靡し、まさにロカイユ様式の時代とは相成った。ちょっとした行き違いや諍《いさか》いごとがあるとこの外皮はいとも容易に剥げ落ちてしまい、中から思いもかけない地金が顔を覗かせたが、それも世紀末近くになるとぼろぼろに風化してしまう。慎みといった昔の諫《いさ》めにもはや力はなく、宮廷においても王家においても、自制の利く人は皆無となった。一七七二年のこと、後にルイ十六世となる王太子が、やはり後にルイ十八世となるプロヴァンス伯爵の瓶を床に落として割ってしまった。「怒りを露わにしたプロヴァンス伯がすぐさま王太子のもとに駆け寄ると二人は取っ組み合いをはじめ、拳で殴り合った。この光景に驚いた王太子妃（マリー・アントワネット）が争う二人を引き離しにかかるが、逆に手にひっかき傷を負う始末であった」。後にシャルル十世となるアルトワ伯はオペラ座での仮面舞踏会で、「すでにブルボン公爵夫人であると見知った婦人と話を交わすうち、突然、相手を殴りつけた上、顔ごしに彼女の仮面をずたずたにしてしまった」。これがもとで決闘となり、アルトワ伯は傷を負うことになる。

しかし普段はこの人たちも都会的な垢抜《あかぬ》けや礼儀正しさ、それに優しさを身上としたもので、たとえば英国人シャーロックは次のように書いている――「フランス人はその総体においてこの上なく勇敢で、本質的に優れた人たちであると私の目に映る。ヨーロッパでこれほど愛すべき人たちはほかにいないであろう。然り、フランス人を特徴づけるのは実にこの愛らしさにこそある。軍人であれ文人であれ聖職者であれ、どの分野の人たちも優しさに満ち溢れ、その物腰には思いやりが感じられる。私がこれまで見たどの国においても、同じ階層の人たちの間では目にしなかったことである」。

槍を折り砕いたところで、もはや人から好感などもたれない。これからは魅力的な微笑《ほほえ》みや斬新な意見、機知に富む相槌《あいづち》や感じのよい挨拶が力を持ち、昔なら追放ものであった非礼極まりない行いでさえ、時にそうしたことの一つとなるにいたる。とくにダンスの嗜《たしな》みはこの上ない重要性を帯び、目的を遂げる上に不可欠な技術の一つとなる。世のなかの誰よりも処世術に長けたマルタンジュという策謀家は、その妻にこう書き送っている――「子どもたちの教育には一刻たりとも無駄にしないように。行儀作法、歩き方、食べ方は日に二度三度と教え込むこと。ミネットの歯にも注意して欲しい。この子には日に三時間、瞬時も腰掛けさせずにダンスを教えること」。そうした模範を宮廷が示した。どの舞踏会に出かけても、必ずどこかの貴公子と出会えた。マリー・アントワネットは二月二十五日にヴェルサイユ宮であった仮面舞踏会に出かけ、翌二十六日にはパレ・ロワイヤルでの仮面舞踏会に顔を出して朝の五時までそこに留まり、次いでオペラ座での舞踏会へと出かけてそこに七時まで滞留。二十七日にはゲメネ公妃の舞踏会に出るためその館を訪れ、二十八日にはオペラ座での仮面舞踏会に顔を出して六時になってやっと退座。さすがに翌日は休息をとったが、次の日になるとまたオペラ座の舞踏会に出かけ、そこに朝の七時まで居つづけた。このとき、彼女は身ごもっていた。

この慌ただしさ、絶え間ない移動、舞踏会、賭け事、際限のない遊びは、いったい何に起因するものなのであろうか？ その点についてマリー・アントワネットは隠し立てをしていない。彼女も当時蔓延しつつあった病を病んでいて、メルシィにその病名を告げている――「倦怠恐怖症」であると。

当時、多くの人たちが、これと同じ症状に見舞われた。それゆえ新しいものを好んで既知のものは軽んじ、かつて栄光への道を開いた古い運動遊戯など、もはや顧みられることはなかった。それらはあまりによく知られていて、もはやうんざりものでしかなかった。代わりに人びとは真新しい娯楽を追い求め、熱気球《モンゴルフィエール》が発明されるや、先を争ってこれに乗り込んだ。親王たちもそこに顔を連ね、弟のロベールらとともに熱気球に乗ったシャルトル公爵は、降下をして池の真ん中に落ちている。スポーツ的な情熱が彼らにそう仕向けたのではない。倦怠を恐れ、未知の興奮に飢える世代の、苛立つ好奇心がそうさせたのである。

騎士道的武術の師範はすべて沈痛な面持ちで、彼らがプリュヴィネル翁に倣って自説をまとめた理論書も、繰り言によって満たされた。ルイ十五世時代の王室馬術師範であったラ・ゲリニエールによれば、まず貴族がトゥルノワを放棄したのは「この高貴な運動よりも軟弱なもの」を好んだからで、次いでジュートを捨てて環駆けに走ったのは、その方が「身の危険なしに騎馬の腕前や手並みを人前で披露」できたからだとされる。加えてこの乗馬も今や芳《かんば》しい評判を得られなくなったようで、前の世紀にあれほど讃えられた騎馬にまつわる洗練も、もはや流行らなくなってしまった。単純化と安直化が進み、「恥を忍んで言わなければならないが、こうした運動遊戯に備わる真の素晴らしさを愛する心が薄れてしまい、今では何でもかもが雑なやり方で済まされている。昔の人は格調を重んじ、それが馬術に錦上花《きんじょうか》を添え、閲兵や盛儀や行進に輝きを与えたものなのだが」。残ったのは金メッキ様の光を放つ、ロカイユ様式の時代に似合いの安ぴか物か、羽根飾りの類《たぐい》ばかりであった。羽根飾りやリボンを華やかに纏ったパレードはまだ時として行われたが、如何せん、もはやコンデ公のような人物が馬上にあるのでなかった。百科全書の編纂者はこう言う――「こうした《リボン飾り《アンリュバスマン》》の祭典は観衆に満足を与えるためだけの、まるで無益なものでしかなかった。というのは、たいていの場合、優雅な一大絵巻を見せようと力んではみるものの、馬に施す装飾にせよ騎手が纏う派手な衣裳にせよ、いずれもがその貧相ぶりを白日の下に曝《さら》す、嘆かわしい影でしかなかったからである」。

剣術もまた軽んじられた。ルイ十五世の時代に権威を認められたダネは、ルネサンス期の著名な剣術家に劣らず自分の武芸に熱意を籠めて取り組んだ人であったが、しかしその彼も剣術の衰退を見極めるに及んで、深い失意の底に沈んだ。彼は一七六六年、コンティ公に宛てて手紙を書いている——「殿下、剣なくしてはどのような価値もございません。剣から至高の高貴さが生まれ、剣によって真の名誉が、英雄たるの資質が得られるのです……。各種の武芸を比較なされるがよい、剣術ほど実り多い成果を約束してくれるものがほかにありましょうか? これ一つで若者の躰と気質と性格を形づくるのに本質枢要の貢献をなすもので、実際、諸学問が若者に与え得る知識技量の全部を束ねても、彼らに施すであろう教育の奥儀《おうぎ》や素晴らしい素質において剣術を上回るものではありません」。それは自明の真理であるにもかかわらず「この国全体を無関心が支配し、時代にかかわらず人びとが享受してきた利益を顧みることなく、武術を等閑に付したままでいます」。あるいは決闘にしても、ルイ十四世の時代に比べるとごく稀にしか見られなくなったが、それをしてメルシエは「叡智のお陰」と言い、「そうした特異な暴力沙汰に首を突っ込んで、もはや若い将校が勇気を用いたりすることはない。彼らの教育から決闘の指導は省かれ、例によってこの習慣も、非常識で野蛮なものとして打ち捨てられた」と書いている。

それほど激しくない運動も、少なくとも上流社会の多くの人には粗暴に過ぎるものと映った。一七一七年に出た『マーイ遊戯の新技術』のなかで著者は、礼を失することなく、サロンにいるときとほぼ同じ服装でこの遊戯が行えると強調する。「さらに礼儀という面から述べれば、屋外で上着やジャケットなしでいる人や、鬘《かつら》なしの人を目にするのはよろしくないが、しかしこの遊戯では軽い適当な上着を羽織ったり……新式の小型鬘や帽子を着けることもでき、またこれが実際、よく合うのである……。遊戯に際してはいつも手袋が必要である」。こうした利点にもかかわらずこの遊戯は社会で人気をなくしていき、たとえば一七七九年に「マーイは完全に時代遅れの遊戯となった」とポーミィ侯爵が書いている。さらにジュー・ド・ポーム場も次々と閉鎖され、代わりに羽根つき《ヴォロン》が人気を集め、婦人たちも「ときどきやりたがった」。マーイに変わって人気を博したのが玉突き《ビリヤール》もしくは玉通し《マダム・トゥルー》で、これも「縁《ふち》つきの卓台で行われ、端に柱門の一種が置かれた」。ある本のなかでラ・シェスネイ・デ・ボアはフランス人の運動趣味を大いに喧伝《けんでん》しようと目論んだが、次のような言葉をもって讃辞に代えることを余儀なくされている――「ショート・ポーム、ロング・ポーム、マーイ、ペタンクは、かつて大人も子どももよくなした運動であった。その嗜好は今なお失われていない」。遊戯者がいなくなってポーム場が閉鎖されると、公道での賭けをともなう玉突きが人気を集め、今度はこの遊戯が警察の取り締まり対象となる。

人びとは好んで思索的になっていく。瞑想したり薬草を集めたり、ジャン・ジャックやウエルテルよろしく空想に耽った。「前方の谷間から霧が舞い上がるとき……小川近くの深草に腰を下ろして、茂みに潜む無数の名もない未知の植物を見つけるとき、あるいは草の間をうごめく小宇宙の生き物を私の心が身近に感じるとき、私はそっと溜息をつく……」(一七七四年)。

以前にも増して屋根の下での生活が好まれるようになる。昔の人には知られなかったいくつもの魅力が、とくに会話の魅力が人びとを室内に引き留めた。危険なものには近づかず、屋根の下に籠《こも》り、体力を要する運動よりはカード遊びの方を好んだ。本を、パンフレットを、新聞を読むようになり、昔のように悪天候を嫌わなくなった。鉄道はまだなかったが蝙蝠傘《こうもりがさ》が考案され、「雨と太陽熱から身を守る道具」と百科全書で言われた。ヴォルテールは学士院に宛てた、押韻《おういん》の難しさを述べた有名な書簡のなかで才知豊かにこう述べている――「円盤投げから戦車競争にいたるまで、ギリシャの遊戯で勝ちを収めるのはとてつもなく困難なことではなかったろうか？　わがトゥルノワ、わがカルーゼルはそれほど容易なものであったろうか？　私が言いたいのはこうである。今やペテルブルグからマドリードまで、知識人のすべてが軟弱な閑暇で時間をつぶしている。憐れむべきカード遊びが彼らを刺激する魅力はただ一つ、組み合わせの難しさだけで、それがなければ彼らの精神はたちまち生気を失い、眠り込んでしまうことであろう」。

座ったままの旅行も広がりを見せる。馬に跨ることはあまりなくなり、それよりも馬車に「箱詰め」にされる方を好んだ。中世の貴族教育では筋肉を発達させる技術が優先されたのに、今やジョクール［ディドロ百科全書の協力者］は悲哀をこめてこう書く、「われわれが生きるこの世紀、運動に通じ過ぎた人は軽蔑の色で見られる。というのは、快適《アグレマン》と呼ぶもの以上にわれわれが追い求めるべき目的がなくなったからで、それもこれもオリエント的な華美贅沢のお陰である」。

この世紀を通じて、英国かぶれの風潮が広がりを見せる。その英国では各種スポーツの隆盛期にあり、最も人気の高いものはルールを具備し、ほとんど完成の域にまで達していた。そこではスポーツは常に大衆のものであったが、やがて上流社会をも席捲するに及んで英国的なものすべてによって育《はぐく》まれ、正真正銘の国民的遊戯となる。まこと申し分のない手本であり、フランスがこれを模倣して悪いわけはないが、実際はそうならなかった。というのは物事の選び方が悪かったからで、身体運動にますます関心を失くしつつあったフランスの貴族がその選択をしたのである。

隣国のスポーツはこの世紀のはじめから、全能とも言うべきアディソンの「スペクテーター」誌から支援を得る。振興役を演じたのがサー・ロジャー・ド・カヴァーリ［スペクテーター誌が創作した典型的田園紳士］で、とある日々、彼が住む田舎で一つの村全体が、フットボール、角力、棒剣術といったスポーツに勤《いそ》しんだ。「私の目に止まったのが屈強な若者で、手ひどい一撃を受けたその顔は血だらけであった。頭を左右に振りながら彼にこう告げる老人の声を聞いて、若者の傷の痛みはいや増すばかりであった――こんなことでは三年も経たないうちに、あの栗毛のキャサリンはあやつに結婚を申し込むことになるぞ。次いで私の目は、芝生の向こうで繰り広げられるフットボールの対戦に向けられた。そこでトム・ショートが抜群の活躍ぶりを示したので、来年の祭りまで彼が一人身でいることはまずないだろうとは、衆人の一致して認めるところであった。私もゲームに参加して楽しんだあと、ずっとそのままこのスポーツを見ていることもできたのだが」、ちょうどそのとき、農家の若い娘がまるで十四世紀のトゥルノワ戦でも観るように、心配そうな面持ちで角力対戦の有為転変を見守る姿に目を奪われた。彼女の恋人が危機に瀕していたのである。加えてこの娘たちも単なる観客でなく、棒を投げたり、各種の遊戯に参加をした。つまりはこの小さな村の全員が、勇気と逞しさを見せつけることに専念したのである。それは〈力ヲ誇示スル者、煉獄ノ火ニ焼カレン〉と教会公会議から糾弾された、往時のトゥルノワ戦士を多少とも髣髴《ほうふつ》させるものであった。

英国を旅した外国の旅行者はこのスポーツ熱に驚きの色をなしたが、何がそれほどの高揚をもたらしたのかや、上流と中流の階層が自らも加わりそれを鼓舞したという事実には気づかないままであった。ヴォルテールは感嘆の念を込めてテムズ川右岸のグリニッジで行われた若者男女による競走や草競馬のことを記している。若い娘たちの多くは「美しくて非の打ちどころがなく……活気と自信に満ち溢れ、それがまた彼女たちを引き立たせた……。私はまるでオリンピックの競技会にでもいるような思いであった」(一七二七年)。

この高名な旅行者は、こうした愉しみがほぼどこの国にも、またどの時代にもあったことに気づいていないようだ。それは実際、イングランドと同様フランスにも、フランスと同様イタリアにもあったのである。フエララにあるラ・シファノジャの見事なフレスコ画（十五世紀）に、イタリアで人気のあった各種運動の最前列に、若い男女による草競馬が克明に描かれている。フランスの村々もヴォルテールの時代、隣国で彼を驚かせたのと同じ種類のスペクタクルを提供した。そうしてわが村々は最後まで、フランスの運動遊戯の最終避難地としてありつづけた。デリユがそうした田舎での祭りを詩に綴っているが、不幸にして彼の厄介な文体のせいで、その遠回し表現がこの詩を一種の判じ物に仕立て上げている――

向こうに開ける は 細長の 競技場、 そこでは ライヴァルの 球 どおし が
それぞれの 軌跡を 描いて 的球に 向かう
紐を手にした 専門家が 膝をつき
距離を 測って 勝敗を 決める
こちらでは 弾力ある ラケットを 用いずに
手で球を 投げ また手で 投げ返す

次いで競走が描かれ、またそのあとに、

彼らの 傍で 不安を 感じないでもなく、 虚空の なかを エグレが
ぴんと 張った 綱で 上がったり 下がったり
ひらひら 舞う 衣裳を 着て 遊びに 来た 風の 精の
羞恥心が 裾の 乱れを 整えさせる

こうした情景はフラゴナール［フランス・ロココの代表的画家、代表作に『ぶらんこ』］も描いているところで、つまりここにある遠回し表現のテーマはぶらんこである。ただ、英仏二国間の本当の違いは別のところにある。その違いはまことに大きなもので、彼《か》の国では日常的で通俗的で誰にでも実施が可能な、大衆の間で遠い昔から愛されてきた運動遊戯が上流社会においてもますます受け入れられる傾向にあったのに対し、わが国ではますます離反していく傾《むこ》きにあったからである。英国の上流階層はクリケットのルールを定めるとともに、昔のスチュアート家の意見を気にかけることなく、フットボールの集塊に身を投じることもしたのである。

こうした遊戯の状況についてはまったく模倣しないまま、ただ英国的でありさえすれば何でもパリ人の熱狂を掻き立てたこの時代に（と言って、それがフォントノイや北米大陸での対英戦争を妨げることにはならなかったが）、英国かぶれの洒落者《しやれ》たちはそれまでのフランスで稀にしか見られなかった真性の競馬習慣を、すなわち代理人に戦わせてするスポーツへの嗜好を、賭けやジョッキーとともに輸入した。ヴォルテールはこうした競馬にまったく関心を示さず、ニューマーケットを訪れたときも不快な思いをしか抱いていない。熱心な友人から話に聞いて未曾有のスペクタクルを期待したところ、「宮廷人士が見守るなか、おびただしい数のヨーロッパ最速馬」が「見晴るかす芝生地の競技場を、絹織物を纏った御者に操られて」駆け抜けた。彼は完全な失望感に見舞われ、その不快感は次のような総括となって表れる──「私は素晴らしいスペクタクルを期待したが、目にしたのは互いに賭けをし合う博労《ばくろう》連中で、これがこの盛大な催しを華燭《かしょく》でなくペテン的なものに仕上げていた」。

この英国式競馬はフランスに浸透を見せた。人びとは英国風の鞍に英国風に跨り、ライディングコート（これからフランス語のレディンゴートが誕生）という英国風衣装を着込んで勇んで参加をした。風俗や習慣の繊細な観察者であったモロー・ル・ジュンヌが図版の一枚をこの娯楽に当てており、メルシエは『パリ図絵』の数章を競馬に割いている。彼が言うには、「これはイギリス人からコピーしたもので……、手綱を取る騎手の体重を減らすべく絶食をさせる……。脇腹の締まった汗びっしょりの競走馬が矢のように駆けるのを見ようとサブロンの平原まで出かけ」、遙か遠くを見晴るかしながら「深遠な面持ちで」着順を論じ合った。今や婦人たちも馬のことに興味を抱くようになり、ここにおいて新たな趣味が一つ、女性特有の感傷癖や田園趣味、身勝手な振る舞いや御喋り好きに加わることとなった。「軽四輪馬車を操る婦人たちは舞踏会で一夜を過ごしたあと、どの牝馬に賭けるかの決断を迫られる」ともメルシエは書いている。

宮廷の、それも王妃や王子たちの影響が、この新機軸の成功を約した。メルシィ伯爵はこの虚しい娯楽に、またその集まりを支配する遺憾な習慣に大いに不平を並べたてている。古いフランスの矜持《きょうじ》や慎みの名残が全て失われたような気が、彼にはしたからである。そしてマリア・テレジアに宛て、こう手紙を書き送っている――「アルトワの伯爵、シャルトルの公爵、それに多くの若い殿御がこの馬レースを流行らせました。それはパリにおいても行われ、王妃様〔マリー・アントワネットのこと〕も欠かさず参列をなさいます。王妃様は十一日の夜、オペラ座の舞踏会にて朝の五時まで過ごされ、六時半にヴェルサイユに戻られたあと、十時にはブーローニュの森近くであった競馬にお出かけになりました。かくも頻繁にして慌しい移動は、いかに丈夫なお躰とはいえ差し障りがあり、大方の非難を招いております」。数週間後、彼はこうも書いている――「神聖なる女王陛下、わたくしはこの四旬節の間ぐらいは王妃様が瞑想に耽られ、真摯にして有益なる物事に立ち戻られるものと期待をしておりましたが、あのお遊びに関しましては完全に裏切られました。週ごとに複数のレースがあり、この種の催しにお目のない妃殿下は結局、そのどれにもお出かけになりました」。

秋になると宮廷はフォンテーヌブローへと移され、そこでも同じ娯楽があった。競馬のないときは調教見物がなされた。「こうした散策では日常的な馬の調教を見るのも目的の一つとされた。常に呼吸を荒げた状態に競走馬を置いておくための訓練がなされたからである。競馬に供される場所はフォンテーヌブローから一里半離れた深い霧が立ち込めるところにあり、そこには一里半の長さをもつ二本の幅広なコースが、円形部のところで合流する形で拓《ひら》かれている。二本のコースを分つ中間のところに小高い木造の建物が設《しつら》えられ、その最上階には展望台様式の大広間があり、そこから王妃や側近がレースを見守った。いろんな人がそこへ馬でやってくるが、たいていの身なりはぞんざいなものであった。しかし誰もがそのままの格好で、王妃がいる広間まで上がることを許された。賭けが行われたのもこの大広間においてで、それも派手な口論や喧騒や騒動なくして成立することはなかった。アルトワの侯爵は相当な金員を投じ、毎度のことながら、負けを知ったときの不機嫌さは喩えようもなかった」。

この慎みのなさと異様な親密さはメルシィ伯を驚愕させたもので、それを何とか改めさせようとした彼は、この躾の行き届かない集団に訓示を垂れることまでしている。同じ時期、再び彼は神聖ローマ皇帝妃に手紙を書き送り、「まことに競馬は嘆かわしく、敢えて申し上げれば、王妃様の行いそのものに、この慎みなさの本源がございます。最初のレースにわたくしは馬で参りましたが、わざと王妃様のおられる館からは少し距離を置き、大勢の群集のなかに紛れておりました。幾人もの若者が長靴《ちょうか》を履いた芋虫よろしく（すなわちアンフォーマルな服装で）館に入って行きました。夕方になって王妃様がわたくしをお見とがめになり、なぜレースのとき館に上がらなかったのかとお尋ねになりました。わたくしはそこに居合わせた人たちにもよく聞こえるよう、かなり大きな声でこう申し上げました……わたくしは長靴を履き、しかも乗馬姿のままです、かような出で立ちで王妃様の御前に出ることがかなうとは存じなかったものですから、と。王妃様は笑っておられましたが、周りの悪童どもは極めて不満気な顔をしておりました。次の競馬に、わたくしは街着を着て馬車で参りました。館に上がってまず目についたのが雑多な軽食の類で覆われた大きなテーブルで、だらしない身なりの若者らの一隊による、略奪の図を見る思いがいたしました。大勢が入り乱れて声も聞こえぬほどの喧騒ぶりで、その一群の中心にいるのが王妃様と王女様、ダルトワ夫人、エリザベート夫人、王大使殿下、それにアルトワ侯爵でありました。侯爵は館を上がったり降りたりしながら賭けをし、負けたとなると嘆き悲しみ、勝てば勝ったで哀れを誘うような喜びを露わにいたしました。あるいは居並ぶ群衆のなかに身を投じて自分の馬丁やらジャッケやらを鼓舞しに行ったり、レースで勝利をもたらした騎手を王妃様に紹介したりしておりました。そうした光景を見て、胸が締めつけられる思いがいたしました」。数日後、アルトワ侯爵はまたも自分の「有名な競走馬」を駆けさせ、一度に十万フランも失っている。

犬追いの猟や手細工、それに目隠し鬼や数合わせゲームを趣味とした国王は競馬に価値を認めず、それが生み出す数々の行き過ぎを見るに及んでついにその禁止を決意する。『フランス人の娯楽』というブッコスの、一七八九年に出された本にそう書かれてある。

II　理論家と自然主義の運動

かくもの衰退の兆しが窺えたとはいえ、この時代に身体運動への関心がまったく失われ、終焉を迎えたとするのは行き過ぎである。少なくとも田舎ではまだ命脈を保っており、完全に死に絶えたのは特権階級用に生み出された、騎士道的起源をもつ運動であった。この階級の優位性を保持し、庶民より上位に生きさせるためのそうした運動が、当の特権階級によって放棄されてしまったのである。この階級はそれ以外の特権も、やがてすべて手放すことになる。同じころ、極めて緩慢な歩みながら、「自然と調和する」運動、論理性に基づく体操、人間に有益な運動をもたらす遊戯が広がりを見せる。その方面の萌芽はすでにルネサンス期にも見られたが、しかしなお騎士道的な武術が全盛のときで、少々時代が早すぎた。そしてライバルがなくなった今、それらが大きく普及を見せる可能性が開け、結果としてメルクリアリスは再度の人気に浴し、その所説の模造、模倣、盗用、引用がなされるに及んで、ついに一つの規範、一つの古典となるにいたった。

新思想の導入者であり十八世紀の先導者として知られるフェヌロン［ルイ一四世時代の文学者、急進派］は、子どもに活発な娯楽が必要なことをすでに見抜いていた――「児童が最も好むのは躰の動きをともなう遊びである。自分の居場所を頻繁に変えることで彼らは満足し、それには追い羽根か毬が一つあれば十分である」。ただしフェヌロンがこれを書いたのは秩序と義務の概念が支配した時代においてであり、当時はブルダルーの説教でもコルネイユの演劇でも自分を抑えて感情に流されるなという教えが諭《さと》されたもので、それゆえ「あまりに熱気を煽《あお》り過ぎる遊戯」はこれを注意深く遠ざけるのがよいと、敢えてフェヌロンもつけ加えている。少し遅れてロラン［教育改革の提唱者］もフェヌロンとまったく同じ立場から、ほとんど同じことを、ほとんど同じ言葉のなかで述べている――「(子どもが) 最もよく好み、また彼らのためにもなる娯楽は、躰に動きを与える遊戯である。自分の居場所を頻繁に変えさえすれば彼らは満足する。毬、追い羽根、独楽《こま》が、彼らの最も好みとするところである」。

それだけに留まらなかった。あらゆる原理原則が俎上に乗せられ、吟味され、比較された。ロランを補完するためにとわざわざ一冊の本さえ書かれ、それも体育という「問題について、この比類なき師はほとんど何も語っていない」という理由からのことであった。「自然」とは何かを内外の医師や哲学者が論じた。当時のフランスは多様な思想の発信源であったが、かといって外国のそれを等閑に伏すといった過ちは犯さなかった。イギリス、ドイツ、スイスの思想家の言説を確かめ、咀嚼《そしゃく》し、疑問点を検《あらた》め、それぞれを批判的に検討しながら教育体系の混乱する渦中にあって、理にかなった正しい道を探ろうとつとめた。それは困難かつ迂遠《うえん》な仕事であった。

「ローザンヌの哲学及び数学の教授」であったクルザスは一七二二年に『児童教育論』を著し、そのなかで運動の絶対的必要性を説いている。「栄養素が身体各所に満遍なく平等に行き渡るために、またすべての体液が十分に薄められて導管伝いに目的の箇所へ行き着くために……、成長期にある人間の躰は活発に動くことを要求される。このため、他の何にも増して、運動遊戯が優先されてしかるべきだと私は考える」。『百科全書』も同じ見解を表明し、その編者の哲学者集団は過度の瞑想や不活動がもたらす弊害のことをよく理解していた。同じ組成の兄弟二人を例に取ろう、「一人は勉強や思索などをしてずっと座り切りの生活を室内で送り、これに対してもう一人は……あらゆる種類の身体活動に身を委ねる。とすれば……二人の間に、どのような差違が観察できるであろうか? 後者はこの上なく丈夫で雨露など苦にせず、健康を何ら害することなく飢えや渇きや極度の疲労にも耐えられる。まさにヘラクレス級の強さである。逆に前者の体質はひ弱で健康を損ないやすく、ちょっとした心身の苦痛に押しつぶされてしまう」。それゆえ運動は精神のためにも不可欠となる。

こうした考えは医師たちも支持した。その筆頭に位置したのがジュネーヴ人トロンシャンで、恣意的な投薬、空論に近い学説、病弱体質との悲壮にして滑稽な闘い、といったものに終止符を打とうとした最初の一人であった。「カブリキアス、アルキトゥラム、カタラミュス……」〔モリエール『いやいやながら医者にされ』で医師が権威づけに口走る意味不明のラテン語」と医者がぶつぶつ言った時代に、トロンシャンは分からないことは分からないとして口を閉ざした、極めて稀な人であった。彼が力を入れたのは衛生と食養生と合理的な運動であり、すべてを実践に捧げて理論には軽蔑の色を示し、それゆえほとんど書き物を残すことなく没した。しかし彼がなしたことは有益な前例となり、たとえばティッソの『薬草学的及び外科学的体操』はトロンシャンからの影響を全面的に受けている。この書は「さまざまな病気治療における動きと各種身体運動及び休息の効用に関する試論」にほかならず、ティッソは当時の倣《なら》いに従って古典メルクリアリスに一応の讃辞を送りつつ、彼の名高いジュネーヴ人から蒙《こうむ》った恩恵に対して謝意を表している。トロンシャンは「それまで医師が口にしたことにない教説をこの国で説いた。すなわち動きと身体運動に関するはじめての教説を……。躰を鍛えることはセンスの良い行いなのだと、トロンシャン氏は確信を持って説得しつづけた。市井《しせい》の女性たちはこの治癒法を新しいモードとして採用した。トロンシャン氏を訪れる病人のほとんどは裕福な人で、その変調の原因は、遊惰で無為な生活と美食にあった」。そして「よい医師とは多くの場合、薬の調合に長けた人でなく、それなしで済ませられる人である」ことを彼はよく弁えていた。

こうしてティッソは、今では裕福な階層から毛嫌いされるマーイ、ポーム、ボール遊戯について改めて吟味し、衛生や健康の名において、さらには国の防衛の名において反撃に打って出る。こうした遊戯は「頭、目、首、背、腰、腕、脚など、すべての身体箇所に運動を強いることはもとより、遊戯者が発する掛け声や叫びによって肺の活動をも活発化させる」。この最後の点に関するティッソの確信は深く、「咽頭や舌の麻痺」の治療にもポームを強く推奨する。言うなればルネッサンス期の思想への回帰であり、「肺と胸郭を鍛えるため」ガルガンチュアに「悪魔のごとき雄叫《おたけ》び」を上げさせたラブレーのことが想起される。また剣術にも第一級の効用を認めたが、それは伝授される攻防技術のためでなく、実施者に約される身体的改善のゆえにである。「全動物の主人たる人間にふさわしい、自然で堅固で威厳ある姿勢（を剣術は約束してくれる）。このことはすでに軍隊ではよく知られるところで、部隊長の期待に応える見事な姿勢を備えた新兵にはまず出会えない。かくして武術道場に送り込まれた新兵は剣術に興味を示すにつれて足腰を強くし、やがて歩き方にも優雅さと雄雄しさが備わるに及んで、ついこの間まで珍妙でしかなかったその姿勢も、男性的にして確乎決然としたものへと変容を遂げる」。

よく知られるように、ルソーは熱意を込めて「自然の」運動を推奨した。彼はエミールがどんな環境も苦にせぬようにと願った。「エミールは地上にあるときと同じに、水中にもいられるであろう。可能なら、どんな元素のなかででも生きられるようにしてやりたいほどだ。人に空中を飛ぶ術《すべ》が学べるなら、私はエミールを鷲にするであろう。火に耐えられるなら、彼を火とかげ《サラマンダー》にするであろう」。エミールは、駆け、跳び、粗末なベッドでぐっすり眠ることができ、ナイト・キャップなどには見向きもしない。これはすでにロックが、一六九五年に出されたその翻訳書のなかで説いていることでもある。ルソーは、マーイ、ポーム、弓、ボール遊びといった、エミールが生きる時代にすでに廃れてしまった古い遊戯に価値を認め、これを推奨する――「あなた方は追い羽根遊びがよいと言う。それほど疲れないし、また危険が少ないからと。しかしあなた方はその二つの理由で心得違いをしている。追い羽根は女性の遊びだ。ところが、飛んできたボールを見て逃げない女性など、いるものであろうか」。われわれはそのすべてを変えた。哲学者はさらにつづけて言う、「女性の白い肌は打ち身で硬くなってはいけないし、顔に打ち傷を受けてもいけないのだ」。自然における女性の役割にはそのように厳格な境界線が引かれ、それゆえルソーは、ポームこそが若い男子に最適な運動だとする――「失敗しても危険が及ばない遊戯であれば、いつでも人はいい加減にやるものだ。追い羽根は落ちてきても誰も傷つけたりしないから、頭を覆って守らなければならないときのように素早く手を動かす必要もない……遊戯部屋の端から端まで飛び跳ねるようにして移動し、まだ空中にあるボールの跳ね返り具合を読みながら強く確かな腕の一振りでそれを送り返す、こうした遊戯は大人にふさわしいというより、むしろ大人をつくり上げるのに役立つものである」。

こうした見方にあっては、ポームよりも危険に慣れさせ、また自然とよく調和する乗馬が推奨されてよいところだが、ルソーの秘められた直感〔時にヴォルテールもそうであったが〕は同時代人の顧みないものに価値を認め、彼らが愛好するものを軽視させる方向へと彼を動かした。それゆえ当時、ほとんど人気のなかったポームを彼は絶賛し、実生活上の必要から到底無視することのできなかった乗馬については、極めて冷淡な口調でしか語っていない。彼がエミールに願ったのは鷲や火とかげになることで、ケンタウロス〔ギリシャ神話の半人半馬〕ではなかった。彼にすれば乗馬運動は貴族趣味的な何かを備え持つもので、その技術を専門学院で習い修めるのは虚栄でしかない。加えて彼自身、馬に乗ることはあまりせず、馬上の人というよりは歩きの人であった。広大無辺なその精神にはとりとめのない細やかな思いが錯綜し、思想で社会の改変を試みた著名な改革者の例に漏れず、ルソーも多かれ少なかれ意識的に、自らのイメージに似せて世界の再構築を思い描いている――「私の好みは、気の向くままに歩き、気に入ったところで足を止めることだ。放浪の生活こそ、私が必要とするものだ。晴れた日に急ぎもせず、美しい国を歩いていく。その行程の最後に心地よいものに出くわすこと、これが私の生き方のなかで、最も私の好みにかなうものだ。それゆえ美しい国と私が言うとき、その意味はもうお分かりであろう。どんなに美しいところでも、平坦な地方は私の目に美しいと映らない。急流、岩盤、樅の木、鬱蒼《うっそう》とした森、登り下りのでこぼこ道、そして両側に落ちる断崖……」。

以上が、十八世紀の改革者がその普及に心を砕いた思想である。あとはそれらが体系として凝縮され、物語以外の場で実践に移されるのを待つばかりである。やがて王権の傍らにおいてそうした試みの一つがなされる。また体系化については各種の著作が挑んだところで、そのうち最も興味をそそられるのが、コワイエ神父による『大衆教育計画論』である。

III　コワイエ神父の体系

ラウフェルト戦の勝利やベルゲン・オプ・ゾームの攻囲戦に機甲部隊付の主任従軍司祭として立ち会ったコワイエ神父は、その著書『大衆教育計画論』を一七七〇年に出版、そのなかで当時の批評冊子や風刺文書、それに小説や辞典のなかに散りばめられた諸概念を実に手際よく整理している。正論と逆説に満ちた才気溢れる書で、そこで述べられる真理の数々を目にし、それらが社会で実際に考慮されはじめたのがつい昨日のことであることを思うとき、コワイエ神父の先見性に驚きを禁じ得ない。プラトン、モンテーニュ、ロラン、ロック、ルソー、ティッソを知悉《ちしつ》する彼は、言うまでもなく自然や野生と可能な限り近しい関係を保つ必要のあることに確信を抱いていた。ほんのちょっとした散歩で疲れ果て、「柔らかでないベッド」だと変調をきたしてしまう良家の子弟に、コワイエは「田舎生まれの小さな無骨者」を対立させる。後者は「雪の上でも土用の酷暑下でも半裸で」木に登り、重荷を担ぎ、笑い、歌っている。この無骨者に代えて、「父親に倣って自らを鉄の躰に仕上げる若い野生人」を据えることも神父にはできたかも知れない。実際、彼の時代に野生人はまさに流行の先端を行く存在であり、それにわれわれを似せることも彼は考えたに違いない。ともあれ、われわれは動きのない生活を送っている――「それでは私を治してくれる医者は一人もいないのかと、座り切りの生活をつづけて塞《ふさ》ぎ込んだパリの裕福な閑人が嘆いた。ある旅行家が答えて曰く、いや一人知っている、しかし彼はいまロシアにいる、と。病人が出かけて行って言われた住所に着くと、医者はすでに呼ばれてオランダへ向かったあと。大急ぎで病人がその後を追うと、アムステルダムに着くころには病気は治ってしまった……。まことに澱《よど》んだ水は腐る」。

現実にこの時代に、屋内での座り切りの生活がはじまる。それがもたらす危険は当初から、はっきりと目に見えていた。ぼんやり夢見勝ちに過ごす美女がありとあらゆる病に悩まされる。どうすればよいのか？ トロンシャン派の医師ならこう答える、「あなたのアパルトマンを拭き掃除しなさい」と。そしてつづけて言うに、「日なが一日、無為なままベッドやソファーや馬車で過ごせば、皮膚の病《やまい》や頭のぼやけ、それに偏頭痛が増すばかりで……あなたの塞《ふさ》ぎはあなただけでなく回りの人をも耐え難くしてしまう。やがてあなたは宮殿ともおさらばし、墓の下で朽ちてお終《しま》いになるでしょう」。

座ったままの、あるいは馬車で「運ばれる」ままの生活がはじまると、「まるで動こうとせず、自分が人間であることも忘れたかのような人」が目につき出す。とりわけ最悪なのは、子どもを学校に入れると即刻、動かない人間をつくる教育が施されたことである。鎧《よろい》の上下を用意して若い生徒を鍛える時代は遠い昔語りのものとなり、もはや大人も、それに兵士でさえ、そうしたものは身に着けなくなった。当時の学校生活をありのまま綴った次のような記述がある――「この元気一杯の生徒たちに認められる休み時間《レクレアシオン》は日におよそ二時間ほど。事務所に詰める大人でさえ病気を気に掛けて、もう少し多く取ることであろう。週ごとの休日もその不具合を修復するまではいかない。残余の時間はすべて本に釘付けとされるのだから……。それに、遊びに当てられるはずのあの二時間でさえ、これを生徒は満足に活用することができない。雨が降ってる？　ならば校庭は使えない。で、人がいっぱいのホールに戻るしかなく……果たしてそこでこの年齢の子たちにふさわしい運動が可能であろうか？」

学校は街なかを出て、自然に囲まれた田園につくられなければならない。試みにパリの学校を見よ、「この首都のどこでもよい、たとえばあの大君主の名が冠せられる学校の門をくぐろう。そこでまず目にするのは大きなと形容される校庭だが、利用する生徒の数からすれば小さすぎる。中庭もなく、激しやすい青年の肺を冷《さ》ます涼風が舞う野原もない」。校庭の周りは壁で覆われ、家並みが学校を取り囲む。この文章が一七七〇年に書かれたことを想起するのは、決して無駄なことではないであろう。

国や軍隊の関心も、また文人や思索家の関心も等しく同じところにあり、要は心身の発達を促すべきだということである。「たとえ文人であれ、強い体質を必要としない人間は一人もおらず」、あのパスカルも強い体質を持っていれば、祖国になお大きな貢献ができたことであろう。「国民教育がもっと雄雄しいものであったなら、すべてが今よりうまく運んだことに相違ない」。しかし情にほだされ、つい流されてしまう。心が揺れ動き、不決断に過ぎないものを思いやりと勘違いしてしまう。「軽率な母親たちよ！　名家の希望である独り子を危険な戦地に送り込んで、また再びその顔が見られるとでも思うのか？　その子を屍《しかばね》として戦場に横たわらせるのは剣でも砲弾でもない、戦地での激務がすぐに憔悴《しょうすい》へと追いやってしまう、彼自身の虚弱さなのだ。つまり彼を殺すのは、あなた自身なのだ」。われわれの大都市が「与えるのはもはや、貧相な躰に宿るところの虚弱な精神でしかない」。昔の女性は「公の教育に協力し」、自らも現場に同席することでジュートやトゥルノワに活気を与えた。今日の女性は男を軟弱にする。「下らない会話やカード遊びをして男を横に縛りつけ、芝居小屋や公園にいても同じことをする。あげくは手芸のようなものまで男に手伝わせたりする」。たしかにペネロペ［オデュッセウスの貞淑な妻］も刺繡はしたが、言い寄る男をそばに呼び寄せ、針を持つよう頼んだりはしなかった。ペネロペの心を射止めるには「オデュッセウスの弓を引き絞れなくてはならなかった」。

コワイエ神父が出入りした階層にあっては往時の遊戯は好まれず、彼も苦渋の思いでそのことを認めている。都会のあちこちにポーム場はまだ残存したが、門を閉ざして物音も聞かれない。「ポームで遊んだあの人たちはどこへ消えたのか？」。コワイエの思いは少しく熱を帯び、死期を遅らせるのにポームに勝る優れた手段はない、とまで言い切る――「自然死の原因は唯一、加齢とともに進行する筋肉の硬化に求められ、それは運動で遅らせることができる」。「沈滞したまま、瀕死の状態にある遊戯」を学校に復活させなければならない。マーイも見捨てられて久しく、「絶頂から奈落の底に落ち込んだまま、そこでなんとか息だけしている。砲兵工廠《アルセナル》にあったマーイ場も閉鎖されたばかりだ」。それは言うなれば田園の失念であった。まさにこの時代から人びとは好んで田園を忘れ去った。それもまた一つの、時代のしるしであった。

跳んだり綱をよじ登ったり角力を取ったりと、そうした遊戯のすべてを子どもにやらせる必要がある。「母親たちよ、優しいあなた方は顔を青くするかも知れない」、あなた方はこうした遊戯は「腕白小僧」がするものだと言うであろう、しかしそれこそがあなた方の子どもを強い人間に育て、かつ品行を保たせるのだ。水泳も欠くことはできず、「きちんとした国では、女性でさえ泳ぐものである」。

乗馬はそれほどないがしろにされなかったが、それでも昔ほどの熱意を持って学ぶことはされなくなった。軍職を目指す若者だけは少しばかり念入りに指導を受けたが、「それでは法官に育てたいとするもう一人の息子は、さらには教会に捧げるつもりの三番目の子どもは、どちらも馬を利用しないとでもいうのか？　人を運ぶあれこれの移送手段が街路や街道に溢れることなど、今から百年前には想像もつかなかったが、それでも郵便馬車で戦場に赴く軍人がいたらそれこそ物笑いになったことであろう」。

こうした風習に立ち向かわなければならない。二百年前の「腕白どもは血の気が多くて落ち着きがなく、茶目で喧嘩好きですぐに手を出した。加えて鬘《かつら》の巻き毛やきれいな服には頓着しない」といったあらゆる短所を備えたが、その方がまだましと言うべきであろう。この改革を推し進めるには大人よりも若い世代に目を向けなければならない。「まったく無垢《むく》なままこの世に生まれる子どもの」、学校へ入ったあとの成長を見守らなくてはならない。「あの体操は今、学校でどうなっているのか？　名前すら忘れ去られ、意味のない遊びと化してはいまいか？　学校はまるでハレムのようになっている……あたかも人間は身体を持たず、あたかも身体は精神と機能を分かち合わないかのごとくに」。

IV　ある実践

かくもの明白な徴候はコワイエ神父だけでなく、ほかの多くの観察者の心をも打った。反動が起こり、まずは書物のなかにそれが現れた。非常に慎ましやかながら、しかし評価に値する実践も行われた。当時、自然と調和して生きるのがよいとは、一種の空気のように、辺りに漂う考え方の一つであった。人びとはそれを吸い込み、それを当然のことと受け止めた。そうして二十人ほどの思想家がそれぞれ個別に同一の結論に達し、互いに引用し合うことなく同一の教義を説くにいたる。オルレアンの公爵家にあっても自然に適った生き方をすることはほぼ信仰箇条に等しく、その子弟――やがてルイ・フィリップとなるシャルトル公もその一人であった――の教育はすべて、この鉄則に基礎が置かれた。同家の子どもを育てる役割を任されたのがシルリイの侯爵夫人、すなわちあの有名なジャンリ夫人であった。断固たる精神の持ち主にして確信に満ち溢れたこの家庭教師は、一つの原理原則に基づく教育を施した。とくに興味深いのはこの原理原則を、ジャンリ夫人がこの上ない執拗さと厳格さのなかで適用したことである。自らの方針に絶大の信頼を置くあまり、自己の主張を通すことに躊躇したり、中途半端に済ませるといったことは絶えてなかった。加えて彼女はこれっぽっちも、あのジャン・ジャックや他の誰にも負っていないと自負し、亜鈴を除けば、すべてが自分の考案になるものだと言い募る。ただ、自分ではそれと気づかずにやはりジャン・ジャックを適用したのであり、もっと正確に言うなら、世に「空気のように」漂う思想を取り入れ、それを分かりやすく噛み砕いたのである。

オルレアンの公爵とその夫人(ルイーズ・マリー・アデライド・ド・ブルボン)には四人の子どもがあり、当時はそれぞれ、シャルトル公爵、モンポンシエ公爵、ボージョレ侯爵、マドモアゼル・オルレアンと呼ばれた。その教育係りになることに同意したジャンリ夫人は、指示する内容の実行方を監視する役目の、真面目で身分のそう高くない、実直な性格の人物を探した。そうして望みどおりの「聡明にして誠実な」ルブラン氏が得られて、彼女の補佐役をすることになった。アメリカを旅したこともあるルブラン氏には科学の心得もあり、「礼儀においても品行においても申し分のない」人物であった。信頼のおけるこの人は通常、午前中にプリンスたちの世話をし、そこでの彼らの行動をすべて、分刻みで日誌に記録した。ジャンリ夫人は『回想記』のなかでこう書いている――「私はルブラン氏に午前十一時までの詳細な日誌を綴るよう、また日誌には私の意見も書けるよう、余白を開けておいてくれるようお願いした。ルブラン氏は毎朝、この日誌を私に提出した。受け取った私は即座に読み、それを基にプリンスたちを叱ったり褒めたり、罰を与えたり褒美を与えたりした。日中、私は日誌の余白に意見を書き、夕方になるとそれをルブラン氏に戻した。翌朝、それをまた彼が私に差し出すのである」。この日誌は毎年、分厚いノートを形づくった。後に侯爵家の長男に手渡されたが散逸してしまい、最近になって一七八七年と一七八八年の二分冊が発見されてシャンティイの図書館に収められるまで、ジャンリ夫人が出版した若干の写ししか、世に知られないままであった。

誠実さを本領とするルブラン氏は実に詳細に、几帳面に、また熱を籠めて日誌を綴っている。その欄外にジャンリ夫人が高飛車で仮借のない見解を、それも有無を言わさぬ形で書きつける。するとルブラン氏はその横合いに、小声で慎ましい意見を書き並べる。と、またまた手厳しい反論がその横に綴られ、ルブラン氏を唖然とさせてその口を閉じさせる。「ルブラン殿にお願いしますが、私が決めたことは絶対に変更しないと約束していただきたい」。侯爵夫人もたまにルブラン氏に譲歩することはあったが、それは夫人のために準備したお祝い会に関することだけであった。「あなたがお認めになることは、私にとっても快いものばかりです」。まさに悲劇と喜劇を綯《な》い交ぜにした、親密な往復書簡のようであった。また他面、教育という観点からして極めて興味深い情報に満ち溢れた日誌で、ジャンリ夫人の強烈な個性がそこによく映し出されている。

自然との調和を図って脆弱《ぜいじゃく》さや「ひ弱さ」からの脱却を期す、そして心身の発達を同時に図り、精神と身体の双方にわたってあらゆる種類の科学と運動を教え、すべての才知と筋肉を可能な限りの高みにまで押し上げる——これが夫人の大原則であった。一人の才女がこの原則を掲げたということをよく理解する必要がある。それを実践するエネルギーに鑑みれば、彼女の虚栄心や欠陥は差し引いて考えてあげるのが適当であろう。まずはじめに、若いプリンスたちには極めて質素な食事が与えられた。「いつもシャルトル公は朝食に生の林檎、モンポンシエ公はココアであった」。御八《おや》つにはパンと桜ん坊を食べた。世間の子どもと比べれば大食漢になりやすい身分であっただけに、慎ましい食習慣を保つ必要性は大いにあった。ちょっとした過ちを犯しても、罰として朝食は素パン〔何もつけないパン〕だけとされ、それも一週間つづけられた。十二月一日、兄のシャルトル公を馬鹿にしたという廉《かど》でモンポンシエ公爵がその罰を受けている。十二月九日、その罰からやっと解放された日の日誌の余白に、こう書かれてある――「ラテン語の勉強をおろそかにしたこと、絵の時間に奇妙な笑い声を立てたこと、この二つの理由によってモンポンシエ公爵殿に、朝食を素パンだけで済ませて一週間過ごす罰を与えます」。別のちょっとした過ちがあってボージョレ伯爵にも同種の罰が命じられた。その命令のあった翌日、ルブラン氏が日誌にこう書きつけた――「素パンで過ごさなければならないモンポンシエ公爵殿とボージョレ伯爵殿に私はこう申し上げた、こういうことにならないために二度と同じことをしてはなりません、と。自制心が充分おありと見えたお二人は兄君を見ておられたが、どちらもカップにそっとパンを浸さずはいられませんでした……」。すると恐るべきジャンリ夫人、「この大食漢の君たちにもう一日、素パンを」と余白に書いている。

この厳格さは「自制の力」を子どもたちに発現させる上に不可欠で、まさにそれこそが彼らに欠けるものであった。たとえばある日、母親のもとにゴーフルを運ぶよう言いつけられたシャルトル公、その半分しか届けることができなかった。残りは途中で食べてしまったからである。

彼らは朝の六時半に起床、夜は十時に寝《しん》をとった。躰を強くするためマットレスでなく、板のベッドに寝かされた。これはジャンリ夫人によれば「あらゆる点からして申し分のない習慣」で、とくに風邪の予防によいとされた。ちょっとした「傷《ボボ》」など捨て置かれた。一七八七年にルブラン氏が、寒さでモンポンシエ公が鼻にあかぎれをこしらえ、朝と晩に立葵《たちあおい》を浸した湯で温めたと書く。すると日誌の余白に、「この温治療は断じて認められません……。些細な傷にいちいち手当を施すことほど、人を軟弱にするものはありません。あの若いお子たちがここで鼻にあかぎれを拵《こしら》えようが、何の手当てもいたしません。そうした痛みをものともしないのが、しっかりした人間なのですから」。ひび割れた鼻のためにルブラン氏は嘆願の挙に出るが、どうにもならなかった。普通の水は好きなだけ使って顔を洗えたが、その他のことは一切、認められなかった。

　彼らの精神力を高めるという目的から、教育の内容は驚くほどバラエティに富むものとなった。ジャンリ夫人による教育の興味深い特色がここに窺えるが、そのことは体育についても同様であったので、なおのこと強調されてしかるべきであろう。つまり同じ一つのシステムが、身体にも精神にも適用されたのである。若いプリンスたちはラテン語とギリシャ語を学び（もちろん「私語《バグノダージュ》」が聞かれ、また授業中、シャルトル公は「親指の皮を剥ぎつづけた」）、フランスの古典に加え、たとえばヴォルテールのとくに『モハメット』あるいは『ブルータス』（まさに世は革命前夜であった）といった現代書、歴代フランス王とイングランド王の年譜、歴代教皇の年譜、アラブやトルコの年譜、それに数学と音楽を学んだ。彼らは歌をうたい、モンポンシエ公爵はガルベ〔三つ穴の縦笛〕を吹いた。さらに絵を習い、建築学を学び、刳形《くりがた》を見てはそれがどの建築様式に属するかを言い当てた。イタリア語にドイツ語、それに当時大いに流行した英語を学んだが、これは彼らを眠りに誘った。「昨日同様、正午に英語。少々のまどろみあり」。彼らの熱意を呼び醒まそうとして招かれたのが同じ年代の英国人少女で、とても愛らしいミス・ナンシー・シムスであった。彼女の名前はジャンリ夫人にすれば少々俗っぽすぎて、リチャードソンの小説に因《ちな》んでパメラと改められた。この若い外国人少女が常連として日誌に名を見せるようになるのは、こうした理由からのことである。

　身体運動に一日の多くの時間が費やされた。それにはさまざまな種類のものがあったが、自然とかけ離れるべきでないという考えから緻密に組み合わされながらも、その本質は単純な性格のものばかりであった。ジヤンリ夫人が願ったのは、プリンスたちがあらゆる科学を形づくる基礎的な要素を修得し、と同時に、何事が起きてもそこから抜け出せる丈夫さと活発さと機敏さを身につけることであった。そうすればあとは運次第で、彼らは将軍にも学院長にも、あるいはフランス国王にだってなれる。あるいは絶海の孤島にあっても、ロビンソンのような創意工夫ぶりが発揮できるだろう。ジャンリ夫人はそう考えたのである。

まずは歩・跳・走といった、最も単純な運動に多くの時間が割かれた。ルブラン氏はこう書く――「上のお二人のプリンスと一緒に出かけ、アンヴァリッド界隈を一巡りする。侯爵夫人がお望みの通り、われわれは駆けることをしたが息も切らさず、時間とともに調子は上がった……。距離にして約五百五十ピエ［約百八十メートル］のプラタナス通りを駆け足で往復し、それに要したのは一分と少々であった」。彼らは幅跳びと高跳びをし、跳んだ高さと距離はルブラン氏の手で毎日欠かさず、正確に計測された。一七八七年六月十六日、散策、「その帰途に駆けっこと跳躍。シャルトル公は十三スメルと少し、弟君は長靴《ちょうか》に毛皮の半ズボン姿ではじめての挑戦ながら十三スメルを跳んだ」。十八日、彼らはさらに記録を伸ばして十四スメルと四分の一を跳び、「私はお二人を褒めちぎり、彼らが全力で成し遂げた結果を示して見せた」。彼らの友人たちも跳び、パメラ嬢も跳び、誰もが跳躍をした。パメラ嬢は助走なしの立ち幅跳びで八スメルを跳んで、みなの注目を浴びた。いつも兄よりよい首尾をあげるモンポンシエ公であったが、同じやり方で七スメル半しか跳べなかった。ジャンリ夫人が下した命令には「ボージョレ伯に走らせて跳ばせる」ことのほか、その際、どんな口答えも許してはならない、というのがあった。というのは、この若いプリンスたちには何にでも言い返す癖があったからである。そのほか、口げんかをするのはしょっちゅうのことで（口論がない日のルブラン氏は大喜びで、そのことを特記事項として記している）、また彼らは獲得目標とされた俊敏さを、いたずら目的で利用するかなり顕著な性癖があった――「ミサに行く途中、私はシャルトル公を見とがめてこう申し上げた。通り伝いにずっと、妹君を乗せて教会まで走る馬車の前を駆けつづけるのはいかがなものかと」。

この歩行と跳躍を彼らは、ジャンリ夫人の考案になる鉛の板を底に敷いた短靴で行った。夫人の考えではこれは自然に反したことでなく、むしろ自然を助けるものであった。彼女は書いている――「お預りしてから私の手元を離れるまで」彼ら生徒は鉛底を敷いた靴を履き通した、「当初この靴敷きは少々薄すぎたので、ごく僅かながら厚みを増やした。シャルトル公が私のもとを去ったとき、短靴の重さは一リーヴル半あり……この重さで駆けっこや跳躍、また三ないしは四里の歩行を行い、それもかなりの早足でやったが、疲れをほとんど訴えなかった。オルレアン嬢（未来のアデライド夫人）の短靴は当時二リーヴルもあり、それを履いて彼女は歩いたり走ったりしたが、それでいてそんなに重い物を足に着けていると誰にも気づかれないままであった」。このオルレアン嬢は非常に華奢《きゃしゃ》な人で、しかも（ジャンリ夫人が『ある家庭教師の授業』を書いたとき）十四歳にしかならなかった。

これ以外に、同じく自然と調和した運動として夫人の評価にあずかったのが、水泳、木登り、それに重し提《さ》げであった。海水浴場に子どもたちを連れ出し、一人ひとりに監視役の水夫をつけて泳ぎを教えた。彼らは二十分間、水のなかにいることを強いられた。上の二人は水泳や潜水を素早く覚え、難なくこの課題を切り抜けた。しかしボージョレ公（当時九歳）は冷水に触れるたびに恐怖を露わにし、八月七日のこと、「勇んで水に入ったはよいが少しすると決断が萎《な》えてしまい、泣きながら大声を出した」。水夫はそれでも彼を十五分ほど、水のなかに留《とど》め置いた。

彼らは庭でも森でも、ほとんどいたるところで木によじ登った。こうした木登り運動はプラタナスのような、ごく滑りやすい木で行われた。「みなが全力で木によじ登った……。とくにモンポンシエ公の登り方は完璧なもので、その兄君は二度挑戦したが、いずれも成功しなかった……。彼らは二人して十尺以上の高さの、直径が三尺半もある二本の木にうまくよじ登った。ここでも弟君の方が兄君より巧みであった。ボージョレ伯も挑戦したが、あまり首尾よい結果は得られなかった」。八月二十八日（一七八七年）にはそのモンポンシエ公が失敗。前の晩に俄《にわか》雨があり、そのせいで木が滑りやすくなっていたからである。

背中と腕の力を強くすることも重視された。そのため彼らはロープや滑車を用いて重量物を上に持ち上げることをさせられ、これについては「及び腰にさせないよう注意しなければなりません」とジャンリ夫人が日誌の余白に書いている。彼らには自分で井戸水汲みをやらせ、それぞれの部屋の水瓶を満たさせた。また薪を両手で持ったり、背負い篭に入れて運ばせたりもした。後にジャンリ夫人が書いている――「シャルトル公がヴァンドームに出かけたとき、二二五リーヴルの重さの篭を背負ってそのまま階段を上り下りした。まこと強《ごう》力《りき》ぶりの極みにして、われわれの知る限り社交界の誰一人として、たとえそこから四十リーヴルを減じても同じことはできないであろう」。子ども時代、非常に華奢で虚弱であったオルレアン嬢が「六二リーヴルの篭を背負い」、滑車で四十リーヴルを持ち上げた。十一歳になった下のボージョレ伯爵は四七リーヴルを引き上げている。

厳格に課されたもう一つの運動があって、それが水差し運びであった。両手に一つずつ、水や砂を入れた水差しを提《さ》げるのであるが、その重量は子どもの体力に合わせて決められた。しかしほとんどの場合、限界ぎりぎりのところか、時には限界を超えた重さであり、それは当然のことながらルブラン氏の胸を痛めさせた。子どもたちは腰も脚も折れ曲がらせ、疲労の極致にまで達した。一七八七年にシャルトル公は四十リーヴルを提げたが、それは彼には少々重すぎて――「生徒たちは水差し運びをやりました。シャルトル公は館まで運ぶのに少なくとも五回の休憩を入れました。躰を折り曲げ、両膝を合わせるようにして。何としても重さを減らす必要があるとの思いに、私は強く打たれました」。こうした報告が再度なされるに及んで、自らも身体酷使の危険を感じ取っていたジャンリ夫人、これでは「強くするよりも弱らせてしまう」として譲歩し、こう回答している――「重さを減らす必要があります。自分から進んで持ち運ぶほどの重さまで」。

亜鈴もその価値が評価され、またフェンシング、乗馬、弓といった貴族的な運動も不可欠と見なされ、当然それらに一定の時間が割《さ》かれた。当初、フェンシングは子どもたちを手こずらせ、とくに長兄の場合がそうであった。いつものように弟が兄を追い越してしまい、そうして兄を小馬鹿にした彼は褒美の代わりに罰を与えられた。「シャルトル公は、突きを受けるのが恐ろしくて堪《たま》らないといったご様子でした……。懇願、激励、叱咤のいずれを試みても無駄で、とうとう最後には泣き出してしまわれた」。最後にシャルトル公は恐怖に打ち勝つが、それも散々の苦労と失敗の繰り返しがあってのことであった。しかしこの種のスポーツをジャンリ夫人はあまりよい目で見ておらず、武術というのは「不幸にして欠かせない」運動であるが、それにあまり多くの時間を割く必要はないと考えていた。で、かねてから夫人は、建築の三様式を見分けるための指標を生徒がよく理解するよう願っていたが、どうもそれがうまくいっていないことに気づいて一七八八年十月の一週間、武術に予定されていた時間を建築の勉強に向けるよう命じている。乗馬についてはとくに記すべきことはない、それなしで済ますわけにはいかなかったからである。しかし弓となるとその実用的な価値は低く、ジャンリ夫人は後に（一七九一年）こう書いている――「子どもたちが狩りに興味を示すことのないよう、私は心から願ってやまなかった。それは革命前の、閑暇と不幸な情熱を持て余す人たちの趣味であり、子どもたちに勧めるようなことは一度もしなかった。実際、彼らもそれにほとんど関心は示さず、また実際に行うこともなかった」。

すでに述べたとおり、この教育に関して注目されるべき特質の一つは、それを支配した執拗さにある。悪天候や旅行や季節ごとの転地があっても、決められた日課はまったく中断されず、刻限がくれば天文学的な正確さのなかで開始された。水が運べなければ砂で代用し、庭を駆けるのが不可能なら廊下が使用された。三人の小さなプリンスは重さのせいでいくらか躰を折り曲げながら、スパ［ベルギーの温泉保養地］にある公共の散歩道や、「ぬかるんだり舗装が未整備なままの」通りを人目を浴びながら、しかしはにかんだ様子はまったく見せずに、水差しを提げて歩いた。

最後に、仮にこの教育が感性に働きかける部分を持たなければ、当時の思想に即したものとはならなかったであろう。ジャンリ夫人は子どもたちの体力と同時に、この感性をも伸ばすよう心を用いた。そうして例のスパに滞在中、四人の子どもたちは彼女の推めで人里離れた土地を切り拓き、そこの奥まった野趣溢れる場所に、彼らの母親の病気快癒を記念する「感謝の」祭壇を建立《こんりゅう》する作業を行っている。一七八八年八月二十一日の日誌にルブラン氏がこう書いている――「公爵夫人から言い付かったとして、ソーヴニエールの祭壇に刻まれる碑文をミリス氏から受領す……。碑文は次のとおり――感謝を込めて。ソーヴニエールの水によりてオルレアン公爵夫人の健康は快復す。もってその子らは泉の周辺を美しく飾らんと欲し、自らの手で道を切り拓き、石を取り除き、花や木を植えたり。命により従事したる労働者に勝るとも劣らぬ熱意と勤勉さをもって、彼らはこの森を開墾せしものなり。――なお碑文の下にO．C．M．B．の花文字あり」（オルレアン、シャルトル、モンポンシエ、ボージョレ）。

この碑文には少し誇張がある。というのは日誌によれば、若いプリンスたちの主な仕事は工事現場を訪れ、専ら辺《あた》りの木によじ登ることだけのようであったから。祭壇の落成式には公爵夫人も立ち会い、彼女が森に到着するとヴォーアルの音楽が奏でられた。「公爵夫人の栄誉を称えるこの散策道が今し方完成したばかりであることを示すために、子どもたちはそれぞれ手に熊手を携えた」。「深い奈落を従えた眺めの良い絶壁」近くの植え込みに人びとが集まる。回りを花飾りで囲われた祭壇に子どもたちが花環を捧げ、次いで「尖筆を持ったシャルトル侯爵が腰を下ろし、感謝《ルコネッサンス》という文字を刻むのが見えた」。母親の腕のなかに子どもたちが飛び込むと「居合わせた一同、こぞって涙した」。一七八八年に行われたこの家族儀式はどの局面を取り上げても、涙なしに行われることはなかった。帰途、債務刑務所の前を通った一同は寄進を申し出、囚われの人びとを解放した。この植え込みは今もあり、祭壇も残されている。

パリに戻るとまた滑車に背負い篭、それに水差し運びと、運動が再開された。十二月三十一日、ルブラン氏は子どもたちが学びかつ成し遂げたことの一覧表を作っている。シャルトル公は八十六リーヴルを、その弟は五十四リーヴルを運んだ。幼いボージョレ伯は三ピエと十プースの高さを跳び、四十リーヴルを運んでいる。

その翌年に大革命が勃発。やがて予期せぬ機会が年長の二人に訪れ、彼らが受けた教育の真価を伝えるとともに、彼らの粘り強さをも証明する。それぞれ十九歳と十七歳にして、二人はヴァルミイとジャマップの戦いで頭角を現す。ヴァルミイ戦のあとに司令官ケレルマンがこう書いている――「このフランスのプリンスたちは片時も私のそばを離れず、その持てる力を遺憾なく発揮した。シャルトルは勇猛さを露わにし、モンポンシエは冷静さを失わず、二人の若々しい力には特筆すべきものがあった」。

エピローグ

ÉPILOGUE

十八世紀に見られた古い遊戯の衰退は、とりわけ上流階層においてが顕著であった。その反動として自然回帰的な運動が興ったものの、それと関わりを持ったのはこの階層と、中流階層のごく一部に過ぎなかった。実はこうした衰退と反動にこそ未来の予見を可能にする兆しが読みとれるものなのだが、ともあれそれはまだ、ずっと先の未来のことである。

当面、近代という時代の戸口に立ったフランス人大衆は、なおもルイ十四世的な中央集権の時代を生きたとはいえ、またその一部に思索的な生き方や座りきりの生活を好む者を数えたとはいえ、依然として古い時代の祖先とよく似通った人びとであった。今日の人間と比べて、何よりも彼らはずっと田園の人であった。都市での大規模人口集中はまだ見られず、戸外の生活で鍛えられたフランス人は、なお丈夫ですばしっこかった。昔ながらの生活上の必要が、昔ながらの義務を彼らに課したからである。近代の大発明も、四肢の筋力や柔軟性が無用となるとの幻想を人々に与えるにはまだいたらなかった。たしかに自動車の数は増え、それで道路が混雑を来《きた》すこともあったが、まだまだごく限られた人のための移動手段でしかなかった。ほとんどの国民にすれば自分で歩くか馬で行くしかなく、そうした面では聖王ルイの時代と、大して変わるところがなかった。

大革命の勃発とともに全ヨーロッパはフランスを相手に同盟を組み、この国は分裂を見る。しかし幸運にもフランスは国土の防衛という、その一点において結束を見る。武器も装備も貧弱ながら、若い新兵たちは実によく耐えた。祖国危うしという熱い思いが彼らを支えた。この情熱が、もともと労働や移動や悪天候をものともしない、強健にして強壮であった彼らの躰にさらに鞭を入れた。この経験——それはかつてどの民族も経たことのない苦しい経験の一つであったが——は、フランス人がなお堅固かつ機敏であったことをよく物語っている。基本の素材である兵士に非の打ち所はなく、農民はたちまちにして優秀な兵士となった。熱意や情熱だけでなく、粘り強さを発揮させる素地が、彼らの筋肉にも性格にも備わっていた。古いヨーロッパ諸国にすればさぞかし驚きであったと思われるが、冗談に小唄好きで移り気でもあったこの民族が、とりわけ忍耐強さを発揮したのである。家族から引き離された若者がコワイエ神父の語る裕福な家庭の子弟のように、辛い戦場に突然投げ出されて重荷に耐え切れず、そのうち病《やまい》に倒れるか果てるかするだろうと誰もが見ていた。ところがさにあらず、彼らは老獪《ろうかい》なフリードリヒ二世の連隊を相手に、よく頑張り抜いた。フランスがイエナの戦いで勝利を得たのは、偏《ひとえ》にスール将軍率いる部隊の、類い稀なる行軍能力に負うものであった。百三十キロの道のりを踏破した軍団には一日の休養が必要とされたが、そうする代わりになお五十キロを歩きつづけて一人の落伍者も出さず、ついに戦いに間に合って勝利を決定づけた。

これが帝政時代になると、兵士たちは十分に、というよりは十分すぎるほどに装備され、いかにも重たげな軍服に身を包んで戦場に臨んだ。ヴァストがこう書いている――「特大の長靴《ちょうか》、恐るべき重量の胴鎧と帽子、気を付けの姿勢を取るにも四肢の強《こわ》ばりが見えるほど窮屈な軍服、耐え難いほど重い背嚢《はいのう》、露営地の悪条件、兵器、サーベル、軍刀、銃に銃剣と、すべてがこの鉄の兵士たちを、ただただ疲弊させるためだけにあるように見えた。どの時代の人も生活闘争や戦争のために、これほどの強さと丈夫さを強いられたことはないであろう」。

もとよりこれはフランス人の見方である。しかし外国の人も同じ趣旨の発言をしており、なかでもオランダからやって来てフランスのために働いたデデムの証言には、とくに興味深いものがある。この人は依怙《え こ》贔屓《ひいき》されて昇進が遅れたと自分では思っていて、それゆえとくにフランスの肩を持つべきいわれのない人であっただけに、なおのことそうである。このデデムが指揮した部隊の忍耐力、活力、軽快さには底知れずのものがあった。一八一三年四月二十一日、彼は部隊を山岳地づたいに十六里もの距離を歩かせ、エルフルトへと移動させた。「到着すると私はすぐモスクワ公に拝謁《はいえつ》を請い、師団員すべてが集結し、明日にも戦える用意にあることを告げた。すると公は私に、そうか、オランダにもガロンヌ川があるのかなどと揶揄しながら［君はガスコン人か、の意。ガロンヌ川流域のガスコン人は自己主張が強いことで有名］、なるほど貴官はここにこうしておるが、落伍者のことはどうなっている、と訊いた。午前零時現在、一万九九九〇人の師団員のうち、うしろに一人の落伍者も出していないと知って、閣下は大いに驚いた様子であった」。当時の軍隊では子どもが鼓係りを務めたが、その小さな鼓手たちも特別なやり方で励ましを受け、一人の落伍者も出さなかった。模範を示そうと「この日ずっと、私は第一擲弾《てきだん》兵の横を歩き通した。その間《かん》、幼い鼓手たちは交互に私の馬に跨った。十四歳か十五歳になる子どもの軍団で、まことにかわいい小悪魔連中であった。彼らに勇んで歩かせるため、定刻までに向こうへ行き着いた者は夕食時に私を訪ねてこい、葡萄酒のボトルを一本ずつ進呈してやるから、と言った。すると一人残らずやってきての大騒ぎ。この小さな元気者の喉を潤すのに、私はかなりの出費を強いられる羽目となった」。

幼い鼓手から威厳ある元帥まで、忍耐力と体力にかけては少しも異なるところがなかった。ライプチッヒ戦につづく退却行のなか、マクドナル元帥は重い軍服を纏ったままエルステル川を泳ぎ渡った。「わが軍はまさに窮地にあった。エルステル川の橋が吹っ飛び、まだ川を渡り終えない者を残して真っ二つに折れた……。ポニアトスキー公は溺死したが、幸いにもマクドナル元帥はエルステル川を泳いで渡り、後続の者に向かってこう叫んだ――フランスの元帥も死ぬことはあろう、しかしむざむざ囚われの身にはならんぞ」。元帥は全身ずぶ濡れのままナポレオンのもとに駆けつけ、罵りの言葉を浴びせた（今ではよく知られたことだが、この早すぎる橋の爆破は、動転した伍長によるものであった）。「ナポレオンはなんとか彼を押し宥《なだ》め、着替えを持ってきてやるよう部下に命じた」。

一七八九年から一八一五年までのこの時期を通じて、兵士という基本の素材に非の打ち所はなかったが、その質をなお高めるための努力も疎《おろそ》かにされなかった。そのために各種の身体運動、とりわけ軍事運動が多くの理論家によって推奨され、また各種の規則が定められるなどして、すべての若者にその実施が命じられた（図27）。早くも一七八九年にブコーズがこう書いている――「今やパリの若者たちの愉しみは軍事運動にある。しっかりした二万四千の若者からなる民軍がこの首都において結成され、彼らの愉しみは武器を用いて自らを鍛えること、あるいはその方面にかかわりのあることすべてである」。一七九〇年にドヌーは『国民議会に宛てたる教育計画書』のなかで、「休暇の日は技術工程を観察させるべく、生徒は教師に導かれて各種の工房や工場を訪問するものとする」としたあと、第二六条として次のものを挿入している――「週に数回、軍事運動を行うものとする」。ヘレニズムを前面に押し出した総裁政府時代［一七九五年～一七九九年］には軍事運動に加えて、古代ギリシャより復元された数々の遊戯――徒競走、レスリング、戦車競走――がシャン・ド・マルスで行われた。このとき、もしヴォルテールが国内に留まっていたなら、やはり「オリンピックの競技会に連れてこられたようだ」と言ったに違いない。

統領政府の時代［一七九九年から第一帝政成立まで］に、デュリヴィエとジョフレが『青年期の体操あるいは身体的及び精神的価値との関係において考察したる運動遊戯の基礎理論』を公にする。今日の目からすれば相当に時代遅れな内容と言えるが、当時としては大方の注目を引くものであった。そのなかで二人の著者は本来的な意味における体操について、つまり各種形態のもとにドイツやスウェーデンで見事な発展を示すあの体操の、将来的に持つ意味について触れることはしていないが、代わりに、すでにメルクリアリスが指導した数々の運動に加えて、古いフランスの遊戯の多く――ポーム、角力、競走、跳躍、石投げ、蹴球、等々――を普及させ、その優れた性格について理解を図るようつとめている。とくにこの最後の蹴球に関して、彼らは次のように述べている――「ボールのことはもう誰もが知っていよう。ただ一点、注意すべきは、それを覆う皮がい

図27　ボール遊びをするリセ・ナポレオンの生徒（第一帝政期）。
版画保管局編『ナポレオン時代の制服集』所収。

びつに伸びないよう、丸い膀胱を選ぶことである。ほかの国と同様、わが国でもこのボールを手袋をしただけの手で打ったり、あるいは足で蹴ったりする。しかしそれではよく手足に大きな怪我をすることがあり、この不都合に思いをいたしたイタリア人は、木でできた筒状の容器で遊戯者の腕を覆うことにした。遊戯者はそのなかに腕を肘まで入れ、内側にある小さな鉤状の取っ手を掴むのである……。遊戯のはじめ、ボールは指名された人によって遊戯者の間に投げ込まれる。と、それを合図に、互いの敵陣を指してボールが打ち放たれる」。

実際、この遊戯は絶えることなくつづいた。恐怖政治のもとでも、サン・ラザールの刑務所やシュニエの刑務所といった、およそ予期せぬ場所においてそれが行われるのが目撃されている。そこには詩人のルーシェルや画家のユベール・ロベールといった若い囚人たちが収容されていて、ミランという別の囚人がこう書いている――「ロベールは午前中は絵を描き、昼食を終えると中庭に出て、見事な腕前でボール遊びをした」。彼は自分の絵を売って、塀の外からボールを調達したという。「ロベールのボール・ゲームは大いに人気を博し、囚人すべてを窓際に釘付けにした……」。そのサン・ラザールでの生活を、かつて財務省の高官であったパスキエという人が手紙に書いており、そのなかで画家のロベールにも触れている――いつも私は彼のチームにいたが、釈放されると知ってそのことをロベールに告げに行くと、彼は私に大きな声でこう言った、なんてこった、これからどうやって勝てと言うんだ?」。しかし「ロベールはすぐに私を抱きしめ、自分の手前勝手な考えを詫びた」。

デュリヴィエとジョフレは著書の巻末近くで、彼らの本が狙いとする真の目的について述べている。つまり、子ども向けの遊戯はすべて戦争にその存在理由がある、というのが、彼らの最も言いたいことであった。彼らによれば「どの時代にあってもすべての運動の基礎をなす運動、とくにこの文章を書いているこの時代において、またわれわれのこの国において必要とされる運動」が軍事運動であり、それについて言及しない身体運動の理論書など、もうそれだけで完璧性を標榜することができない。昔の子どもはラケットを手にこの世に生を受けた。しかし時代は変化を遂げ、「わが国の在り方の本性および精神からして国土の防衛が運命づけられている以上、子どもたちは生まれる以前から兵士としてある」。それはそれで喜ばしいことと言うほかなく、「およそ戦争とかかわりを持つ人間はすべて、それとははっきり知られない、偉大で高貴な何かを躰のなかに吸収するもので、その何かが当の人間を、本来なら望み得ない高みにまで押し上げてくれる……。それゆえ、軍隊式の厳格さが日々の生活に及ぼす影響や反動を微塵も恐れることがあってはならない。われわれが愛し、またわれわれが若い生徒たちに望むところの真の勇気とは、他国の国民からフランス人を峻別させる勇気にほかならず、そのために疎《おろそか》かにしてよいものは何一つない。むしろ逆に習俗の刷新を図らなければならず、卑怯者だけがそれを辛いと感じ、また臆病者だけがそれを苦痛と感じたり曖昧に済ませたりするものである」。

一八一五年を境に、身体運動をめぐって深刻な沈滞現象が生じる。それまであまりに精力を用いすぎ、国中が疲弊の状態に陥ってしまった結果である。そしてこのたびの衰微は国の全体にかかわることで、上流階層も下層階層も無関係にはなかった。加えて戦争のない時代が長くつづき、重大な諍《いさか》いごとがあっても口先だけの争いで収まった。そのあとに到来したのが大発明の時代で、これによって一時期、驚くべき幻想が流布されることになる。鍛錬を重ねて筋力を高めたところで何の役に立つのか？　苦労せずともずっと遠くにまで旅行ができるし、力を用いずとも電気のボタンに少し手を触れるだけで巨大な砲弾を、あるいは大海原に漂う戦艦に、あるいは一日中歩いても辿り着けない場所にある建物に命中させられるではないか？

体操、自然主義的な運動、それに軍事運動に関する十八世紀と革命期の思想は、死滅するにはいたらなかったが細々と命脈を保つのみで、それゆえ現実には死に絶えたのと同じに見えた。第二帝政期になると体操の実施を命じたリセの規則も、いたるところで死文と化した。

一方、他の国ではこれと異なる動きが見られた。逆境時代の教訓がよく活かされ、そこでは人間という兵器に磨きがかけられたのである。方法に則って体力や持久力の増大を図ることに力が注がれ、イエナ戦でスール元帥が率いた兵士に勝るとも劣らない、粘り強くて力強い人間を育て上げる試みが繰り返された。こうして体操と身体運動は留まることなく発展を遂げ、そうして今日、少し過去を振り返るとき、その創始者で鉄棒《レック》や平行棒の考案者フリードリッヒ＝ルードヴィヒ・ヤーンの銅像をわが隣人が建てるにいたった心情については、われわれもよく理解することができる。それはこの上なく単純な考案のように見えるが、しかし国力という観点からすれば、打針《だしん》［砲弾の着弾時に信管を打つ装置］の発明以上に大きな力を発揮するものであった。

なぜ躰を丈夫に保ち、軽やかに、また打たれ強くしておく必要があるのか？　こうした問いかけをともすれば失念しがちであった人びとに、いくつもの恐ろしい出来事［普仏戦争などを指す］が降りかかって、その意味を思い知らせることとなる。そしてさまざまな党派に属しながらも、そのことに思いをいたして一つに結びついた心ある人たち（ジュール・シモン、グレアール、フィリップ・ダリル、ピエール・ド・クーベルタン、ラグランジュ博士、G・ド・サンクレール、その他大勢の人びと）が苦い教訓を汲み取り、疲れ知らずの粘り強い熱意のなかで数知れぬ偏見や言いがかりと戦いながら、反撃に打って出ることを企てた。それがついには素晴らしい成功［近代オリンピックの復興］となって彼らの労苦を報いることになるが、しかしその労苦たるや並大抵のものでなく、なぜなら今は「何ごとも善意に解釈してくれる」パンタグルエルの時代ではもはやないからである。それどころか、批判の仕方は例を見ないところまで行き着き、相手が誰であれテーマが何であれ、大衆の関心を引きつけてこれを魅了するにはその場その場の思いつきで、ただ相手を罵倒しさえすればよかったからである。そうして右の改革者たちをつかまえては、民族精神を抹殺する気だとか、フランス人を外国人に仕立て上げるつもりだとか、あるいは粗暴さを鼓舞する気であるとかの、いろんな非難が投げつけられたのである。

しかしこの人たちが成し遂げた本当のところは、フランスの数々の古い伝統を改めて結《ゆ》いなおし、細々と生きながらえてきた古い遊戯にもう一度生命を吹きかけてこれを蘇らせ、またフランスを出自とする各種のスポーツを故国に里帰りさせることにあった。たしかに彼らは、外国で改良された遊戯をそのまま利用することはした。しかしそうした改良の痕跡を否定的な意味で捉えることはせず、たとえば何らかの新しいルールがポーム遊びやボール遊びに加えられても、それを受け入れることで変質を蒙るほど、フランス精神を脆弱《ぜいじゃく》なものだとは考えなかった。彼らが関心を示した問題はただ一つ、ある運動が健全であるか否かを知ることだけで、仮にそれがわが民族をより堅固に、より敏捷に、より忍耐強くしてくれるものなら、モンペリエからやってこようがロンドンやベルリンからやってこようが、あるいはカルカッタからやってこようが構わない、すべてが大歓迎であった。実際、そんなことにわが隣国の人たちは露ほどの懸念も示さなかったし、その点についてはわが祖先とて同じことであった。昔の英国人はわれわれの遊戯を取り入れて自らの貴重な財産となしたが、その際、「民族精神」がどうのこうのと心配したりはしなかった。この点に関してわが祖先たちはさらに寛容で、ほとんど躊躇《ためら》うということをしなかった。たしかに彼らは英国から遊戯を借りてくることはしなかったが、それは英国にあるものすべてがフランスにすでにあったからで、それゆえイタリアからは進んで求めることをした。胸郭や腕や脚を強くしてくれるそうした運動娯楽がわが民族性に何かの害を及ぼすといったような危惧を、先人たちはほとんど抱くことがなかった。それは外国語の修得についても言えることで、これについても他国の運動遊戯を学ぶこと以上に、躊躇いを見せたりはしなかった。現今、この言葉をめぐってはもう一つの「危機」と囁かれたりもするが、外国語に興味を示すこと自体は決して最近になってからの出来事でない。十六世紀、十七世紀、十八世紀の、少しばかり教育を受けたフランス人なら誰にでも古典語の素養はあったたし、また十八世紀なら英語、その二世紀前ならイタリア語もしくはスペイン語という風に、誰もがその時代の地平を拓《ひら》いてくれる、最も有用な現代語を学ぶための手だてを自分で見出したものである。そのようにしてヴォルテールには英語ができたし、またラシーヌにはイタリア語が、コルネイユにはスペイン語が、そしてロンサールにはイタリア語ができた。それでいて彼らはフランス精神の、十二分に優れた模範と称されるのである。外国語を学ぶことに不都合があるなどと彼らは露ほども思わなかったであろうし、まして新たな形を纏って今日再び、古典語と現代語をめぐる論争が生まれようとは、夢にも思わなかったに違いない。フランスの若者はシーザーやウェルギリウスを読むのに十分なラテン語を、また歴史書や小説や新聞を読むのに十分な英語を修得できると彼らは考えていて、それは四肢を「鍛える」ための運動競技についてもまったく同じことで、地に臥したまま過ごすのでない、もっと別の生き方をするために必要可くべからざるものであった。そうしてやる気さえあれば万事が可能であることを、彼らは身を持って証明したのである。

わが民族の良識に望みを託さなくてはならない。しかしこの民族の性格たるや驚くべき多重性に富むもので、無分別と言えるまでの奔放さ、不従順、それに自信過剰があるかと思えば、また冷静沈着、忍耐、根気、それに理知性がある。こうした多重性はわれわれフランス人に対する判断評価をしばしば歪《ゆが》め、それは内側からの観察者についても言えるところである。というのは、見る角度を違《たが》えればまったく正反対のことが、しかもそれぞれまったく誠実な意見として言うことが可能だからである。かくして自信過剰なことはたしかにそうで、アザンクール戦の敗北がその好例である。一方、沈着冷静もそのとおりのことで、ヴァルミイ戦の勝利がそれをよく示している。ともあれ最後に勝ちを征するのは良識である。多くの現代人は祖先と意見を同じくし、さまざまな種類の学問と運動が互いに相容れないものだとは考えていない。古いものも新しいものも教育のなかで占めるべき位置があり、また各種の運動遊戯にしても、仮にそれが身体を発達させ人間的な完成をもたらし規律の習慣を植えつけながら（それは現実にそうである）、さらに力強さと健康が生み出すプラス思考――ラブレーなら「自己への満腔《まんこう》の確信」と言ったであろう――を若者の間に広めてくれるのであれば、どこで生まれた遊戯であろうと、それがどんな名前で呼ばれようと、決してこれを蔑《ないがし》ろにすることがあってはならない。

健康の維持に貢献する身体運動が知育面にも奉仕することを、また精神を拓いて内省の習慣を植えつける勉学が戦争にも奉仕することを、彼らはよく理解していた。アザンクール戦の敗北は勇猛さでなく、省察力の欠如に帰因するものであった。もちろん、だからといって、共和国や帝政時代の将軍たちが物識らずだったと言うのではない。彼らのうちの多くは、とくに優秀な人たちは完璧な教育を受け、なかでも彼らがともに主人と仰いだ人［ナポレオンのこと］の場合がとくにそうで、彼はまず地方学院の論文コンクールで頭角を現して世に出ようと志した。一方、知的な教育を受ける機会を欠いた人も、そのほとんどが独力で学ぶべく最善を尽くしたもので、たとえば小型版の古典全集を自分の田舎に持ち帰ることをしたランヌ［ナポレオン戦争時代の元帥］など、この見地からして典型的な存在と言える。

これに限らず、行き過ぎは何の分野にもあろう。しかしまた同じ過ちをまた繰り返すかといえばそのようなことはなく、むしろ逆である。とくにフランス人大衆について言えば、彼らの間では一八一五年以降、運動遊戯は衰退の一途を辿っていて、われわれになすべきことは山ほどある。しかしながら、それこそが成し遂げるに価する課題であって、その点に関して言えばわが隣国では、わが国よりもずっと真剣な取り組みがなされている。しかし決して実現不能なことでなく、農村だけでなく山岳地方にまで高まりを見せている最近の自転車熱が、そのことをよく示している。

このスポーツの終息でなく、その繁栄を心から願おう。貧しい階層もそうでない階層も、フランス社会のすべてがその利益を享受できるよう願おう。どこに限度を求めるかは、つまり常に頭に留めておくべき限度の法則については、わざわざ外の世界に探しに行かなくとも容易に見つけ出すことができる。それはもうずっと昔から指摘されてきたことで、フランス思想の古文書綴りを紐解けば、その解答を形づくる諸々の要素だけでなく、解答そのものをいとも容易に見つけ出せる。というのは、わが祖先の日にもこの問題は極めて重要なものと映り、それについては聖人も懐疑論者も、等しく意見の一致を見ているからである。そのようにして、いかに振舞うべきかの問題に関して聖人も懐疑論者も同じ見解を示すのであれば、それはもう、ことごとく理にかなったものと言うしかないであろう。ある聖人はこう書いている――「精神を休ませるために、また身体を癒《いや》すために、きちんとした娯楽が必要なことは遍く知られるところである……。どのような娯楽をも自らに許さず、また他人にも認めないのは野卑な精神が強いる厳格さであり、悪であることは言うまでもない……。ポーム遊び、ボール遊び、マーイ、環駆け……は良質の、しかも公認されてしかるべき娯楽である。そのやり過ぎにだけ注意を払えばよく……遊戯に過分の時間をかけるともはや娯楽でなく、仕事となってしまう。そうなると精神と身体を休めるには程遠く、むしろ精神を加熱させて疲労を倍加させる。ポームを長くやり過ぎた人によく見られるように、疲労困憊したまま遊戯を終えることとなる」（サン・フランソワ・ド・サール）。

これとまったく同じ見方のなか、しかしずっと簡潔に、ある懐疑論者が最終の結論を下している――「人が育て上げるのは精神でも身体でもない。それは人間である」（モンテーニュ）。

訳者あとがき

本書は Jean-Jules JUSSERAND, *Les Sports et Jeux d'Exercice dans l'Ancienne France*, *1901* の全訳である。訳出には Slatkine Reprints (Geneve-Paris) 社の復刻版 (一九八六年刊) を用いた。同復刻版には一頁分の落丁があり、その部分は日本体育大学図書館のご厚意により稀覯書室に保管される原本 (日本に二冊あるとされるうちの一冊) から複写を取っていただいた。この件でお世話になった同大学教授の森川貞夫氏には心よりお礼を申し上げる。

著者のジャン＝ジュール・ジュスラン (一八五五〜一九三二) はリヨン生まれの外交官で作家。一八七八年フランス外務省に入省後、駐英フランス大使館参事官 (一八八七)、外務省政策局長 (一八九〇)、駐デンマーク公使 (一八九八) を経て、本書が刊行された翌年から一九二五年までの二十三年間にわたり、ワシントンに駐在してフランス大使の任にあった。その間、第一次大戦中の一九一七年四月、潜水艦による無差別攻撃作戦をとったドイツにアメリカ合衆国が宣戦布告をして英仏軍の反撃を成功裏に支援することになるが、当時、国際政治的に極めて微妙な問題としてあったこのアメリカ軍の参戦に関し、慎重かつ効果的な外交努力を重ねたのがジュスラン大使であった。そうした外交官生活を送る傍ら、ジュスランは『シェークスピア時代の小説』(一八八八) や『アンシャン・レジーム下のフランスにおけるシェークスピア』(一八九八) など、イギリス文学をテーマとする十指にあまる数の著作を公にし、さらに叢書《フランスの大作家》ではロンサールを担当、一九二五年、公務生活からの引退と同時にフランス人文科学アカデミーの会員に選ばれている。

近代オリンピックの創始者であるピエール・ド・クーベルタンと長年にわたって親交を結んだジュスラン

は、中世の歴史とアンシャン・レジーム下の風俗に強い関心を寄せた人である。クーベルタンと同様、そうした時代において青少年の人格形成に不可欠な教育手段をなした運動とスポーツに注目したジュスランは、おそらく古い時代の社会でスポーツが占めた文化的位置についてはじめて指摘をした人と言うことができる。こうして本書では、中世から近世にいたるまでのフランス社会で繰り広げられた様々な運動遊戯とスポーツについて、その展開の背後にあった社会的かつ文化的な特性、身体観や死生観、時代精神との関連において紹介と分析が進められる。本書によってわれわれはトゥルノワ（トーナメント）やジュート（ジュースト）やパ・ダルムといった古い時代の貴族的な運動の詳細のみならず、テニス、ホッケー、クリケット、サッカー、ゴルフといった現代スポーツの萌芽期の様子や、近代スポーツ・ルールの淵源についても数多くの情報を得ることができ、それはそのまま、わが国の体育・スポーツ史文献においてある種の欠落状態のまま放置されてきた部分を補ってくれるものである。また読者もすでにお気づきのことと思うが、スポーツの近代化とルール付与の役割は十九世紀のイギリス人に譲ったものの、そこにいたるまでの過程でその基礎となる素材を幾世紀にもわたって育み育ててきたのがフランス人であるという、著者ジュスランの熱い自負の思いが本書の全編に漲っている。

本書は本国のフランスにおいて、すでに「スポーツ文献の古典」と称されるほど重要な学術文献として位置づけられている。これまでわが国で翻訳がなされなかったのは原文がフランス語ということもあるが、それ以上に博覧強記の人による博引傍証の書であり、引用文献がラテン語や中世フランス語からなるため、訳出が極めて困難であったという事情によるものと思われる。訳者が本書の訳を手がけたのは一九九六年の九月、台湾・国立体育学院の大学院集中講義に際して滞在した桃園市のホテルにおいてで、爾来、完訳まで実に十年の歳月を要した。それは次から次へと立ち現れる難解な箇所を前にしての、まさにもがき苦しむ十年でもあった。その間、多くの人たちに教えを請うこととなったが、そのなかにはインターネットで見つけたアドレスに宛てた質問メールに答えて下さった面識のない方々もいて、とくにアリアンス・フランセーズ・ヴァル・ド・ロワール校シモーヌ＝クロード・レイ夫人、ローマのラ・サピエンツァ大学アンジェロ・リュツェリ氏、フランスの中世史家ピエール・コーエン＝バクリー氏からは貴重なご示唆を賜った。また直接お世話になった人では、アリアンス・フランセーズ名古屋校の前校長ドミニック・フロサール氏、早稲田大学名誉教授の島岡茂氏（仏語学）、中京大学教養部の高田邦彦氏（西洋史）、伊藤進氏（仏文学）、丑田弘忍氏（独文学）、板倉厳一郎氏（英文学）のお名前を挙げなければならない。そしてとりわけ、長年にわたって質問魔の訳者に辟易することなく貴重な時間を割いて的確な助言を与えて下さった畏友、愛知教育大学のアントワーヌ・フレス氏には、満腔の敬意と謝意を表したい。辞書にはないマルティンガルやガロンヌ川の隠された意味を氏から教えられたときの心地よい驚きは今も訳者の記憶に鮮やかに残っており、このフレス氏のご援助がなければこの訳業は到底、完成まで辿り着かなかったことであろう。

最後に、本訳書の出版は、駿河台出版社社長の井田洋二氏、またとくに編集部の石田和男氏の絶大なるご理解とご支持がなければ不可能であった。ここに記して両氏に対し、衷心よりの感謝を申し上げる次第である。

二〇〇六年三月　愛知県豊田市にて　守能信次

本文中の〈　〉は原文がラテン語、［　］は訳者注。

スポーツと遊戯の歴史

２００６年４月20日　初版第１刷発行

著者　ジャン＝ジュール・ジュスラン
訳者　守能信次

発行者　井田洋二
発行所　株式会社　駿河台出版社
東京都千代田区神田駿河台３丁目七番地　〒１０１-００６２
電話　０３-３２９１-１６７６(代)
ＦＡＸ　０３-３２９１-１６７５
振替東京　００１９０-３-５６６６９
http://www.e-surugadai.com
製版所　株式会社フォレスト
印刷所　三友印刷株式会社

ISBN4-411-00368-6 C0022　￥3600E

駿河台出版社

ユーロ対ドル
相沢幸悦
B6判/253頁/2415円

ポスト帝国——二つの普遍主義の衝突
渡邊啓貴
A5判/399頁/2940円

ワインが知りたくて
増井和子
A5判/244頁/1890円

キャリアサポート
宮城まり子◎監修
B6判/397頁/1785円

スポーツと遊戯の歴史
ジャン＝ジュール・ジュスラン◎著　守能信次◎訳
A5判/403頁/3780円